현대국제관계사 연구

이경신서
005

현대국제관계사 연구

정경환 지음

도서출판 이경

‖ 머리말 ‖

현재의 국제관계는 우연의 산물이 아니라 과거 제반 국제관계의 원인을 기초로 하여 이루어진 것이다. 현대국제관계사는 제1차 세계대전부터 현대에 이르는 국제관계의 원인과 과정 및 의미를 다루고 있는 연구분야이다. 최근 국제정치라는 말보다는 국제관계라는 말이 일상화되어 있다. 국제정치는 국가 간의 정치로 근대국가의 산물이지만 국제관계란 국가를 포함한 보다 포괄적인 행위자의 행태를 포함하는 현대국가의 산물이다. 국제관계사의 행위자에는 국가 이외의 초국적 단체, 다국적 기업, 국제기구 및 개인들이 포함되어 있다. 이 모든 부분을 다루고 있는 국제관계사의 연구서는 현재 거의 보이지 않고 어떤 특정한 학문 즉, 정치학, 역사학 등의 학문영역에 의거하여 이루어진 것이 대부분이다.

또한 기존의 연구서의 경우 국제관계사의 전반적 흐름에 대한 순차적 과정을 체계적으로 정리하기 보다는 주로 단속적인 사건사의 나열이 대부분이다. 또한 사건을 다룸에 있어서도 너무나 복잡한 내용으로 가득 차 있어 이해하기가 매우 어렵다. 이러한 현실을 감안하여 필자는 오랫동안 현대국제관계사를 연구해온 입장에서 사건별로 원인, 전개과정 및 현대국제관계사적 의미의 순으로 하여 사건들을 일관성 있게 비교적 이해하기 용이하게 다루고자 노력하였다. 우리가 어떤 글을 읽을 때 독자들이 그 내용을 이해하기 도저히 어려운 경우 대체로 그 글을 작성한 이가 그 내용에 대한 충분한 이해가 되어 있지 않거나 아니면 자신의 학문을 외적으로 과시하기 위한 것이 대부분이다.

그래서 필자는 이러한 인식 하에 이 책을 제1차 세계대전 이후

부터 냉전이 붕괴되어 탈냉전시대가 도래하기 까지의 시가를 일목요연하게 정리하였다. 이렇게 정리하고 보니 아쉬운 점이 많이 보인다. 여기서 빠진 부분은 제1・2차 세계대전의 전개과정, 중・소분쟁, 이란·이라크전쟁, 걸프전쟁 및 9·11테러사건의 원인, 전개과정 및 의미부분이다. 이 주제에 대해서는 필자가 보다 연구를 진행하여 다음 판을 낼 때 증보할 생각이다. 앞으로 필자는 이 책을 지속적으로 증보개정하여 연구자와 이 분야에 관심을 가지고 있는 일반인들이 현대국제관계사를 이해하는데 최선의 노력을 다할 생각이다.

이번에 이 책을 집필하면서 절감하게 되는 것은 오늘 발생한 사건들은 결코 오늘이라고 하는 시점에서 이루어진 것이 아니라 과거라는 시간으로 거슬러 올라가 분석해야 한다는 것이다. 역사는 과거와 현재 그리고 미래를 연결해주는 가교역할을 한다는 사실을 확신하게 되었다. 오늘 우리가 몸담고 있는 이 현실의 문제가 다음 세대의 사건의 촉발요인 내지 배경이 될 수 있다는 사실을 분명히 인식하여 정의가 흐르는 현실로 변모하는데 모든 노력을 경주하여야 할 것이다. 아무쪼록 이 책이 현대국제관계의 역사를 이해하고 오늘의 급변하는 국제관계를 제대로 파악하는데 도움이 되기를 바란다.

늘 연구의 진행으로 영일이 없는 필자를 위해 묵묵히 조언해주고 후원하는 가족들에게 이 책이 위로가 되었으면 한다. 또한 독자들의 많은 조언과 질책 부탁하면서 머리말에 대한다.

2010년 2월

정경환

‖ 차 례 ‖

1

오늘날 세계는 어디로 가고 있는가?

- 현대국제관계사의 연구배경과 목적 -

현대국제관계사는 제1차 세계대전의 시점부터 오늘에까지 이르는 국제관계사를 다루고 있다. 현대국제관계사를 연구함에 있어서 분명히 인식해야 하는 사항은 연구자의 관점과 시각에 따라 확연히 다른 결과를 양산할 수 있다는 사실이다. 필자는 현대국제관계사를 한마디로 '자유와 민주주의를 위한 투쟁의 역사'로 규정하고 싶다. 이를 좀 구체적으로 설명하면 이 책은 현대국제관계사를 전쟁을 극복하여 자유가 보장되는 평화를 향한 역사로 규정하면서 쓰여지고 있다. 그래서 이 책을 집필함에 있어서 가장 중요한 모티브는 '자유'와 '민주주의'라는 가치이다. 필자는 현대국제관계사에서 나타나는 모든 사건과 인물을 평가하는 척도로 자유와 민주주의라는 양대 가치를 기준으로 하고 있음을 분명히 밝혀둔다.

그러면 본격적으로 이 책의 구성순서대로 집필하기 전에 설명해야 할 점은 국제관계(international relations)와 국제정치(international politics)의 용어상의 차이점이다. 왜? 필자는 이 책의 제목을 '현대국제정치사'로 하지 않고 '현대국제관계사'라고 명명하였는가? 국제관계란 국가 간의 경계를 가로지르는 모든 부류의 관계를 지칭하며, 공사(公私)를 막론하고 정치적·경제적·법적·사회적·문화적 및 기타의 모든 특성을 망라하고 있다.[1] 국제정치가 국가 간의 상호작용이라고[2] 하면 국제관계는 국제정치라는 용어보다 훨씬 광범위하고 포괄적인 의미를 담고 있다. 즉 국제관계란 것은 민족 간의 관계뿐만 아니라, 국가·정부 및 인간 간의 관계를 포함하고 있다.[3]

이렇게 보면 국제정치는 근대적인 용어라고 할 수 있고, 국제관계는 국제질서의 형성, 변화 및 발전에 영향을 미칠 수 있는 모든 행위자를 포함하는[4] 현대적인 용어라고 할 수 있다. 그래서 이 책의 제목을 '현대국제관계사'라고 명명(命名)할 경우 사실상 국가 간의 관계에만 국한해서는 안 되고 각종 국제기구와 민간기구 및 개인들의 활동에 대한 언급도 있어야 한다. 그러나 이러한 국제관계에 영향을 미치는 다양한 부분들은 다음 시간을 내서 이 책을 증보하고 할 때 보충하도록 하고 여기서는 우리가 세계사를 조망할 때 일반적으로 인식하고 있는 주요한 사건들을 중심으로 해서 글을 전개하고자 한다.

1. 연구배경

그러면 이 책을 통해서 현대국제관계사를 연구하는 배경에 대해 간략하게 설명하고자 한다. 어떻게 보면 이 짧은 지면에 20세기와 21세기의 국제관계사를 전부 연구하여 언급한다는 것은 결코 쉬운 일이 아니다. 현재는 과거에 발생했던 수많은 사건의 연속선상에서 이루어진 것인데, 과거사 중 어떤 부분을 추출하여 일관된

1) 최종기, 『현대국제관계론』(서울: 박영사. 1988), p.7.
2) 위의 책, p.7.
3) Quinery Wright, *The Study of International Relations*(New York: Appleeton-Century-Crafts, Inc., 1955), p.1
4) 여기에는 비정부기구, 다국적 기업 및 개인도 포함된다

사건으로 묶어 체계적 · 논리적으로 책을 구성하는 문제는 매우 어려운 작업이라고 할 수 있다. 그러나 필자는 이미 밝힌 것처럼 20세기의 세계사 중 '전쟁과 평화' 그리고 '독재와 민주주의'라는 구도에 초점에 맞추어서 글을 진행할 것이다.

흔히 20세기 인류의 역사를 평하기를 '전쟁과 혁명의 세기'로 이야기들 한다. 20세기의 인류사는 정말 너무나 많은 일들이 교차해서 일어났던 세기로 영광과 비극이 함께 교차했던 시기였다. 우리 인간사가 늘 기쁨과 슬픔을 오고가는 시계추의 모습과 닮았다고 하지만 20세기를 21세기의 문턱에 서서 회고해보면 안타까운 마음을 가지지 않을 수 없다. 20세기는 한편으로는 물질적 풍요와 번영을 우리 인류에게 안겨주었지만, 다른 한편으로는 수많은 전쟁과 혁명으로 증오와 학살의 기록을 남겼다. 이념과 생각이 다르다는 이유로 서로 살육전을 거듭하였다. 우리 인류가 이념의 포로가 되어 광기어린 분노의 전쟁이 전 지구적으로 지속되던 100년의 역사가 바로 20세기라고 해도 결코 과언이 아니다.

또한 제국주의와 민족주의가 정면충돌하여 민족해방운동이 가열차게 전개되던 시기가 바로 20세기였다. 그리고 독재와 민주주의가 전 세계적으로 충돌하였던 시기 역시 20세기였다. 제2차 세계대전의 성격에 대해서는 학자들마다 그 견해를 달리하고 있으나 필자는 민주주의와 민주주의를 파괴하려는 파시즘 간의 일대 충돌 내지 격돌로 규정하고 있다. 민주주의를 향한 우리 인류들의 뜨거운 열망의 기록들이 20세기에 깊이 새겨져 있다. 이 격동과 격변의 20세기사를 연구하고자 하는 필자는 한편으로는 이미 그 결과를 다 인지하고 있는 지나간 역사를 새롭게 기록하는 것이 벅찬 마음을 가지지만 또 다른 한편으로는 그 시대에 살았던 사람들을 생각하면 아픈 마음을 억누르기 힘들다.

인류가 낳은 천재사상가 니체는 자신의 불후의 명저 『짜라투스트라는 이렇게 말했다』에서 "인간은 춤추는 별을 낳기 위하여 자기 안에 혼돈을 지니지 않으면 안 된다"는5) 언급을 하고 있다. 이 언급은 일종의 잠언(箴言)으로, 해석하는 사람마다 자유로운 해석을 할 수 있으나 필자는 이 말을 창조를 위한 고통 내지 이상을 향한 현실에서의 고뇌로 해석하곤 한다. 니체의 표현을 빌리지 않는다 하더라도 우리네 삶에는 항상 끊임없이 고통이 엄습해온다. 그러나 고통은 절망으로 가는 길목이 아니라 새로운 희망을 열어주는 의지를 불러일으킨다. 이제 20세기를 지나 새로운 천년을 맞이한 우리 인류는 과거 20세기의 광란, 살육, 학살의 기억을 역사의 저편으로 보내고 이제 21세기를 자유, 민주주의와 평화가 꽃피는 아름다운 세기로 만드는 데 모든 역량을 기울여야 할 때이다.

희망찬 21세기를 이끌어나가기 위해서는 20세기의 역사를 그냥 박물관의 유물처럼 혹은 무덤 속에 묻어두어서는 안 될 것이다. 우리가 몸소 겪은 20세기를 샅샅이 탐사하여 어떤 일이 있었는지를 정확히 파악해서 의미와 교훈을 발굴하여 우리의 희망을 담을 수 있는 21세기를 만드는 데 초석으로 삼아야 한다. 이제 더 이상 이 지구의 대지가 미움과 증오의 파생물인 전쟁으로 피 흘리게 해서는 안 된다. 오늘 우리가 누리고 있는 이 자유와 평화의 바로 옆에는 늘 전쟁과 죽음의 검은 그림자가 가물거리고 있음을 망각해서는 안 된다. 우리는 우리가 지금 생명을 영위하고 있는 이 21세기를 평화의 역사로 만들기 위한 새로운 각오를 다져야 하는 중차대한 시점에 와 있음을 잊어서는 안 될 것이다.

5) F.W.Nietzsche, *Also sprach Zarathustra*, 정경석(역), 『짜라투스트라는 이렇게 말했다』(서울: 삼성출판사, 1979), p.143.

현대국제관계사는 파란만장했던 우리 시대의 국제관계사에 대한 언급이 주류를 이룬다. 우리는 지금 20세기를 넘어 21세기의 벽두에 살고 있다. 새로운 천년과 새로운 세기에 대한 기대가 매우 크다. 이러한 기대에도 불구하고 2001년 9·11테러사건이 발생함으로서[6] 우리가 몸담고 있는 국제질서는 여전히 20세기의 유산을 완전히 불식하지 못하고 동요하고 있음을 알 수 있다. 이제 우리 인류는 전쟁, 테러의 공포에서 벗어나 진정한 평화질서를[7] 구축해야 한다.

그동안 우리 인류는 얼마나 많은 피를 이 대지에 뿌렸는가? 이념과 체제가 다르다는 이유만으로 서로를 인정하지 않고 증오하면서 얼마나 오랜 세월동안 싸웠던가? 제2차 세계대전만 하더라도 6년 간의 전쟁동안 군인이 2,700만 명, 민간인이 2,500만 명 합 5천만 명이 넘는 인명이 희생되었다고 기록되고 있다. 또한 독재자들은 정권을 연장하고 독재체제를 지키기 위해 무고한 인민을 학살하였다. 그리고 영토병합의 야욕으로 주권국가인 타국을 마음대로 침략하던 세기가 20세기였다. 독재의 광풍이 휘몰아쳐 지구상의 각 대륙은 독재자들의 처절한 인권유린이 자행되었다. 민주주의와 독재 간에 돌이키기 힘든 투쟁이 전개되었던 시기가 또한 20세기였다. 스탈린의 대숙청, 모택동의 대숙청 및 김일성의 대숙청의 회오리가 대륙을 초월하여 휘몰아치던 시기가 20세기였다.

이러한 비인도적이고 반인륜적인 일을 자행해도 그 어떤 국제적

6) 9·11테러사건의 성격과 의미에 대해서는 정경환, 『21세기 국제관계와 한국』(부산: 도서출판 이경, 2010), pp.57-63 참조.

7) 여기서 진정한 평화질서란 적극적인 평화론을 의미한다. 평화에는 단순히 무력충돌이 없는 상태인 소극적인 평화와 구조적인 악이 제거된 적극적 평화가 있다. 앞으로 이 문제는 좀 더 구체적으로 다루게 될 것이다.

압력과 제약은 없었다. 약육강식(弱肉强食)이라는 정글의 법칙이 그대로 통용되었다. 제국주의적 열강들이 마음대로 타국을 군사력을 동원하여 식민국가로 만든 시기가 20세기였다. 제국주의 식민국가의 식민지에 대한 정치적 억압과 경제적 수탈은 이루 형언하기 어려울 정도로 잔인하였다.

세계식민지 역사상 가장 잔혹하고 무자비한 통치가 일본제국주의에 의한 한국의 지배통치였다. 식민통치(colonial rule)에는 원래 직접통치(direct rule)와 간접통치(indirect rule)로 나뉜다. 일본제국주의는 직접통치에다가 민족혼과 민족의 역사를 말살하는 동화정책(同化政策)을 기본통치책으로 설정하고 있었다. 동화정책이란 한민족의 주체의식을 빼앗고 일본인으로 동화시키는 것을 목적으로 하는 한민족말살정책을 말한다.[8)] 동화정책은 일본이 한국을 식민지한 후 한국에 대한 기본적인 식민정책이었는데, 1931년 9월 18일 만주사변을 자행한 후 우리 민족이 일제의 사슬로부터 해방되는 1945년 8월 15일까지 15년 간 더욱 더 기승을 부려 '황민화'(皇民化)운동으로 발전하였다.[9)]

일제는 중국대륙을 침략하고 점령하면서 무고한 양민과 무장해제한 군인들을 언필로써 다 표현할 수 없는 모든 잔인한 방법을 총동원하여 중국인들을 학살하였다. 이러한 대표적인 일제의 만행이 '남경대학살사건'[10)]이다. 이처럼 20세기는 제국주의 열강들에

8) 김운태, 『일본제국주의의 한국통치』(서울: 박영사, 1988), p.60.

9) 1931년 9월 18일 만주사변→1932년 1월 28일 상해사변→1937년 7월 7일 중일전쟁→1941년 12월 7일 태평양전쟁으로 이어지는 일제의 침략전쟁의 확대는 우리 민족에게 더할 수 없는 억압과 착취의 확대로 이어졌다.

10) 1937년 12월 13일-1938년 1월 24일 42일간 30만 명의 중국인을 학살한 것으로 기록되고 있다. 남경대학살사건에 대한 대표적인 연

의해 아시아·아프리카·라틴아메리카의 제3세계가 국제규범이나 규제 없이 자의적(恣意的)으로 침략 당하던 시기였다.

그러나 세계사를 움직이는 기본적 가치는 자유에 대한 인류의 열망이다. 그토록 전쟁과 학살 그리고 혁명으로 지새웠던 20세기는 그 무거운 짐을 내려놓고 이제 역사의 한 페이지로 남게 되었다. 지금 한 시대가 끝나고 새로운 시대가 시작되어 시대적·세기적 전환기에 놓여 있다. 냉전체제가 붕괴된 후 세계는 지금 새로운 체제를 향한 질주를 계속하고 있다. 이제 20세기처럼 열강이라고 해서 침략적 야욕(제국주의적 양태)으로 주권국가인 타국을 마음대로 침범할 수 없는 국제사회의 분위기가 조성되어 있다. 그만큼 현재의 국제사회는 20세기보다 훨씬 보편적 가치에 대한 확고한 구조적인 구축이 단단하다고 할 수 있다. 이러한 움직임은 구소련체제의 붕괴로부터 촉발되기 시작하였다.

탈냉전 이후 새로운 세계질서 구축의 기본이념은 인류전체의 공존공영을 뜻하는 민주주의다. 이제 민주주의는 세계사를 움직이는 가장 확실한 지도명제이자 이념이 되었다. 우리 인류는 20세기 동안 민주주의를 위해 싸웠다. 민주주의를 파괴하려는 파시즘에 대해 민주주의를 기치로 내세워 투쟁한 결과 제2차 세계대전을 승리로 이끌었다. 이제 어느 누구도 민주주의가 가는 앞길을 막을 수 없다. 이러한 국제질서의 기본정신이 구축될 때까지 국제사회는 수많은 과정을 거쳐 왔고 앞으로도 자유와 인권이 완전하게 보장

구서로서는 2004년 11월 미국의 캘리포니아주 고속도로변에서 의문의 죽음을 당한 아이리스 장의 저서가 있다. Iris Chang, *The Rape of Nanking*, 김은령(옮김), 『난징대학살』(서울: 끌리오, 1999) 참조. 이미 고인이 된 그녀의 공식 홈페이지는 아직까지 폐쇄되지 않은 채 남아 있다(http://www.irischang.net).

되는 민주주의가 자리를 잡기 위해서는 많은 시련과 갈등이 있을 것이다. 그러나 그동안의 세계사의 진전과정에서 역사의 후퇴는 상상하기 어려운 희생을 초래한다는 교훈을 우리 인류는 체득하였다. 이제 민주주의를 향한 우리 인류의 공통의 노력은 계속되어야 할 것이다.

전쟁과 혁명 그리고 학살로 점철되었던 20세기 지각변동의 움직임은 역사의 역류인 공산주의 국가에서 먼저 일어났다. 이러한 냉전의 붕괴와 탈냉전에 대해서는 제11장에서 구체적으로 언급하겠지만 우선 중국에서 냉전의 붕괴조짐은 보이기 시작하였다. 1976년 1월 6일 중국 공산당체제의 제2인자인 주은래(周恩來)가 사망한 직후인 9월 9일 중국에서 대숙청을 통해 수 천만 명의 소중한 인명을 학살한 모택동(毛澤東)이 사망하였다.

모택동의 사망 후 중국은 개방파와 모택동계승자 간에 일대 권력투쟁이 벌어졌는데, 결국은 2년 4개월 간의 목숨을 건 투쟁 끝에 1978년 12월 22일 중국공산당 제11기 3중전회에서 극좌노선을 견지하고 있던 4인방이 패배하고 새로운 권력자로 등소평(鄧小平)이 등장하게 되었다. 그는 권력을 잡자마자 '흑묘백묘론'(黑猫白猫論)의 기치를 내걸고 실용주의노선을 대내외에 천명하였다. 이후 등소평 정권은 대내적인 경제개혁과 대외적인 개방정책을 병행하여 죽어가든 중국경제에 일대 혁신의 바람을 일으켰다. 이러한 등소평의 개방·개혁정책은 놀라운 결실을 맺어 급기야 1992년 10월 12일 중국공산당 제14차 전당대회에서 '사회주의시장경제노선'을 세계 역사상 최초로[11] 당이념으로 채택하고 개혁·개방

11) 사실 정치적으로는 사회주의(일당독재)를 채택하고 경제적으로는 자본주의(사회주의)를 채택하겠다는 말인데, 이는 결국 중국공산당 독재체제의 붕괴를 촉발하는 결정적인 계기가 될 것으로 필자는 확신한다.

노선을 더욱 강화하기에 이르렀다.

이러한 중국의 개혁·개방노선은 공산권 전체에 새로운 움직임을 불러일으켰다. 공산주의의 종주국인 구소련은 1985년 3월 11일 고르바초프(M. Gorbachev)에 의해서 새로운 시대의 여명이 열렸다. 애칭 '고르비'(Gorbi)는 조국의 급격한 경제쇠퇴와 군비경쟁의 패배로 인한 체제 내부의 약화를 직접 목도하면서 이 이상 미국과 블록경쟁을 하는 것은 소련 및 공산진영의 소멸로 이어질 수 있다는 긴박한 정세분석에 따라 1986년 2월 25-3월 6일 사이에 열린 소련공산당 제27차 전당대회에서 역사적인 페레스토로이카(Perestroika)정책을 구체화하는 방침을 천명하기에 이른다.

이 자리에서 고르바초프는 5시간 30분에 걸친 정치보고에서 1986년 현재의 정치국면을 "우리나라와 세계 전반에 걸쳐 급변하는 전환기"로 규정하고[12] 정치개혁을 위한 당의 기본방침을 제시함으로써 세계질서의 지각변동의 서막을 장식하였다. 고르바초프는 동 정치보고에서 민주화를 통한 정치개혁과 경제제도의 개편 및 스탈린식 관료주의의 극복을 주장하였다. 이런 점에서 소련공산당 제27차 전당대회는 20세기 대격동의 드라마를 연출하는 데 있어서 결정적인 대회로 평가되고 있다.

이러한 고르비의 개방·개혁정책의 선포는 종국적으로 소련과 동구라파라고 하는 사회주의 진영이 1989년 붕괴되는 결과를 가져오게 하였다. 마르크스와 엥겔스가 1848년 1월 공산당선언(Communist manifesto)을 발표한지 140년만에, 레닌의 볼셰비키혁명 이래 70년만에 현실사회주의는 사실상 종언을 고하게

12) 고르바초프, "소련공산당 제27차 대회에 제출한 소련공산당 중앙위원회의 정치보고," 『사회주의 대변혁 핵심문헌 50선』(신동아, 1991년 1월호 별책부록), pp.29-39 참조.

되었던 것이다.

이후 국제사회는 이데올로기의 대립을 급속히 청산하고 새로운 협력의 시대를 열어가면서 민주주의를 향한 새로운 여정을 시작하고 있다. 이제 어떠한 미명(美名)으로도 인간의 존엄성과 자유를 향한 우리 인류의 여망을 막을 수 없다고 확신한다. 이 책은 제1차 세계대전 이후 자유와 민주주의를 위한 인류의 투쟁의 기록이다. 우리는 20세기에 기록된 전쟁들을 통해서 평화와 민주주의의 소중함을 직접 경험하였다. 오늘 우리가 누리고 있는 이 자유와 평화의 바로 옆에는 여전히 자유와 평화를 파괴하고 있는 세력이 있음을 망각해서는 안 된다. 우리는 평화와 자유의 역사를 위한 인류의 새로운 각오가 필요한 시점이다.

국제관계는 서로 연결되어 있다. 한국문제는 한국문제만으로 그치는 것이 아니라 국제문제로 전환하게 되고, 역시 국제문제는 한국문제로 전이될 수 있다. 이 세상의 문제는 종적으로나 횡적으로 전부 밀접히 관련되어 있다.[13] 그렇기 때문에 우리는 한국인이지만 세계문제에 깊은 관심을 가져야 할 것이다. 제1차 세계대전부터 현재까지의 국제관계사는 수많은 사건들로 점철되어 있다. 이 책에서 전부 다룬다는 것은 사실상 불가능하다. 초판에서 빠진 부분은 시간이 더해갈수록 보충하여 향후 이 한 권의 책으로 현대국제관계사의 기본적 흐름을 이해하는 데 도움이 될 수 있도록 최선의 노력을 다할 생각이다.

13) 국내정치와 국제정치 간의 상관성에 대해서는 김순규, 『신국제정치론』(서울: 박영사, 1988), pp.5-13 참조.

2. 연구목적

모든 주제에 대한 연구를 시작할 때에는 그것에 합당한 연구목표가 있어야 한다. 목표가 없는 연구는 마치 목적지 없이 항해하는 선박과 같은 것이라고 할 수 있다. 분명한 목적의식을 가지고 연구할 때 연구과정에서 많은 의미를 찾을 수 있다. 자, 그러면 현대국제관계사를 연구하고 학습하는 목적은 과연 무엇인가? 이 책을 다 읽고 나서 필자가 여기서 제시한 연구목적과 대비해서 보면 연구목적이 부합되었는지를 명확히 알 수 있다. 어떤 주제를 정해 단순히 있는 사실을 그대로 기술하는 접근법은 연구자의 올바른 자세가 아니다. 문헌을 통해 과거의 사건을 재구성하는 것도 중요하지만 그것보다 더 소중한 것은 과거의 사건이 지니는 의미와 오늘 우리들에게 주는 교훈을 확보하는 것이다. 이런 점에서 확고한 연구목적은 과거 사건의 단순한 재구성을 뛰어넘어 의미와 교훈을 제공해준다는 점에서 주제연구에 있어서 매우 중요한 연구의 전제라고 할 수 있다.

이 책은 다음과 같은 의문에 대한 해답을 제공해줄 것이다. 20세기의 세계사는 어떤 과정을 거쳤는가? 오늘의 국제사회는 어디로 가고 있는가? 과거 역사에서 얻을 수 있는 교훈은 무엇인가? 우리는 어떤 자세로 세계사와 국제질서를 보아야 할 것인가? 이러한 질문 속에서 필자가 이 책을 집필하면서 염두에 두고 있는 연구목적에 대해 간략하게 언급하도록 하자.

(1) 현 국제정치의 흐름을 보다 정확히 파악

앞으로 이 책에서는 20세기 주요 사건을 중심으로 그 원인, 전개과정 및 의의(혹은 의미)에 대해 구체적으로 연구할 것이다. 이러한 과정은 현재 우리가 몸담고 있는 국제질서와 정치의 흐름에 대한 이해를 높여줄 것이다. 왜냐하면 과거는 현재의 뿌리이고 현재는 과거의 연속이기 때문이다. 이렇게 보면 현 국제질서 하의 국제사건들은 결코 오늘에 형성된 것이 아니라 과거 사건들과 중첩해서 일어났거나 아니면 과거의 질서 속에서 형성된 것이 대부분이다.

이미 위에서 언급한 바와 같이, 과거의 사건을 이 책에서 재구성하고 살펴보는 것은 과거의 역사를 지식으로 획득하고자 하는 것이 아니라 현재와 미래를 연결시키자는 데 있다. 지식으로서의 역사연구는 자기만족 이외는 어떤 의미가 있겠는가? 과거의 국제관계사는 오늘의 국제관계사 형성의 토대가 되었다. 현재의 국제질서에서 발생하는 사건 하나하나를 현재의 시점에서 규명하고 파악하려면 매우 난해한 점이 많이 있다. 그러나 오늘의 국제질서와 과거의 국제질서는 서로 연쇄관계에 있기 때문에 과거 특히 20세기의 국제관계사를 구조적으로 이해하게 되면 오늘의 국제질서에서 발산하고 있는 제반 국제문제들에 대한 이해는 훨씬 용이할 것이다.

(2) 하나의 지구촌의식에 동참하기 위한 계기 조성

우리는 말로써는 나라를 위하고 세계평화를 위한다고 하지만 실제로 어떻게 하는 것이 그에 부합하는 행동인지 파악하기가 어렵다. 이런 상황에서 현대국제관계사에 대한 폭넓은 이해는 우리가 결코 국제질서의 변천과정과 외로이 떠있는 고립된 섬 속에 있는 것이 아님을 절감하게 될 것이다. 우리의 한국에서의 현존재는 탈냉전 후 화해와 협력을 이념적 모토로 해서 전개되고 있는 국제질서의 움직임과 직접적인 관련을 맺고 있음을 알게 될 것이다. 전쟁사를 연구하다보면 평화를 향한 우리 인류의 고고한 전진을 목도하게 될 것이다.

이 지구촌을 구성하고 있는 우리 인류가 다 함께 공존공영의 상황에서 살기 위해서는 화해와 협력의 질서를 구축하고자 하는 강인한 실천의지가 필요하다. 단순히 구호나 선언적 차원에서 이루어지는 것이 아니라 끊임없는 세계문제에 대한 관심과 이에 대한 동참을 통해서 화해와 협력의 질서는 확산될 수 있는 것이다. 세계문제는 결코 나와 유리된 곳에 동떨어진 곳에서 전개되는 피안의 대상이 아니라 바로 나의 생명과 미래 그리고 우리 국가의 안전과 미래가 달려 있는 직접적인 대상임을 현대국제관계사에 대한 이해를 통해 깨달게 될 것이다. 그렇기 때문에 우리는 더 이상 국가라는 좁은 틀만을 생각하는 편협한 생각에서 벗어나 보다 열린 자세로 세계문제에 관심을 표명하여야 할 것이다.

(3) 국제문제와 우리 문제는 직결되어 있다는 사실 확인

국제관계사를 공부할 때 하나의 흥밋거리로만 생각해서 접근하게 되면 역사에서 추출할 수 의미는 한정될 수밖에 없다. 역사는 일종의 대리경험(vicarious experience)이며 역사의 지식은 제2의 생애(a second life)라는[14] 말이 있듯이 역사는 우리에게 현재라는 시공간에서 경험하기 어려웠던 사실들을 제공해준다. 그래서 우리는 그 미경험의 사실을 통해 우리 시대에 대입하여 현재의

14) James Barzun · Henry F. Graff, *The Modern Researcher*(New York: 1957), p.44〔박성수, 『역사학개론』(서울: 삼영사, 1992), p.30에서 재인용〕.

문제와의 관계성을 규명한다. 문제는 역사해석이다. 과거의 사실은 관찰자에 따라 완전히 다르게 인식되어 현실에 대한 적용에도 다양한 차원으로 나타나게 된다. 그래서 필자는 현대국제관계사를 집필함에 있어서 분명한 원칙과 기준을 정하고 있다.

현대국제관계사 역시 역사라는 큰 틀의 하위체계이기 때문에 이에 상응하는 분명한 인식의 방법이나 기준이 있어야 한다. 현대국제관계사는 제1차 세계대전 이후부터 현재까지의 국제관계사를 의미한다. 현대라는 시대의 가장 중요한 특징은 여러 가지가 있겠지만 민주주의의 질서의 보편성을 지적할 수 있다. 그래서 필자 역시 현대국제관계사의 저변을 형성하고 있는 가장 중요한 원천적 사조를 '민주주의'에 두고 이를 기초로 해서 국제관계사를 기술하였다. 역사를 기술함에 있어서 가장 중요한 것은 인식의 문제이다. 우리 인간은 감정에 의해서도 움직이지만, 인간 존재의 가치는 감정에 있는 것이 아니라 인간의 정신을 지배하고 있는 이성작용에 의해 결정된다는 것을 필자는 믿고 있다.

현대국제관계사를 보면 기적과도 같은 일들이 무수히 많이 있다. 독재의 광풍으로 독재가 세상을 지배하는 것처럼 보이지만 인간에 여기에 굴복하지 않고 자유와 민주주의의 이름으로 투쟁하여 견고한 독재를 물리치고 새로운 희망의 시대를 연 적이 한 두 번이 아니다. 필자는 현대국제관계사를 자유와 민주주의를 쟁취하기 위한 투쟁의 역사로 규정하고 우리 인류의 자유와 투쟁을 얻기 위한 과정을 중심으로 해서 집중적으로 분석할 것이다. 세계사를 움직이는 가장 중요한 가치는 자유와 인권 그리고 민주주의라고 할 수 있다. 민주주의를 부인하고 파괴하는 세력은 인류공동체에 대한 도전행위로 모든 인류는 자유와 민주주의의 이름으로 끝까지 투쟁할 것이다.

이제 국제관계사에 있어서 국제문제는 국내문제와 분리되어 있는 것이 아니라 국내문제의 운명에 결정적 영향을 끼치고 있다 해도 과언이 아니다. 냉전시대에는 블록정치로 인해 블록에 속한 국가들은 분쟁이 발생하더라도 개별국가의 자의적인 판단에 의해 행동하기 보다는 불록의 중심국으로부터 제재와 통제를 받고 움직이는 실정이었다. 그러나 블록정치가 완전히 무너진 작금의 상황에서는 국가상호 간에 상호작용성이 과거보다 훨씬 확대되었기 때문에 국제문제는 바로 국내 상황에 직접적인 영향을 끼칠 수 있게 되었다. 이러한 국제질서의 구조적 변화로 인해 앞으로 우리 인류는 국가의 경계를 뛰어넘어 지역공동체 나아가 세계공동체의 구축을 향한 거보를 딛게 될 것으로 예상한다. 우리 인류는 과거 20세기 자유의 파괴를 통해서 세계정복이라는 제국주의의 침략을 직접 목도하였다. 이제 그 어떤 제국주의의 침략도 용납해서는 안 된다. 역사에서 우리는 분명한 교훈을 터득하여 21세기는 진정한 평화의 세기가 될 수 있도록 모든 노력을 경주해야 할 것이다.

(4) 진정한 평화를 위한 세계질서경영에 나를 일체화

나란 존재와 세계는 아무런 관계가 없는 것인가? 나는 세계와 절연하면서 나만의 자유와 평화를 확보할 수 있을 것인가? 만약 세계질서의 전개에 나의 역할을 제공할 경우 과연 나는 무엇을 할 것인가? 현대국제관계사를 연구하다보면 이러한 기본적인 의문을 스스로에게 던져보게 된다. 생업에 몰두하고 있고 미래를 개척하기가 바쁜 나 자신이 거대한 구조로 운영되고 있는 세계질서의 전개에 기여하는 것은 사실 어렵다고 일반인들은 생각할 수 있다.

이러한 의문에 대한 해답을 이 책은 제공해줄 것이다. 역사의 거대한 흐름에 내가 매몰될 경우 나란 존재는 물거품과 같이 사라지고 말 것이다. 역사의 방향에 대해 거역하지 말고 순응하는 역사의식이 요청된다.[15] 세계평화가 확보되지 않으면 그 여파는 당장 종적·횡적인 연쇄구조로 되어 있는 국내 상황에 바로 연계되어 많은 영향을 줄 개연성이 높다. 이렇게 보면 나와 너 그리고 우리는 어떻게 보면 동일선상에 놓여 있다. 인도가 20세기 철학자인 크리슈나무르티(Krishnamurti)가 『처음과 마지막 자유』라는 자신의 저서에서 "요컨대 당신의 모습이 세계의 모습입니다. 따라서 당신의 문제는 세계의 문제입니다."라고[16] 말한 것은 국제문제와 나 자신 간의 관계성에 대해 시사해주는 바가 크다.

나 자신의 안위는 나 개인이 책임지는 것은 너무나 당연하다. 그러나 그것은 국가와 세계가 참다운 평화질서 하에서만 가능한 일이다. 내가 아무리 나 자신을 지키려고 해도 나를 둘러싸고 있는 정치환경이 혼돈과 분쟁을 거듭할 경우 나의 안전은 담보하기 어렵다. 이제 나 자신은 나 개인의 행복을 위해서라도 국가와 세계문제에 지대한 관심을 가지고 나 개인만의 이기주의에서 벗어나 세계공동체 형성에 기여할 수 있어야 할 것이다.

이상과 같은 연구목적을 가지고 필자는 이 책에서 현대국제관계사 전반에 걸쳐 전쟁과 평화에 관한 기록들을 서술할 것이다. 이 책은 20세기의 국제관계사는 어떤 과정을 거쳤는가? 오늘의 국제사회는 어디로 가고 있는가? 과거의 역사에서 우리는 어떤 교훈을

15) 우리가 가져야 할 올바른 역사관에 대해서는 정경환, 『사회현실의 인식 : 역사와 세상을 보는 눈』(부산: 이경, 2008) '제3장 한국의 역사인식 현실과 올바른 역사관' 참조.

16) J. Krishnamurti, *The First and Last Feedom*(New York: Harper One, 1975), p.36(What you are, the world is. So your problem is the world's problem).

얻을 수 있는가? 그리고 우리는 어떤 자세를 가져야 하는가? 라는 기본적인 질문에 대한 해답을 제공하기 위한 것이다. 그래서 이 책은 이러한 문제에 대한 해답을 제공하기 위해 현대국제관계사 전반을 크게 세부분으로 나누어서 설명하고 있다. 첫째는 제2차 세계대전의 발발배경과 원인 그리고 의미이고 둘째는 냉전의 기원과 확산에 대한 내용이고 세 번째가 냉전 이후 국제관계의 흐름에 관한 내용이다.

참고문헌

고르바초프, "소련공산당 제27차 대회에 제출한 소련공산당 중앙위원회의 정치보고," 『사회주의 대변혁 핵심문헌 50선』, 신동아, 1991년 1월호 별책부록.

김순규, 『신국제정치론』, 서울: 박영사, 1988.

김운태, 『일본제국주의의 한국통치』, 서울: 박영사, 1988.

박성수, 『역사학개론』, 서울: 삼영사, 1992.

정경환, 『사회현실의 인식 : 역사와 세계을 보는 눈』, 부산: 이경, 2008.

정경환, 『21세기 국제관계와 한국』, 부산: 도서출판 이경, 2010.

최종기, 『현대국제관계론』, 서울: 박영사. 1988.

Chang, Iris, *The Rape of Nanking*, 김은령(옮김), 『난징대학살』, 서울: 끌리오, 1999.

Nietzsche, F.W., *Also sprach Zarathustra*, 정경석(역), 『짜라투스트라는 이렇게 말했다』, 서울: 삼성출판사, 1979.

Barzun, James ·Henry F. Graff, *The Modern Researcher*, New York: 1957.

Krishnamurti, J. *The First and Last Feedom*, New York: Harper One, 1975.

Wright, Quinery, *The Study of International Relations*, New York: Appleeton-Century-Crafts, Inc., 1955.

2

현대국제관계사의 특징과 전망

현대국제관계사는 문자 그대로 소용돌이의 역사였다. 특히 앞 세기인 20세기는 기억조차 하기 어려운 숱한 전쟁으로 기록되고 있다. 이 기나긴 국제관계사를 어떻게 정리할 수 있는가? 라는 질문은 매우 어려운 질문이다. 각 국가별, 각 지역별로 사건이 다양하게, 중첩적으로 발생하였기 때문에 이를 한데 묶어서 유형화시켜서 정리하는 것은 쉽지 않은 일이다. 그러나 과거의 역사에 대한 올바른 진단·분석만이 현재를 정확히 파악할 수 있다. 과거는 과거로서 끝날 때는 아무런 의미가 없다. 즉 과거사에 이러 이러한 일이 발생했다는 식의 사실주의적 역사접근법은 오늘을 사는 우리들에게 의미를 제공하기 어렵다. 지식으로서의 역사접근법을 지양하여 역사와 현재를 연계하는 역사인식이 요청된다.

과거는 과거로서 끝나는 것이 아니라 과거는 현재라는 시간과 공간에 직접적인 영향을 미친다. 과거와 현재 그리고 미래는 분리될 수 없는 유기적(有機的) 관계에 있음을 분명히 인식해야 한다. 이러한 시각에서 보면 제2차 세계대전의 경우만 보더라도 제2차 세계대전은 1945년 8월 15일에 종식되었지만[1] 그 사건의 의미

1) 제2차 세계대전의 종결은 두 부분으로 나누어진다. 첫 번 째의 사건은

는 결코 1945년으로 완전히 끝난 것이 아니다. 이어지는 시대에도 영향을 주어 제2차 세계대전은 냉전의 계기·원인이 되었다고 평가할 수 있다.[2] 현재의 국제관계사는 결코 현재라는 시간 속에서만 발생하는 것이 아니라 과거의 사건과 연동되어서 구성되었다고 할 수 있다. 이렇게 볼 때 현재의 국제관계를 명확히 파악하기 위해서는 과거의 역사를 결코 역사라는 시간 속에 머물게 해서는 안 된다.

1. 연구목적

현대국제관계사 전체를 하나의 틀로 유형화시켜 파악하는 것은 대단히 문제점이 있는 접근법이다. 어떻게 지난 100년의 역사를 몇 가지의 특징과 성격으로 구획지어 정리할 수 있겠는가? 그 많은 사건들, 명멸했던 그 많은 인물들의 면면을 하나로 묶어 전체적으로 조망하는 것이 가능한 일인가? 개별적인 사건들은 그 나름대로 특수한 환경과 배경을 가지고 전개된 것들이 많다. 그러나 개별적인 사건들은 전체 세계사의 움직임 속의 하나의 하위단위(sub-unit)임을 긴 역사의 과정을 살펴보면 분명히 느끼게 된다.

그래서 필자는 비록 논리상의 어려움과 비약이 다소 따를 수 있음을 분명히 알지만 지난 100년의 국제관계사를 정리해보기로 한다. 일어난 현상을 객관적인 사고를 가지고 분명히 유형화함으로써 20세기 국제관계사에 대한 접근의 용이성을 위해서라도 필자

1945년 5월 8일 독일의 항복으로 유럽에서 전쟁이 종식되었고, 두 번째의 사건은 1945년 8월 15일 일본의 항복으로 아시아에서 전쟁이 종식됨으로써 사실상 제2차 세계대전은 완전히 종식된 것이다.

2) 제2차 세계대전과 냉전의 기원 간에는 밀접한 관련성이 있는 데, '제5장 냉전의 발단과 기원'에서 명확히 알 수 있다.

는 현대국제관계사의 특징과 전망을 몇 가지로 나누어서 고찰하고자 한다.

(1) 과거의 국제관계사에 대한 정확한 이해의 도모

사실 현대국제관계사에 대한 수많은 연구서들이 나와 있지만 처음 보는 경우, 그 전체적인 흐름을 이해하기가 쉽지 않다. 그 이유는 간단하다. 세계사의 시간과 공간 속에는 하나의 작동원리가 작용하기에는 너무나 많은 변수들이 움직여지고 있기 때문이다. 즉 그 이유를 상세히 살펴보면 대륙별로 자신의 고유한 이해관계를 가진 각국 간에 분쟁과 전쟁이 끊이지 않고 발생한 세기가 20세기였고, 지난 20세기 100년의 역사는 일관적인 흐름 속에서 전개된 것이 아니라 숱한 우여곡절과 소용돌이의 과정을 겪으면서 질주해왔다고 할 수 있다.

그렇기 때문에 그 혼돈의 과정을 전부·전체를 조망하면서 설명하기는 매우 어렵다. 그래서 필자는 그 혼돈과 전쟁과 그리고 갈등의 20세기를 오랫동안 연구한 입장에서 체계적으로 정리하여 그 복잡한 역사를 단순화하여 이해의 폭을 넓히고자 한다.

(2) 현재의 국제관계의 뿌리를 규명하는 작업의 일환

오늘날 국제질서는 과거 냉전과는 많은 차이가 있지만 여전히 갈등의 증폭으로 인해 매우 유동적인 상황에 놓여 있다. 어떻게 하면 갈등으로 점철되어 있는 오늘의 국제관계를 참다운 평화가 꽃피는 세계질서로 변환할 수 있겠는가? 그 해결책에 대해 우리 인류는 모든 슬기를 모아야 할 때이다.

그리고 혼돈의 역사를 청산하고 진정한 평화의 역사(세기)를 열기 위해서는 그 혼돈과 갈등을 초래한 과거사에 대한 원인규명이 필요하다. 원인이 없는 결과는 있을 수 없다. 모든 문제나 사건은 반드시 그에 합당한 원인과 배경을 지니고 있다. 현대국제관계사에 대한 명확한 이해는 현재 우리가 겪고 있는 문제나 사건의 원인을 규명하게 해주는 열쇠를 제공한다.

(3) 과거 역사를 통해 교훈과 의미를 반추해보는 계기

누구나 다 오류와 실패의 경험을 가지고 있다. 문제는 그 오류와 실패를 다시 겪지 않는 것이다. 과거의 역사는 역사책 속에 잠들어 있다. 그 의미와 교훈을 추출하는 것은 현재를 살고 있는 우리들의 몫이다. 과거에 일어났던 사건들에는 긍정과 부정의 요인들이 혼재되어 있다. 긍정의 요인들만 추출하여 자랑하고 긍지만을 표명한다면 역사를 잘못 인식하는 것이다. 역사는 공평하다. 인간이 늘 삶에서 기쁨과 슬픔의 순간이 마치 시계추처럼 오고가는 운명 속에 살아가듯이, 인간이 만든 역사 역시 인간의 삶의 모습과 같이 항상 기쁨과 슬픔의 기록들을 함께 새기고 있다.

부정의 요인들을 마음 같아서는 지우개로 영원히 지워서 우리의 의식 속에서나마 소멸시키고 싶은 것이 우리의 생각이지만 역사는 지우개로 지울 수 없는 낙인찍힌 유산이다. 부징의 요인들은 그대로 많은 의미와 교훈을 우리에게 제공한다. 부정의 요인을 통해 우리는 부정의 역사가 이 시대와 다음 세대에 반복되지 않아야 한다는 각오를 현재의 역사에 새겨야 한다. 이런 점에서 과거의 역사는 우리를 객관적으로 돌아보게 하는 성찰의 시간을 제공해줄 것이다.

(4) 자유의 소중함과 독재에 대한 저항의식의 함양

20세기의 역사를 어떻게 한 마디로 규정할 수 있는가? 단 한 마디로 규정하기는 대단히 어려운 문제다. 필자는 자유와 민주주의를 향한 질주였다고 평가하고 싶다. 자유와 민주주의는 피를 먹고 사는 가치인 줄 모른다. 오늘의 자유질서를 지키기 위해 우리 인류가 흘린 피가 얼마이던가? 앞으로 이 지구땅에 완전한 자유와 민주주의를 정착하기 위해 또 얼마만큼의 희생이 필요한가? 우리는 처절했던 20세기의 역사를 통해 자유의 쟁취라는 것이 그냥 우연히 이루어진 것이 아님을 절감하게 될 것이다.

자유와 민주주의를 누리고 있는 우리의 입장에서 세계사를 보면 자유와 민주주의의 소중함을 새삼 느끼게 된다. 자유와 민주주의를 정착하기 위한 우리 인류의 투쟁의 역사에 대한 이해는 오늘을 사는 우리들에게 자유와 민주주의의 투철한 수호의지를 느끼게 해 줄 것이다.

2. 20세기 현대국제관계사의 특징

지금 필자가 제시하는 20세기 현대국제관계사의 특징을 살핌에 있어 유념할 사항은 20세기현대국제관계사 전반을 망라할 수 없다는 사실이다. 어떻게 몇 가지의 특징으로 100년의 역사를 규율할 수 있겠는가? 그리고 유형화는 있는 그대로의 사실을 전부 포괄적으로 담을 수 없다. 그러나 유형화는 복잡한 과거사를 단순화시켜 체계적인 이해를 돕는 데 그 의의가 있다.

(1) 이분법적인 대결논리의 성행

20세기를 비교적 냉철하게 살펴보면 조화·화해·협력이라는 말보다는 갈등·증오·대결이라는 용어가 횡행하는 상황이었다. 실질적으로 20세기의 국제관계사는 사사건건 미국과 소련의 양 진영에 의해 분열된 역사였다고 해도 지나친 말이 아니다. 특히 제2차 대전 이후 냉전이 격화되었을 때는 세계가 양분된 것처럼 분열의 극대화현상이 일상화되었다. 제2차 세계대전은 민주주의 대 파시즘 간의 대결구도를 형성하였고, 대전 이후에는 자유민주주의와 공산주의 세력 간의 대결구도가 형성되고 확산됨으로써 국제질서는 완전히 이분법적인 분열논리가 지배하게 되었다.

이분법적인 대결논리가 성행하였다는 말에는 여러 가지의 의미가 포함되어 있는데, 첫째는 상대방에 대한 타협의 논리를[3] 찾기 어렵다는 의미이다. 타협의 여지가 없다는 것은 곧 끊임없는 전쟁·분쟁의 촉발가능성을 뜻하는 것이다. 냉전체제는 미국을 한축으로 하고, 소련을 다른 한축으로 하는 양극구조(bi-polar structure)로 형성되어 있다. 냉전체제를 좀 더 설명하면 냉전체제는 진영정치(bloc politics)인데, 이 정치는 일종의 우적(友敵)논리 내지 상대불승인논리로 구성되어 있다. 즉, 냉전체제 아래서는 적과 동지의 개념이 명확하여 진영 내에 포함되어 있는 국가와는 친밀도를 유지하면서 상호교류와 협력을 증진하지만 진영 밖의 국가에 대해서는 불신과 적대감으로 일관하게 된다.

그리고 냉전체제는 동맹정치(alliance politics)로 특징지울 수 있는데, 이 정치는 일종의 상호군사협력체제이다. 동맹은 양국 간

3) 타협(compromise)은 원칙을 버리는 것이 아니라 목표를 이루기 위한 협상(negotiation)을 뜻한다.

의 쌍무적인 협력관계인데, 단순히 우호협력증진을 위한 기제(機制)가 아니라 동맹을 맺은 한 국가가 타국으로부터 침략을 받았을 때 동맹의 다른 국가는 즉각 참전하여 침략을 받은 국가의 안보를 공동책임진다는 것이다. 이러한 진영정치와 동맹정치를 양축으로 하는 냉전체제는 우선 제로섬게임(zero-sum game)의[4] 사고방식을 강요하는 체제로 늘 긴장이 저변에 깔려 있었다고 고찰된다.

둘째, 냉전체제는 선과 악의 대결구조로 되어 있다는 것을 뜻한다. 20세기의 현대국제관계사를 이분법적 대결논리의 성행이라는 차원에서 규정할 때 당연히 냉전시대의 국제관은 선악관을 기초로 하고 있음을 알 수 있다. 여기서 선악관은 이 세상을 선과 악으로 나누어 악을 전멸해야 한다는 인식을 말한다. 이러한 사고방식에서는 그 어떠한 타협도 원활한 대화도 이루어질 수 없다.

셋째, 냉전체제는 전부(全部) 아니면 전무(全無)의 논리로 되어 있다는 의미이다. 전부 아니면 전무의 논리는 상대방에 대한 투쟁의 논리이다. 이러한 논리의 전개는 자연스럽게 전쟁을 끊임없이 양산하게 된다. 한 곳은 전부를 택하고 다른 곳은 전무를 강요한다면 오직 존재하는 논리는 승자와 패자의 양단논리뿐이다.

이처럼 20세기 현대국제관계사는 이분법적인 대결논리의 성행으로 인해 분쟁과 전쟁의 소용돌이 속에서 헤어나지를 못했다. 이러한 이분법적인 양단논리는 20세기의 전 시대를 규율하는 성격이 되어 우리 인류 전체에게 깊은 증오심과 미움의 마음을 갖게 하였다. 그렇기 때문에 20세기에서 평화는 인류의 마음 속에서나

4) 제로섬게임은 갈등이론의 한 유형으로 용어 그대로 행위자에 대한 보상의 화(和) 또는 총계가 영(零)을 말한다. 구체적인 것은 구영록, 『인간과 전쟁 : 국제정치이론의 체계』(서울: 법문사, 1979), pp.47-53 참조.

그리는 희망에 불과하였다.

(2) 세력균형체제의 유지

20세기 국제관계사의 특징 중 주목할 만한 특징은 바로 세력균형체제이다. 세력균형은 국제관계분야의 핵심적 연구영역으로 힘의 균형을 통해 안전을 보장하겠다는 국제관계의 작동원리이다. 국제정치에 있어서 세력균형이라는 국제질서 혹은 국제체제가 최초로 형성되게 된 것은 1648년 웨스트팔리아조약(Westphalia Treaty)에서 기인한 근대국가체제(Modern State System)의 출범과 시간을 같이하는 것이었다.[5] 근대국가체제의 형성으로서 주권을 가진 근대국가가 우후죽순격으로 생겨남으로써 국가 간의 안전보장이 시급한 현안으로 대두되었다. 즉, 주권국가를 중심으로 하는 국제질서가 형성됨으로써 국가들 간의 충돌의 개연성이 상존하게 되었다. 이러한 상황에서 세력균형이론은 새로운 힘을 얻게 될 수밖에 없다.

세력균형의 본질적 목적은 국가 간의 힘의 균형을 통해 안정을 보장하고 전쟁을 억제하겠다는 것이다. 세력균형체제란 국제정치에 있어서 두 개 이상의 행위자가 균등한 권력을 유지하는 상태, 그와 같은 상태를 유지하려는 정책, 혹은 그와 같은 상태를 유지함으로써 각자 안전을 기할 수 있는 조직체를 말한다.[6] 20세기

5) 이기택, 『현대국제정치이론』(서울: 박영사, 1997), p.85. 1648년 웨스트팔리아 회의 참가국들은 주권평등, 영토존중, 내정불간섭, 존중되는 규범으로써 국가 간의 합의 등의 기본원칙에 합의하였고 이렇게 해서 유럽국가들로 구성된 새로운 근대적 국제질서가 형성되었다. 이 체제가 지금까지 존속되는 국제질서의 원형이다. 이상우, 『국제정치학강의』(서울: 박영사, 2005), p.136.

6) 박상식, 『국제정치학』(서울: 집문당, 1985), p.36.

국제관계사는 전반에 걸쳐 세력균형체제가 유지되었다. 이 세력균형체제가 유지되고 있을 때에는 평화가 있었고, 이 체제가 붕괴되었을 때에는 전쟁이 있었다. 이러한 세력균형체제가 갖는 의미를 좀 고찰하도록 하자.

우선 20세기의 국제관계사가 세력균형체제를 형성하고 있었다는 것은 그만큼 20세기가 불안정한 상태였음을 실증해주는 것이라고 할 수 있다. 힘의 균형체제를 유지하고 있다는 것은 힘의 균형을 깨려는 세력이 상존하고 있었음을 알 수 있다. 그렇기 때문에 20세기의 국제관계사는 마치 '시소'(seesaw)처럼 아슬아슬한 체제였다.[7] 시소는 아시다시피 중간에 뾰쪽한 장치를 두고 양쪽에 사람들이 앉아서 게임을 하는 기구이다. 그런데 양쪽이 균형을 이룰 때에는 수평을 이루지만 조금이라도 힘의 불균형이 생길 때에는 힘 있는 쪽으로 기운다. 20세기의 국제관계사는 이처럼 매우 불안하고 언제 균형이 깨질지 모르는 상당히 불안정하고 유동성이 강한 상태에 있었다. 그리고 세력균형체제가 형성되고 있었는데, 그 체제는 공포의 균형체제(balance of terror)였음을 잊어서는 안 된다.

공포의 균형체제

공포의 균형이란 미소 간의 핵무기 사용의 위험을 의미하는 것이었지만 20세기 국제관계사 전반을 규율하는 용어로 인식되고 있다. 공포의 균형이라는 것은 그 용어가 내포하고 있는 함축성에서도 지각할 수 있지만, 균형상태의 붕괴는 단순히 어느 일방의 승리로 결과지워지는 것이 아니라 모두의 공멸로 이어진다는 것을 의미한다. 이러한 공포의 균형체제를 기본 성격으로 해서 전개되고 있던 20

7) 그래서 냉전체제를 흔히 시소체제(the seesaw system)라고 한다.

세기의 역사는 늘 긴장의 연속선상에서 마치 살얼음을 걸어가는 현장이었다.

(3) 신뢰구조의 붕괴현상의 일상화

인간관계에 있어서 가장 중요한 것은 신뢰다. 신뢰(trust)는 인간관계의 근본이라고 할 수 있다. 신뢰란 무엇인가? 그것은 곧 믿음을 말한다. 어떤 외부작용에 의해서도 변하지 않을 것이라는 믿음에서 신뢰는 출발한다. 그러나 보통인간은 늘 외부작용에 의해 변하기 마련이다. 신뢰관계가 형성되었다고 생각하다가도 사소한 외적 작용에 의해 일시에 그 관계가 무너지는 경우는 보통인간 관계에서 많이 볼 수 있다. 그래서 인간관계에서 신뢰문제로 늘 충돌과 갈등이 발생하고 불신이 생겨난다.

국가 간의 관계에서 신뢰는 더욱 중요하다. 신뢰는 규범만큼 강한 규제력을 가지고 있는 것은 아니지만 재차 신뢰관계가 형성되면 상대의 기대를 벗어나는 행위를 억제한다. 그것에 의해 상대의 행위를 예측할 수 있게 된다.[8] 신뢰가 있는 국가 간의 관계는 서로 협조분위기를 조성하여 발전·도약의 계기가 된다. 그러나 신뢰가 형성되지 않은 국가 간의 관계는 늘 불안하고 평화보다는 전쟁의 두려움이 짙게 깔리게 된다.

국가 간 신뢰구조의 붕괴는 결국 세계를 양분화하는 요인이 되었다. 양극화는 상대를 믿지 못하는 신뢰구조의 붕괴에 기인하는 것이다. 20세기에서 일상화된 현상인 전쟁, 분쟁 그리고 냉전은 신뢰상실의 결과이다. 신뢰가 없는 화해와 협력은 사상누각(砂上

8) 정치학대사전편찬위원회(편), 『21세기 정치학대사전(상)』(서울: 아카데미아리서치, 2002), p.1406.

樓閣)에 불과할 뿐이다. 이렇게 볼 때 인간관계는 물론이고 국제관계에도 신뢰는 가장 중요한 덕목이다. 제2차 세계대전도 국제관계에서 그나마 실타래처럼 유지되고 있던 신뢰관계가 무너짐으로서 발발한 것이다.

20세기 신뢰구조의 붕괴일상화는 상대를 단순히 믿지 못한다는 것만을 의미하지는 않는다. 이는 바로 상대를 잠재적 혹은 현시적인 위협세력으로 인식하고 있음을 뜻한다. 신뢰구조의 붕괴는 "분쟁 혹은 갈등의 기능"을 하고 있음을 알 수 있다. 20세기의 비극은 다른 데 있는 것이 아니라 바로 신뢰구조의 붕괴일상화 현상이 주는 비극이라고 할 수 있다. 이런 점에서 20세기의 평화는 생각 속의 평화이고 현실 속의 평화는 아님을 알 수 있다.

3. 현대국제관계사의 전망

현대국제관계사를 전망한다는 것은 결코 쉬운 일이 아니다. 왜냐하면 현대국제관계의 구성원이 민족국가(nation-state)이기 때문이다. 민족국가는 세계이익보다는 자연스럽게 자신의 민족이익을 추구한다. 민족국가에게 세계이익이냐? 아니면 민족이냐? 라는 질문으로 민족국가의 구성원에게 양자택일을 하라면 반드시 민족이익을 택할 것이다. 너무나 당연한 현실적인 선택이다. 현재의 세계질서는 여전히 힘을 단위로 하는 질서라고 할 수 있다. 민족이익과 세계이익이 합치될 때는 문제가 없지만 배치될 때에는 세계이익을 택할 경우 민족이익의 훼손은 물론이고 민족국가의 운명까지도 보장할 수 없는 상황으로 내몰릴 수 있다.

그렇기 때문에 민족이익의 상실을 전제로 하는 세계이익은 의미가 없다. 민족이익의 존재를 전제로 한 세계이익만이 의미가 있다. 여기서 현재의 국제관계는 불안정성이 있고 전망을 어렵게 만들고 있다. 국제사회는 여전히 힘의 법칙(rule of power)이 지배하고 있다. 힘은 우리의 존재의 근거이자 국제사회에서 자국의 안보와 평화를 보장해주는 원천이 되고 있다. 이런 점에서 힘은 현실적 규제력이자 국가와 국민의 안전과 안녕을 위한 마지막 보루로 널리 인식되고 있다.

여기서 힘이란 바로 군사력을 말하는 것이다. 카(E. H. Carr)는 "군사력은 국가활동에 있어서의 본질적 요소로서, 단지 그것의 수단일 뿐만 아니라, 자체가 목적으로 되고 있다."라고[9] 할 정도로 국제정치에 있어서 힘의 중요성을 강조하고 있다. 국제사회에서 말하고 있는 도덕(morality), 윤리(ethics), 정의(justice), 법(law)과 같은 말들이 통용은 되고 있지만 그 근저에는 여전히 힘이 현실적 당위론이자 규제력이라는 인식이 깔려 있다. 이렇게 볼 때 아직까지는 힘과 평화는 서로 대립적인 관계에 있는 것이 아니라 서로 직접적인 관계에 있다고 할 수 있다.

현재의 국제질서에서 쌍무적 동맹관계도 국가이익과 안보를 위해 매우 중요하지만 더욱 중요한 것은 나 자신이다. 다시 말하면 이 세상에서 가장 믿을 수 있는 존재는 '나', '우리 국가', '우리 민족' 뿐이라는 사실을 염두에 두어야 한다. 내가 있어야 세계가 있다. 내가 소멸되면 세계는 존재하지 않는다. 나란 존재에 대한 중요성과 소중함을 알아야 한다. 그만큼 국제정치의 제반 현상들은 냉혹한 힘의 법칙에 의해 움직인다는 사실을 잊어서는 안 될 것이다.

9) E. H. Carr, *The Twenty Year's Crisis, 1919~1939*(New York: Harper & Row Publishers, 1964), p.111.

(1) 새로운 질서구축을 위한 혼돈기간을 겪을 것이다

모든 질서는 혼돈(chaos)의 상황을 맞게 마련이다. 과거의 질서가 새로운 질서로 변모할 때 아무런 역사적 혼돈과정을 거치지 않고 직진한 예는 솔직히 역사에서 단 한 예도 찾아보기 어렵다. 설혹 있다고 하더라도 혼돈과정을 거치지 않은 질서는 반드시 오래가지 않아 붕괴의 결과를 맞이하고 만다. 그런 점에서 혼돈은 내일을 위한 거름이고 질서를 위한 과정이다. 국제질서(international order)는 국제사회를 이루는 구성체들 간의 역할 분담과 상호관계를 규정하는 규범, 그리고 각 주체의 행위를 규제하는 준칙들의 집합이다.[10)]

21세기 현대국제관계사는 20세기의 격랑의 세기를 지나 새로운 21세기 속에서 지역 간, 민족 간 갈등으로 인한 혼돈기간을 겪게 될 것이다. 이러한 과정을 거치지 않으면 현재의 국제관계는 폭발력을 가진 문제들을 내포하게 될 것이다. 진정으로 새로운 질서를 구축하려면 국제관계에서 문제가 되는 것들이 표출되어 인류의 공론의 장을 거쳐 해결점이 모색되어야 한다. 과거 냉전시대에는 국제질서에서 수많은 문제점들이 양극의 중심국가의 위세에 눌려 체제 내에 잠복하고 있었다. 이러한 양극구조가 무너짐으로써 냉전체제 아래서 잠복되어 있던 문제들이 일시에 표출되었다. 새로운 시대를 열기 위해서 이런 문제들은 표출되어 국제사회에서 문제의 심각성을 깨닫고 새로운 수렴과정과 해결과정을 모색해야 한다.

새로운 질서를 향한 인류의 전진을 계속될 것이고, 지금 표출되

10) 이상우, 『국제정치학강의』(서울: 박영사, 2005), p.64. 국제질서를 구성하는 요서는 크게 네 가지가 있는데, 첫째는 지배이념이고 둘째는 구성체와 조직이고 셋째는 규범이고 넷째는 힘이다. 구체적인 것은 위의 책, pp.64-71 참조.

고 있는 혼돈의 문제들도 틀림없이 해결책을 모색하여 진정될 것으로 확신한다. 여전히 각 대륙별로 독재의 어두운 그림자가 짙게 깔려져 있다. 아마 앞으로도 이러한 독재자들은 영구집권을 위해 세계질서의 구축에 도전할 것이다. 그리고 세계의 보편적 가치의 일반화에 대해서도 저항하는 반역사적 움직임도 가속화될 것이다.

(2) 민족이익과 세계이익 간의 충돌현상이 표출될 것이다

현재 국제사회에서는 새로운 질서 구축을 위한 진통이 계속되고 있다. 대표적인 사건이 2001년 9·11테러사건이다. 2001년 9월 11일 세계 최강대국 미국에서의 '제2의 진주만 공격'에 비유되는 사상초유의 무자비한 테러는 미국인 뿐만 아니라 세계인을 경악시켰다.[11] 9·11테러사건은 21세기의 첫 번째 전쟁으로 국제체제의 변혁을 알리는 신호탄적 성격을 지니고 있다.

9·11테러사건은 테러리즘의 전통을 벗어나는 사건이었다. 우선 테러의 목적, 방법, 규모에서 9·11테러는 이전의 테러리즘과는 판이하게 다르다.[12] 지금까지의 테러는 "소수의 시민을 살해함으로써 정치적 목적을 달성"하는[13] 데 주안점을 두었다. 그러나 9·11 테러사건은 "얼굴 없는 테러전"을[14] 통해 무고한 시민 수천 명이 살해되는 끔찍한 행위로 이전의 테러와는 그 성격이 근본적으로 다르다. 현재 탈냉전시대임에도 불구하고 테러의 광풍시대에 돌입

11) 김강녕, 『현대국제문제와 남북한』(부산: 신지서원, 2002), p.46 (제2장 미국의 대테러전과 한국의 대응). 9·11테러사건에 대한 미국의 대테러대응에 대해서는 위의 책, pp.50-52 참조.

12) 이춘근, "대규모 테러와 21세기 국제정치," 『Strategy 21』, 10호 (한국해양전략연구소, 2003), p.9.

13) 위의 글, p.9.

14) 김강녕, 앞의 책, p.172.

하였다는 평가가 나오고 있다. 지금 현재 세계 곳곳에서 테러와 유혈분쟁이 확산되고 있다. 테러가 확산되고 있는 불안한 국제질서를 일부에서는 '탈 탈 냉전기(post-post cold war)라고도 보고 있다.

이러한 테러의 시대는 미국이 주도하고 있는 세계이익에 반대하는 움직임이다. 나아가 민족내부의 모순을 외부의 긴장점을 형성하여 극복하려고 하는 움직이기도 하다. 이제 민족(nation)과 세계(world) 간의 관계설정 문제가 중요한 국제적인 이슈로 등장하게 되었다. 현재 인류는 과거 냉전시대와 달리 보다 포괄적이고 광범위한 안보전략을 통해 화해와 협력이 꽃피는 '새로운 시대'를 꿈꾸고 있다. 그런데 이러한 미국을 중심으로 하는 열강들의 계획은 여전히 민족국가 건설의 과업을 안고 있는 약소국가들에게 있어서 민족이익을 훼손하는 강대국의 발전논리로 여겨지고 있는 것이다.

(3) 인류의 보편적 가치에 대한 지향성을 가질 것이다

현재의 국제질서는 부분적인 반질서 행위가 있지만 전반적인 행위의 목표점은 자유와 인권과 같은 보편적 가치가 수용되는 질서를 향하고 있다. 과거 냉전시대에는 화해의 구심력에 비해 갈등의 원심력이 강해 불안하고 유동적이었지만, 탈냉전시대에는 갈등과 분쟁의 구심력보다 화해의 원심력이 강해 기본적으로 화해와 협력의 방향을 모색하고 있다.15) 이제 보편적 가치는 그 어느 누구도

15) 김강녕, 앞의 책, p.171. 구심력이란 물체가 원운동을 할 때 중심으로 작용하는 힘이라고 한다면, 원심력은 이와 반대로 물체가 원운동을 할 때 회전축의 중심으로부터 멀어지려는 힘을 말한다.

막을 수 없는 이 시대·세기의 중심적 가치가 되고 있다.

20세기의 역사를 살펴보면 비록 전쟁과 분쟁이 끊이지 않았지만 당시 우리 인류 전체가 지향하는 것은 보편적 가치였다. 그러한 보편적 가치에 대한 열망이 20세기의 냉전체제를 붕괴하게 하였고 21세기에 또 다른 희망을 인류에게 새기게 하는 계기를 조성하였다.

변증법

인류의 역사는 수많은 고비가 있었고 시련도 있었지만 늘 진보와 발전을 거듭하여 왔다. 다시 말하면 정(正, 긍정)→반(反, 부정)→합(合, 부정의 부정)의 변증법적 발전을 거듭하여 왔다고 해도 과언이 아니다. 변증법은 고대 그리스의 철학자인 헤라클레이토스(Heracleitos)에 의해서 발견되었는데, 그는 "만물은 끊임없이 변화한다"는 유명한 문구를 통해 변증법의 원리를 제시하였다. 이러한 변증법을 집대성한 인물인 바로 헤겔(Hegel)이다.

이러한 변증법에 의하면 우리에게 현실적인 어려움과 고난 그리고 난관은 있지만 우리 인류는 이러한 고통을 토대로 더 낳은 보편적 기치를 기초로 하는 질서를 향한 항로를 계속할 것이다. 인간의 보편적인 가치인 자유·인권·평화는 결코 우리가 포기할 수 없는 대명제이자 가치이다. 인류의 역사는 전쟁의 역사다. 전쟁을 전적으로 피할 수는 없지만 인간이 내재화하고 있는 이성의 힘으로 전쟁을 넘어 모든 인류가 손에 손을 맞잡고 함께 길을 걸어가는 진정한 평화의 시대를 구축해야 할 것이다.

(4) 통합의 방향으로 나아갈 것이다

늘 역사는 분열하면 통합하는 성격을 지니고 있다. 『삼국지』의 첫 구절은 "천하는 합하면 머지않아 반드시 분리되고, 분리되면 머지않아 반드시 합해질 것이다"라는16) 구절이다. 이 구절을 통해서 알 수 있는 것은 역설적이지만 분열은 통합을 위한 하나의 과정이라는 사실이다. 우리 인류는 분열로 인해 전쟁이 발발하면 이에 굴복하지 않고 힘을 모아 전쟁을 극복하여 평화를 추구하였다. 늘 우리는 분열보다는 통합의 새로운 질서를 지향한다. 통합은 오늘 인류가 실천하고 있는 과제다.

통합은 분열의 반대개념으로 단순히 문제점과 분열을 봉합하자는 것이 아니다. 통합은 상호교류의 확대와 상호인정을 전제로 하는 합침의 과정이다. 상대를 인정하지 않으면 통합의 질서는 언제 붕괴될지 모르는 유약한 구조물에 불과하게 될 것이다. 통합은 상생, 자유 그리고 인권과 같이 나와 너를 조화시켜주는 방향으로 나아가야 한다. 그리고 통합은 인류의 가슴 속에 응어리진 미움・증오를 흡수해서 미래로 나아가게 한다. 이처럼 현재 국제관계는 통합을 추구하는 것이 시대의 대세가 되고 있기 때문에 많은 혼돈을 겪고 난 뒤 종국적으로 통합의 질서를 모색할 것을 전망된다.

현재 국제사회는 민주화, 개방, 인권신장과 같은 문제들에 대한 관심이 증대되고 있다. 이러한 진전은 통합의 대표적인 양상으로 인식된다. 통합의 상실은 결국 20세기와 같은 증오와 학살의 역사를 되풀이하게 되어 인류 전체를 또 다시 불행의 구렁텅이로 몰아넣게 될 것이다.

이상과 같이 네 가지의 측면에서 현대국제관계사를 전망하여 보았

16) "天下, 合久必分, 分久必合"

다. 이를 종합적으로 고찰하여 정리를 하면 우선, 현재 국제관계는 여러 가지의 장벽과 암초가 있는 것은 분명한 현실이라는 사실이다. 장벽과 암초는 단순히 걷어내면 되는 것이 아니라 많은 민족국가들의 이해관계가 중첩적으로 투영되어 있기 때문에 그 장벽과 암초를 완전히 넘으려면 정말 어려운 위기의 순간을 맞이할 것으로 예측된다.

그러나 인류 역사의 기나긴 과정을 객관적인 측면에서 관찰해보면 위기를 극복하려는 인간의 이성이 늘 존재함을 알 수 있다. 그래서 우리는 긍정적인 시각을 가지고 어떤 경우가 있다하더라도 반드시 위기들을 극복하고 만다는 결의를 다져야 할 것이다. 그래서 종국적으로 역사는 미래를 향한 긍정적 차원의 여정을 계속할 것으로 판단한다.

참고문헌

김강녕, 『현대국제문제와 남북한』, 부산: 신지서원, 2002.

구영록, 『인간과 전쟁 : 국제정치이론의 체계』, 서울: 법문사, 1979.

박상식, 『국제정치학』, 서울: 집문당, 1985.

이기택, 『현대국제정치이론』, 서울: 박영사, 1997.

이상우, 『국제정치학강의』, 서울: 박영사, 2005.

이춘근, "대규모 테러와 21세기 국제정치," 『Strategy 21』, 10호, 한국해양전략연구소, 2003.

정치학대사전편찬위원회(편), 『21세기 정치학대사전(상)』, 서울: 아카데미아리서치, 2002.

Carr, E. H., *The Twenty Year's Crisis, 1919~1939*(New York: Harper & Row Publishers, 1964)

3

베르사이유체제란 무엇인가?

현대국제관계사에 대한 설명이 원활하게 이루어지려면 제1차 세계대전의 종결 후 제2차 세계대전의 발발까지 국제관계를 규율하던 베르사이유체제(The system of Versailles)에 대한 이해가 전제되어야 한다. 모든 시대는 그냥 저절로 운영되어지는 것이 아니다. 반드시 시대를 지탱해주고 규율해주는 질서 혹은 체제가 존재하고 있다. 시대를 지탱해주는 질서·체제가 붕괴되면 바로 무력충돌, 즉 전쟁으로 치닫게 되는 것이 일반적인 경향이다. 물론 한 시대를 지탱해주던 체제가 무너지더라도 체제를 구성하고 있는 국가들이 상호 합의에 의해 새로운 시대를 열 경우 전쟁을 미연에 막을 수 있다.

제1차 세계대전이 일어나기 전까지 국제관계를 규율하던 체제는 비엔나체제와 제국주의체제가 있었다. 비엔나체제(The system of Vienna)는 1815년 나폴레옹이 일으킨 '유럽의 전쟁' 후 열린 1815년 비엔나회의에서 규정된 체제이고 제국주의체제는 1871년 보·불전쟁에서 프러시아가 승리한 후 열강들이 그 어느 누구의 간섭받지 않고 마음대로 약소국가를 침범하는 시대를 상징하던 것이었다.[1] 제2차 세계대전의 발발과정은 당시 시대를 규율하던 베르사이유체제의 붕괴과정과 직결된다.

베르사이유체제는 제1차 세계대전이 종결된 후 종전회의에서 결정된 베르사이유조약에 의거한 체제이다. 제1차 세계대전은 제국주의 국가 간의 전쟁으로 32개국이 참전하여 900만 명 이상의 인명이 희생된 전쟁이다. 이 전쟁은 영국·프랑스·러시아에 의해 독점되었던 영토관계의 불균형에 대해 독일과 오스트리아가 도전하여 이루어진 것이다. 세계대전이 종결된 후 전승국 27개국이 1919년 1월 18일 프랑스 파리에 모여 전후처리문제를 결정하는 강화회의를[2] 개최하였다. 영토문제, 배상문제, 군비제한문제 등의 의제를 가지고 수개월 동안 치열한 논쟁 끝에 6월 28일 파리 교외의 베르사이유 궁전에서 15편 440조로 된 방대한 내용의 베르사이유조약이 조인되었다. 여기서 형성된 결정사항들이 중심이 되어 이후, 약 20년 간 국제정치를 규율했던 것이 바로 베르사이유체제다.

그러면 이런 과정을 통해 형성된 베르사이유체제의 성격과 특징에 대해 구체적으로 살펴보도록 하자.

첫째, 베르사이유체제는 영·불 중심의 전후질서이다. 즉 전승국 중심의 세력균형체제인 것이다. 베르사이유체제에서는 패전국의 존재성을 철저히 무시한 가운데 전승국을 위주로 한 전승국의 국가이익을 기초로 한 국제질서이다. 패전국과는 일체의 타협을

1) 이 시기에 있어서 구라파열강들을 비롯하여 대서양 저쪽의 미국, 극동의 일본 등 제국은 산업자본이 성숙하여 생산이 비약적으로 증대하고 기업이 독점화되었으며 더욱이 급속한 교통기관의 발달과 급격한 인구의 증가를 가져와 해외의 원료공급지와 시장을 확보하기 위한 살인적인 쟁탈전이 벌어지게 되었다. 조관숙, 『세계외교사』(서울: 박영사, 1988), p.98.

2) 파리강화회의의 경과, 성격 그리고 각국의 정책에 대해서는 위의 책, pp.199-222 참조.

배제한 가운데 이루어진 질서가 바로 베르사이유체제인 것이다.

둘째, 베르사이유체제는 독일의 침략성을 완전히 배제해야 한다는 차원에서 이루어진 질서라고 할 수 있다. 그래서 독일의 식민영토를 위임통치란 이름으로 전승국들이 쪼개어 확보하고 엄청난 배상금을 독일에 부과하였다. 프랑스는 지난 50년 간 독일로부터 2차례에 걸쳐 침공을 당한 경험이 있기 때문에 결코 독일이 다시 일어나서는 안 된다는 집념을 가지고 파리강화회의에 임했었다. 당시 나폴레옹 3세는 나폴레옹의 후계자로 자처하면서 독일에 대한 불타는 적개심을 가지고 있었다. 그래서 독일이 다시는 타국을 침략할 수 없게 해야 한다는 일념으로 독일영토의 최소화, 배상금의 최대화 정책을 그대로 밀고 나갔다. 그래서 독일을 완전히 무력화시킨 이후 위대한 나폴레옹시대를 다시 창출해야 된다는 원대한 꿈을 지니고 있었다.

그래서 당시 베르사이유조약에서 독일에 가한 조치들은 누가 보더라도 가혹한 것이었다. 배상금에 있어서 1,320억 마르크라는 천문학적인 금액을 부가하였다. 배상금의 지불방법으로 매년 20억 마르크와 독일 수출액의 25%를 징수하기로 하였다. 다음으로 철처한 군비제한조치를 감행하였다. 전승국은 독일의 참모본부를 폐지하고 징병제도를 폐지하고 비행기(군용)·대포·잠수함의 보유를 전면 금지시켰다. 그리고 육군의 병력은 10만 명, 해군은 15,000명으로 감축하였고 라인강 좌우안(岸) 50km를 비무장화(라인란트, Rheiland)하였다. 나아가 독일영토의 재분할조치가 폭넓게 취해졌다. 우선 독일은 영토의 1/6을 상실하였고, 인구 1/10이 분산되는 조치를 당했다. 철강공업지대인 알사스-로렌(Alsace-Lorraine) 지방도 상실하였다. 해외식민지는 전승국의 위임통치 하에 뺏기고 말았다.

이러한 강화조약의 결과는 독일 국민들에게 충격을 안겨주었다. 독일 국민들은 자신들의 죄를 뉘우치기는커녕 오히려 민족주의적 감정을 가지고 전승국에 대해 분노를 표출하였다. 이러한 베르사이유조약에 대한 독일 국민들의 분노는 히틀러 등장의 중요한 요인이 되었다. 히틀러는 독일 국민의 이러한 불만을 적극 이용하였던 것이다.

셋째, 베르사이유체제는 집단안보체제(Collective Security System)를 통해 세계의 평화를 추구하였다는 점을 지적할 수 있다. 윌슨의 평화주의 노선에 따라 분쟁해결을 위한 범세계적인 국제기구에 의해 집단안보체제는 확보되게 되었다. 집단안전보장체제는 전쟁을 억제하고 국제평화유지에 대한 효과적인 방법이다. 이러한 방침에 의해 조성된 것이 국제연맹(League of Nations)이다. 국제연맹은 세계평화의 확립과 인류문화의 창달을 목적으로 하는 역사상 최초의 국제적 상설기구이다.3)

넷째, 베르사이유체제는 상기에서 언급한 것처럼 세력균형체제이다. 그러므로 각 국가의 이해관계가 첨예하게 대립하고 있었다. 국가 간에 상호신뢰구축이 조성되지 않은 상황이기 때문에 분쟁해결을 위한 강제적 구속력이 없고 구심체가 존재하지도 않았다. 어떤 외부적 충격이나 돌발적인 상황이 조성되면 언제라도 무너질 수 있는 매우 불안전한 체제였다.

그래서 영국과 프랑스를 중심국가로 하는 베르사이유체제는 체제 내부적으로 불만이 고조되고 있었고 언제 폭발할지 모르는 시한폭탄을 안고 있는 형국이었다. 아슬아슬하게 유지되던 이 체제는 히틀러의 등장으로 일대 위기를 맞게 된다.

3) 박무성, 『격동의 서양 20세기사』(서울: 한울, 2002), p.35.

참고문헌

박무성, 『격동의 서양 20세기사』, 서울: 한울, 2002.
조관숙, 『세계외교사』, 서울: 박영사, 1988.

4

제2차 세계대전의 발발과정과 성격

제2차 세계대전은 우연히 발생된 사건이 아니다. 히틀러의 치밀한 계획과 영·불 외교의 실패가 결합되어서 발생한 사건이다. 히틀러의 외교는 마치 도식을 정해놓고 전개해나가는 주도면밀하고 치밀한 면을 보여주었다. 그는 전쟁의 목표를 현실화하기 위해 국내적으로는 전쟁을 위한 준비태세를 착실히 갖추었다. 그래서 친위대(SS)를 통한 철저한 독재통치를 감행하였고 모든 정책을 군사적 목적에 종속시켜 착실히 진행하였다. 또한 국외적으로는 외교적 공세를 강화하는 정책을 노골적으로 전개하였다. 가장 대표적인 것이 1933년 10월 14일 국제연맹에서 탈퇴한 사건이다. 또한 1934년 1월에 이르러서는 폴란드와 불가침조약을 맺었는데, 이는 소련과 프랑스를 동시에 겨냥한 히틀러의 고도의 전략적 포석이 담겨 있었다. 즉 동 조약은 폴란드의 지정학적 위치로 볼 때 소련에 대한 위협이 되었고 제1차 세계대전 후 동유럽의 맹주역할을 하던 프랑스에 대해서는 그 역할에 쐐기를 박는 행위로서의 의미를 제공하였다.

이처럼 제2차 세계대전은 여러 가지의 복합적 요인에 의해 발생된 사건이다. 그냥 돌발적으로 발발한 것이 아닌 이상 이 주제에서는 그 과정과 원인을 면밀히 규명하는 것을 가장 중요한 연구의 목적으로 삼는다. 제2차 세계대전은 우리 인류의 역사에서 가장 큰 참상을 안겨 준 전쟁이다. 우리가 살고 있는 이 21세기에서는 20세기와 같은 참혹한 전쟁의 역사가 되풀이되어서는 안 된다. 그러기 위해서는 20세기 최대의 비극이자 인류 역사상 최대의 전쟁으로 기록되고 있는 제2차 세계대전을 올바르게 이해해야 한다.

1. 연구목적

모든 주제를 연구함에 있어서 반드시 그에 상응하는 목적을 설정해야 한다. 목적이 없는 항해는 망망대해에서 갈 곳을 정하지 못하고 우왕좌왕하는 조각배 신세와 같다. 위에서 제2차 세계대전을 이 시점에서 연구하고 공부하는 배경을 간단히 언급하였지만 이 항목에서는 이를 좀 더 구체적으로 설명하도록 하겠다.

(1) 전쟁의 원인을 통해 평화의지를 함양

이 책에서는 제2차 세계대전이 일어나게 된 전개과정과 배경에 대해 구체적으로 기술하게 될 것이다. 전쟁의 원인에 대한 올바른 분석을 통해 우리는 다시는 이러한 비참한 전쟁이 일어나서는 안 된다는 생각을 가지게 될 것이다. 한 독재자에 의한 전쟁의 발발이 이 인류 전체에 어떤 영향을 미쳤는지 보다 심도 있는 논의를 통해 우리는 전쟁을 넘어 평화에 대한 올바른 역사관을 함양해야 한다.

(2) 침략자에 대한 우리의 대응전략 모색

제2차 세계대전의 발발과정과 히틀러 외교의 진수를 정확히 규명함으로써 침략자나 침략의 의도를 가진 인물(세력 포함)에 대해서 우리 인류는 어떻게 대처해야 하는가를 분명히 알 수 있다. 국제정세의 변화에서 외교는 사태를 전쟁으로 몰고 가느냐 아니면 평화(공존)로 갈 것인가를 결정하는 가장 중요한 인자(因子)라고 할 수 있다.[1)]

히틀러는 자신의 세계전략인 '동방계획'을 그냥 무모하게 밀어붙인 것이 아니라 수많은 외교적 전략과 전술의 완승 끝에 실천에 옮겼다. 히틀러의 치밀하고 계획적인 외교술과 행동을 볼 때 우리는 현실에서 침략자의 속내와 전략을 깊이 깨달을 수 있는 혜안을 함양해야함을 깨닫는다. 과거도 그렇고 현재도 국제질서의 상황은 냉엄한 국가이익이 범람하는 곳이다. 이러한 현실에 대해 확고한 국제관과 역사관을 가지고 침략자의 의중을 캐치(catch)하여 거기에 상응하는 대응전략을 마련해야 할 것이다.

(3) 자유와 민주주의는 결코 승리한다는 점을 인식

늘 현실은 온갖 주장과 생각들로 넘쳐난다. 어떤 가치와 사조에 의해 이 세상이 움직여 나가는지 혼돈을 일으킨다. 그러나 국제질서는 분명히 질서를 움직이는 지배이념 및 규범체계가 분명히 존재하고 있다.[2)] 질서는 약속이고 질서가 지켜지면 행위자들은 다른 행위자들의 행위를 예측할 수 있게 되고 또한 자기행위에 대한 상대방의 반응을 예측할 수 있게 된다. 그래서 질서를 안정된 기대구조(Stabilized structure of expection)라고도 한다.[3)] 이처

1) 그래서 국제정치학자 모겐쏘는 "외교는 국력의 두뇌이다."(Dipomacy is the brains of national power)라고 언급하고 있다. Hans J. Morgenthau, *Politics among Nations*(New York: Alfred A. Knope, 1985), p.159.
2) 이상우, 『국제정치학강의』(서울: 박영사, 2005), pp.64-71.

럼 오늘의 국제질서는 혼돈상황처럼 보이지만 분명히 지배적인 사조와 이념이 존재하고 있음이 분명하다.

이러한 지배이념의 존재성을 확연히 절감하게 되는 것이 제2차 세계대전의 과정과 결과이다. 우리 인류는 민주주의와 자유란 기치 하에 자유의 파괴자 파시즘과 싸웠다. 인류의 역사는 자유를 위한 투쟁의 역사임을 제2차 세계대전을 통해 다시 한번 확인할 수 있다. 우리는 제2차 세계대전을 통해 자유와 민주주의의 파괴자 앞에서 일시적으로 퇴보하는 것처럼 보이지만 종국적으로는 사필귀정(事必歸正)의 법칙에 따라 자유와 민주주의는 반드시 승리할 뿐이라는 사실을 절감하게 된다.

2. 제2차 세계대전의 발발과정

제2차 세계대전은 20세기 후반의 국제질서를 형성하는 데 중요한 사건이었다. 제2차 세계대전은 1939년 9월 1일 새벽 4시 40분에 나치스가 150만 명으로 이루어진 기계화부대(70개 사단)와 1,500대 이상의 비행기를 동원하여 폴란드를 공격함으로써 발발이 되었다. 선전포고도 없이 폴란드의 국경지역을 넘은 독일은 이후 35일 간 폴란드와 전투를 하여 폴란드인 694,000명의 사상자와 독일인 30,322명의 사상자를 낳았다. 히틀러는 허수아비인 의회에서 9월 2일 "폴란드의 군이 우리 나라를 향해서 포화를 퍼부었다."라면서 침략자들이 사용하는 상투적인 허위보고를 하였다.

1935년 3월 16일 히틀러가 베르사이유조약의 폐기를 주장하고 재군비를 공식적으로 선언한 후, 4년 6개월만에 유럽을 향하여 그

3) 이상우, "21세기의 도전과 한국의 대응," 박광희(편), 『21세기의 세계질서 : 변혁시대의 적응논리』 (도서출판 오름, 2003), pp.755-756.

리고 세계를 향하여 전쟁을 일으킨 것이다. 이제 유럽은 본격적으로 제2차 세계대전의 소용돌이 속으로 휘말리게 되었다. 제2차 세계대전의 발발은 20세기 국제관계사의 각종 변동요인 중 가장 핵심적인 사건으로 평가되고 있다. 제2차 세계대전의 발발과정을 통해 우리는 각국 사이에 전개된 외교노선을 살펴볼 수 있다. 이를 통해 긴박하게 돌아가던 각국 간의 협상과 외교를 엿볼 수 있다. 외교가 한 국가는 물론이고 세계의 평화질서 구축에 얼마나 중요한가를 직시할 수 있다. 외교는 전쟁과 직접적인 관련이 있음을 확인할 수 있다. 하나의 국가가 다른 나라를 공격하고 침략할 때에는 무턱대고 무력을 사용하는 것이 아니라 상황을 성숙하게 만드는 외교적 과정을 거치게 되어 있다는 점을 제2차 세계대전의 발발과정에 대한 연구를 통해 확인할 수 있다.

1 1935년 3월 10일 괴링의 폭탄선언

제2차 세계대전의 발발은 베르사이유체제에 대한 독일의 도전으로부터 촉발되었다. 이에 대한 첫 번째 독일의 반응은 독일 나치스 체제 하의 공군사령관인 괴링(Herman W. Göring)에 의해서였다. 그는 1939년 3월 10일 "독일에는 이미 공군이 존재한다."고 공식적으로 선언하였다. 히틀러 측근 중의 측근인 괴링의 이 같은 발언은 베르사이유조약에 규정된 독일의 공군보유 금지조항을 어기는 것으로 독일이 유럽의 평화질서인 베르사이유체제를 붕괴시키려고 하는 생각의 일단을 노골적으로 보여준 것으로 평가된다.

2 1935년 3월 16일 히틀러의 군비선언과 외교정책

(1) 히틀러의 군비선언

괴링을 통해 군비확충에 대한 애드벌룬을 띄운 후 3월 16일은 히틀러가 직접 라디오 방송을 통하여 독일이 다시 징병제를 부활한다는 것과 독일 군대를 36개 사단, 병원(兵員) 약 50만으로 증강할 계획을 발표하였다. 제1차 세계대전에 패배한 후, 베르사이유조약은 독일에 대해서 공군과 징병제를 금지하고 있었다. 이제야 히틀러는 이 속박에서 벗어날 것을 선언한 것이다.[4)]

마키아벨리와 징병제

현실주의 정치학자인 마키아벨리(Machiavelli)는[5)] 자신의 저서 『군주론』에서 용병제를 폐지하고 징병제를 도입할 것을 주장하고 있다. 그는 "현명한 군주는 외국 원군이나 용병을 피하고 자기 나라의 군대에 기초를 둔다." "자신의 힘에 입각하지 아니한 권세나, 명성보다 허왕된 것은 없다."라고[6)] 하여 용병제를 폐지하고 징병제를 채택할 것을 강력하게 주장하고 있다. 이러한 그의 주장은 당시 이태리의 처해진 상황에서 볼 때 매우 타당성 있는 해법이라고 하겠다. 흔히 마키아벨리를 권모술수의 화신으로 폄하하지만 이는 그에 대한 왜곡된 오해에서 비롯된

4) 교육도서편집부(편), 『대세계역사』(서울: 교육도서, 1989), p.152.
5) 마키아벨리의 현실주의 정치사상은 또한 정치 영역의 독자성과 자율성을 역설했다는 점에서 흔히 근대 정치사상의 출발로 간주된다. 강정인, "니콜라 마키아벨리-서양 근대정치사상의 탄생," 강정인외(엮음), 『서양 근대정치사상사 : 마키아벨리에서 니체까지』(서울: 책세상, 2007), p.43.
6) 마키아벨리(저)・한상범(역), 『군주론』(서울: 대양서적, 1980), pp.113-115.

> 것이다. 그는 정치를 도덕·정의·평화라는 이상적인 측면보다 현실적인 힘의 측면에서 분석하고 있는 것은 조국 이태리의 국가적 독립에 대한 원망(願望)에 기인한다. 이태리가 통일국가가 되지 못하고 피렌체·베네치아·제노바·밀라노·나폴리 등의 군주국으로 서로 분열되고 대립하여 항쟁하고 있는 현실에 개탄하면서 그는 강력한 군주국을 설파하고 있는 것이다. 그래서 그는 이태리가 통일되고 외국의 지배에서 벗어나 강력한 국가가 되기 위해서는 징병제를 중심으로 하는 새로운 국가체제가 필요하다고 역설하였다.[7] 사실 징병제는 마키아벨리의 말을 구태여 언급하지 않는다 하더라도 국가 간의 갈등과 분쟁적 요인이 상존하고 있는 한 반드시 필요하다. 우선 징병제는 국가의 안보역량을 강화시키는 역할을 한다. 다음으로 징병제는 장병들로 하여금 국가가 처해 있는 국제환경에 대한 인식을 제고시키는 의미를 부여한다. 또 적국으로 하여금 침략을 방지할 수 있는 요인이 되기도 한다.[8]

이러한 히틀러의 발언은 충격 그 자체였다. 독일로 인해 제1차 세계대전을 겪어 상상하기 힘든 전쟁의 피해를 입은 유럽의 각국들은 독일의 이러한 호전적인 행동에 대해 충격을 금치 못했다. 이러한 독일의 전격적인 발표에 대해 평화를 염원하던 세계가 경악하였다. 독일 히틀러의 발언은 제1차 대전 후 국제사회를 아슬

7) 마키아벨리의 애국심에 대해서는 Murray Forsyth and Maurice Keens-Soper, *A Guide to The Political Classics*(New York: Oxford University Press, 1988), 부남철(옮김), 『서양정치사상입문 : 플라토에서 루소까지』(서울: 한울, 2003), pp.154-156 참조.

8) 물론 징병제는 여러 가지의 문제점을 지니고 있는데, 첫째, 국방유지비를 증가시키고 둘째, 청년학도들의 미래에 대한 자기 나름의 힘의 축적을 일시적으로나마 중단해야 하고 셋째, 독재권력의 강화수단으로 이용될 소지가 있다는 점을 지적할 수 있다.

아슬하게 규제하고 있던 베르사이유체제에 대한 정면도전이라고 할 수 있다. 이러한 히틀러의 발언에 독일 국민들은 환호하였다. 당시 독일 언론들은 "베르사이유는 끝났고 독일은 다시 자유를 갖게 되었다." "독일국민들은 오로지 독일군대의 재탄생에 의해서만 군사화 되어가고 있는 유럽으로부터 보호될 것이다."라고 흥분조의 기사를 내놓았다.

이러한 독일의 군비조항 폐기선언은 구주열강들에게 엄청난 충격을 주었다. 영국·프랑스·이태리 등의 정부수뇌들은 즉시 국제연맹에 제소하고 난 뒤 4월 11일 북부이태리의 스트레자(Stresa)에 모여 무솔리니(Mussolini)가 의장으로 하여 독일의 재군비 선언에 대한 대책을 협의하였다. 여기서 "모든 실제적 수단으로써 반대한다."는 발표를 통해 독일의 재군비 선언에 대응하였다. 또한 그들은 구라파의 평화를 위태롭게 하는 국제조약의 여하한 폐기도 반대한다면서 독일을 고립시키는 데 합의하였다. 이를 국제정치사에서는 '스트레자전선'(Stresa front)이라고 한다.

히틀러의 적극적인 움직임은 유럽열강 사이에 커다란 경계심을 불러일으켜 영국·프랑스·이태리는 스트레자전선을 형성하게 하였고, 프랑스·소련·체코는 대독동맹을 형성하였다. 독일은 자신의 의사를 관철시키기는커녕 열강들을 단결하게 하는 역작용을 가져왔다. 그러나 히틀러는 독일에 대한 열강들의 고립화 정책에 대해 굴복하지 않고 오히려 보다 더 적극적인 외교적 공세로 맞대응을 하였다.

(2) 히틀러의 외교정책의 전개와 동방계획

원래 히틀러의 외교정책은 타협과 협상을 위한 과정이 아니라 침략계획의 실천을 위한 과정의 일환이다. 외교란 원래 교섭에 의한 타협을 형성하는 과정이다. 즉, 평화유지를 위해 공헌하는 중요한 수단을 말한다. 그래서 외교는 한 나라의 진운(進運)과 직결되어 있다. 왜냐하면 국제사회는 국내사회와 달리 하나의 권력기관이 존재하지 않고, 실질적인 힘을 행사할 수 있는 권력체가 존재하지 않고 중앙집권적인 단일권력기구가 존재하지 않기 때문에 늘 긴장과 갈등이 엄존하고 있다. 이러한 국제사회의 움직임 속에서 외교는 민족국가의 운명을 좌우할 가장 중요한 국가수단이라고 할 수 있다.

히틀러에게 있어서 외교란 교섭행위(negotiation)라기 보다는 선전행위(propaganda)의 일환이다. 그래서 그는 스트레자전선이라는 독일에 대한 봉쇄 내지 고립화책동에 대해 영·독해군협정(Anglo-German Naval Agreement, 1935년 6월 18일자)을 조인하여 난국을 정면돌파하였다. 양국 간의 함대를 100 : 35로 규정하고 잠수함은 영국의 60%까지 인정하는 것에 합의하였다. 이는 베르사이유조약에 사실상 조종(弔鐘)을 울리는 것이었다. 동 조약 제5조에는 독일이 보유할 수 있는 해군력은 1만 5천t으로 제한하는 동시에 잠수함의 건조는 완전히 금지되어 있었다. 이를 독일은 영국과 전격적인 협정의 합의로 무력화 시키고 말았던 것이다.

이는 히틀러의 전형적인 적전(敵前)분열전략으로 고도의 전략적·정치적 포석이 깔려 있었다. 이로써 영국과 프랑스 및 이태리 간의 스트레자전선은 와해되고 말았다. 그러면 당시 영국의 입장은 무엇이고 독일의 입장은 무엇이었던가? 영국은 더 이상 유럽에서 전쟁은 안 된다라는 기본인식을 지니고 있었다. 오랜 세월동안 전쟁으로 인해 전쟁에 대해 식상해있던 영국인들은 국민정서상 평화무드에 빠져있었다. 그래서 영국은 독일에 대해 유화정책(appeasement policy)을 전개하였다. 유화정책의 내용은 간단한 것이다. 부분적으로 양보를 하고 신의를 조금 위반하더라도 유럽에서 전쟁만 일어나지 않는다면 무방하다는 차원에서 전개된 것이 바로 영국이 독일에게 펼친 유화정책의 실체다.

소련에 대해 기본적인 불신을 지니고 있었던 영국으로서는 반공노선을 펼치고 있는 나치즘을 공산주의(Bolshevism)의 방파제 내지 방벽역할로 생각하고 있었다. 또한 세력균형의 차원에서 영국은 독일의 재군비를 인정하였다. 이러한 영국의 유약한 대독정책은 결과적으로 히틀러로 하여금 전쟁을 불러일으키는 원인을 제공하였다. 유화정책은 상호 간 국가의 이해관계를 조금씩 양보하고 평화를 유지하겠다는 의지가 있어야만 가능한데, 세계지배의 야망을 확고히 지니고 있는 독일로 하여금 오판을 제고시킬 수 있는 계기·상황을 조성할 수 있었다.

양보에 의한 세력균형유지는 비현실적이다. 세계를 제패하려고 하는 정복자의 등장은 세력균형을 일시에 파괴하는 결정적인 요인이 된다. 사실 유화정책은 대화를 전제로 한다는 점에서 합리성을 지닌 정책대안으로 국제협상론자들이 평소 주장하던 핵심적인 내용이다. 그러나 유화정책에는 분명한 전제조건이 있다. 서로 상대에 대한 인정·승인정책이 전제가 되어야 한다. 상대에 대한 최소한의 공존의식이 없는 가운데 침략의 의도를 가진 세력에게 유화정책을 시행하는 것은 결과적으로 침략의 구실이 되고 체제이완의 요인이 된다.

그러면 독일은 어떤 생각을 가지고 영·독해군협정을 기습적으로 단행했는가? 한 마디로 하면 히틀러의 지론(持論)인 동방계획(東方計劃)의 실천을 위한 구상의 일환이었다. 원래 세력균형의 방법에는 분배와 지배, 보상, 군비증강과 군축, 간섭과 불간섭, 동맹, 완충국가 등이[9] 있다. 이중 국제사회에서 각국이 그 안전을 위해 취할 수 있는 방법 중에서 가장 효과적인 방법의 하나가 동맹국을 얻는 방법이다.[10] 히틀러는 동방계획의 핵심인 실지(失地)회복을 위한 가장 현실적인 방안으로 "현명한 동맹정책"을[11] 적극 제기하고 있다. 그는 팽창주의적 외교전략의 일환으로 나아가 영국과 프랑스의 이간책의 일환으로 영·독해군협정을 맺었다. 이러한 독일의 생각은 적중하여 프랑스는 영국에 대해 "영국은 베르사이유조약 파괴의 공범자"라고 신랄하게 비난하였다. 이렇게 볼 때 동 협정은 히틀러의 고도의 계산에 의한 것이었음을 알 수 있다.

여기서 제2차 세계대전을 보다 명확하게 이해하기 위해서는 히틀러의 동방계획과 히틀러의 외교정책에 대해 좀 더 구체적으로 알아볼 필요가 있다. 히틀러의 외교정책은 제2차 세계대전의 원인과 직결되어 있기 때문에 히틀러 외교의 근저인 동방정책에 대해 간략하게 언급하고자 한다. 히틀러의 동방정책은 자신의 저서인 『나의 투쟁』에 구체적으로 언급되어 있다. 히틀러는 자신의 이상인 게르만족에 의한 제3제국의 건설을 위해서는 독일의 동쪽 영토인 동유럽과 소련의 타도가 필연적이라고 생각했다. 이러한 히틀러의 주장은 독일인구가 너무 많아서 그 생존을 위해서는 영토가 더 필요하다는 평소의 지론을 반영하는 것이다. 즉 생존권(Lebensraum/독)의 확대를 의미하는 것이다. "눈을 동쪽으로 돌리자!", "생명선이 동쪽에 있다."라는 히틀러의 외침은 진정한 세계

9) 김순규, 『신국제정치론』(서울: 박영사, 1988), pp.257-266 참조.
10) 위의 책, p.261.
11) 아돌프 히틀러(저)·서석연(옮김), 『완역판 나의 투쟁』(서울: 범우사, 1998), p.363. '제13장 전후의 독일 동맹정책' 중.

의 강국 독일을 만들자는 내심의 표출이다.[12]

그는 남유럽과 서유럽에서 종지부를 찍고 동쪽의 땅인 러시아와 그 인접국가에 관심을 돌리자고 주장하고 있다. 이러한 그의 구상을 보다 실질적으로 언급하면 소련을 타도하여 동유럽에다 대독일을 건설하자는 것이다. 이것이 히틀러 대외정책의 출발점이며 최대의 목표였다. 그는 독일 인구가 너무 많아서 그 생존을 위해서는 영토가 더 필요하다고 주장하였다. 생명선이 동쪽에 있다면서 생존권의 확대를 주장한 히틀러의 동방계획은 2단계로 해서 전개되고 있다. 1단계는 소련을 타도하여 동유럽 땅에 대독일제국을 건설하고 2단계에 이르러서는 아프리카의 식민지를 획득하여 대서양에 독일 함대를 진주하게 하여 진정한 세계의 강국 독일을 만들자는 것이다.

히틀러는 그의 동방계획의 표출을 집권 초기에는 극도로 자제했다. 겉으로는 평화적이고 우호적인 외교를 추종하였다. 자신의 구상을 국내적으로 조성하면서 대외적으로는 철저하게 '가면외교'(mask diplomacy)를 진행하였다. 선(先)국내체제통합 후(後)외교론을 시행하여, 국내적으로는 독재체제의 확고한 기반을 조성하고 이후 국외적으로 적극적인 외교정책을 취하여야 한다고 생각하고 있었다. 그래서 그는 국내적으로 SS(Schutz-staffel, 친위대)를 통해서 철저한 공포통치를 감행하였다. 친위대는 특별히 순수한 게르만 혈통의 신체 건강한 청년 중에서 엄선하여 엄격한 훈련을 거쳐야 하며 갈색 대신 나치 마크가 부착된 검은색 유니폼을 입었다. 이들은 명령에 무조건 복종하여 충성을 바치도록 훈련을 받았

12) 정경환, 『21세기 정치와 현대이데올로기』(부산: 신지서원, 2000), p.62.

다.[13]

히틀러는 친위대를 통해 나치스 체제에 반대하는 세력을 통제하고 탄압하였다. 그리고 국내의 모든 정책을 궁극적으로 전쟁을 준비하기 위한 군사적 목적에 귀속시켰다. 그는 치밀한 계획을 주도면밀하게 추진하면서 독일경제를 군사목적에 종속시켰다. 이처럼 국내적으로 전쟁을 위한 준비를 철저히 하고 있으면서 국외적으로도 외교공세를 차근차근 강화하기 시작하였다. 히틀러 외교의 목적은 오직 베르사이유체제의 와해와 생존권의 확보에 완전히 귀일되어 있었다.

이러한 분명한 외교목표를 내면으로 지니고 현실에서 그들의 목표의 달성을 위한 조치들을 취해나갔다. 첫째, 1933년 10월 19일 국제연맹의 탈퇴를 선언하였고 둘째, 1934년 1월 폴란드와 불가침조약을 맺었다. 이 조치는 소련과 폴란드를 겨냥한 고도의 전략적 포석이었다. 폴란드의 지정학적 위치는 소련에 위협이 되기에 충분하였다. 프랑스에 대해서는 제1차 세계대전 후 동유럽의 맹주역할을 해오던 프랑스의 역할에 쐐기를 박는 행위였다. 폴란드와의 불가침조약은 프랑스배제와 반소공세준비의 차원에서 이루어진 행위이다. 이로써 프랑스의 대소포위망을 일거에 무너뜨리고 말았다.

셋째, 1934년 7월 25일 오스트리아와 합병을 기도하였다. 오스트리아 내의 친독 세력을 선동하여 나치스봉기를 조종하여 정권탈취를 기도하였다. 나치스의 쿠데타로 돌푸수(Dollfuss) 수상이 암살되기에 까지 이르렀으나 히틀러는 유럽 열강들의 강력한 비난으로 오스트리아 정책은 일시적으로 후퇴할 수밖에 없었다. 이탈

13) 박무성, 앞의 책, p.177.

리아군 5개 사단 5만 병력의 국경투입으로 사태는 진정되었다.

넷째, 1935년 3월 1일 독일은 자르(Saar)를 병합하였다. 베르사이유조약에 따라 자르지방의 탄광의 소유권과 채굴의 독점권을 프랑스에 부여하였고 행정권은 국제연맹의 관리 하에 놓여 있었다. 자르지방의 최종적인 귀속문제는 15년 후 인민투표에 위탁하기로 조약은 명기하고 있었다. 1935년 1월 독일의 선전과 자금력이 투입되고 있는 상황에서 인민투표가 진행되어 50만 명의 인구중 90.35%가 독일에의 귀속을 찬성하였다. 그래서 국제연맹이사회는 1935년 3월 1일 독일의 귀속을 결정하였다. 이처럼 히틀러의 외교는 마치 도식을 정해놓고 전개해나가는 주도면밀하고 치밀한 면을 보여주고 있었다. 이런 상황에서 이태리의 이디오피아 침략사건이 발생했는데, 전후의 국제질서를 근본적으로 바꾸는 결과를 조성하였다.

3 이태리의 이디오피아 침략

제2차 세계대전 직전에 전쟁의 배경이 되는 수많은 사건들이 중첩적으로 매우 다양하게 연속적으로 발발하였다. 이 중에서 이태리의 이디오피아 침략은 현대국제관계사에서 매우 중요한 의미를 지니고 있다. 그동안 이태리의 이디오피아 침략은 전승국의 일원으로 독일을 견제하고 있던 이태리가 독일과 결합하는 결정적인 사건이 되었다. 이러한 점에서 동 사건이 국제관계사와 당시의 국제질서에 미친 영향은 지대한 것으로 평가된다.

이디오피아는 아프리카 동쪽에 위치하고 있는 국가로 19세기 유럽의 제국들이 아프리카를 분할통치할 때부터 열강의 관심지역이었다. 1830년대 프랑스가 알제리를 지배하면서 시작된 열강의 아프리카 침략의 물결이 거세게 일어나고 있었다. 열강들은 선전포고도 없이 19세기 말 아프리카의 여러 국가들을 침입하여 정복하여 식민지화하였다. 이디오피아는 이러한 침략의 광풍에서 요행히 피해갔지만 커피와 가죽 원료 등 자원이 풍부하여 자본가들은 이 광대한 땅을 지배함으로써 원료와 자원을 이용하고자 하였다. 무솔리니가 지배하고 있던 이태리는 치밀한 계획을 짜고 드디어 1935년 10월 3일 약 25만 명의 병력을 동원하여 이디오피아에 대한 침공을 개시하였다. 그러면 무솔리니는 어떤 이유와 배경으로 이디오피아를 침공하였는가?

(1) 침공의 배경

첫째, 경제위기를 극복하기 위한 돌파구였다. 이태리는 제1차 세계대전에 연합국의 일원으로 가담하여 70만 명의 전상자와 500여 만의 귀환병 그리고 125억$의 전채(戰債)를 기록하는 등 경제황폐가 가속화되고 있었다. 제대군인은 직장을 구하지 못해 실업자 신세로 전락하였고, 국가재정은 파탄에 직면하였고, 물가는 폭등하고 있었고 나아가 임금인상을 요구하는 폭동이 전국적인 범위로 전개되었다. 급기야 1919년 북부 이탈리아의 한 채석장에서 시작된 노동쟁의가 1920년 9월에 이르러서는 전국각지에서 노동자의 공장점령, 생산관리로 이어져 이탈리아 전체는 일대 혼란상태에 접어들게 되었다.[14)]

노동자들의 쟁의뿐 아니라 농민들도 반란을 일으키고 공산주의자들은 이러한 폭동, 반란행위를 자본주의의 근원적인 문제점으로 돌려 대중을 선동하여 전국 각지에서 공산주의를 지지하는 폭동을

14) 정경환, 앞의 책, pp.107-108.

일으켜 국가는 도저히 수습하기 힘든 무정부상황을 맞고 말았다. 이때 무솔리니는 애국주의와 대이태리건설을 표방하면서 정치의 전면에 대두하였다. 실의와 불안에 빠져있던 자본가·지주·군인들의 적극적인 지지를 받아 무솔리니는 1922년 10월 30일 파시스트 정권을 성립하였다.

그러나 무솔리니 정권은 혼란수습과 경제난국 극복이라는 국민의 염원을 무시하고 철저한 독재체제를 감행하였다. 이로써 이태리는 활력을 잃고 경제는 추락하고 국민의 불만은 가중되고 있었다. 이런 상황에 엎친 데 덮친 격으로 1929년 10월 29일 미국에서 경제대공황이 발생하고 말았다. 미국의 경제공황은 미국의 문제로만 끝나는 것이 아니라 전 세계적인 대공황으로 전이되었다. 세계적인 측면에서 볼 때, 국민소득이 50%, 공업생산이 50%, 무역은 60%가 감소되는 전대미문의 상황이 초래되고 말았다. 세계적인 경제대공황은 자연히 이태리 경제에 심각한 상황을 조성하였다. 공업생산이 감퇴하고 실업자가 1929년 30만 명에서 1932년 100만 명으로 급증하여 국민의 불만이 고조되었다. 이러한 고조된 국민의 불만을 위기조성으로 극복하려고 했던[15] 사건이 바로 이디오피아 침공이다.

둘째, 이태리의 이디오피아 침공은 대이태리 건설이라는 무솔리니의 야망을 실천하기 위한 것이다. 파시즘은 대외침략주의를 기초로 하는 군사주의라고 할 수 있다. 무솔리니는 집권할 시부터 대이태리건설이라는 구호를 전면에 내걸고 있었다. 무솔리니는 대영토를 확보하여 인구과잉현상을 극복하고자 하였다. 당시 아프리

15) 정치적 위기를 극복하고 타협하는 정책의 일환을 3S'policy(screen, sports, sex)라고 한다. 식민정책의 한 유형으로 시작되었다.

카는 서구제국의 편의에 따라 국경이 설정되고 있었다. 이처럼 아프리카의 지역적·인종적 특수성을 도외시하고 국경선이 인위적으로 그어짐으로써 제 민족 간의 내전을 거듭하였다. 현재도 아프리카는 기근, 전쟁, 전염병 및 독재라는 4가지의 불행을 겪고 있다.16)

이디오피아는 무솔리니의 대이태리제국 건설이라는 야망 달성의 걸림돌이 되어 왔다. 이디오피아는 19세기 말까지만 해도 이태리의 보호국이었다. 열강들의 방해로 이태리는 이디오피아에 대해 계속 지배권을 행사하기 힘들어 이디오피아와 아도와전쟁(battle of Adowa)까지 치른 오래된 역사적 경험이 있어 이디오피아는 무솔리니가 팽창외교를 전개하는 데 결정적인 장애물 역할을 하고 있었다.

셋째, 그 동안 영국과 프랑스의 편에 서서 국제질서의 운영에 참가했던 이태리로서는 국제정세의 변화로 오랜 숙원인 이디오피아를 점령할 수 있는 결정적 호조건을 맞이했던 것이다. 영국과 프랑스는 전쟁공포증에 시달려 있었기 때문에 되도록 유화정책으로 국제문제에 소극적으로 대처하고자 하였다. 이처럼 이태리가 마음 놓고 이디오피아를 공격할 수 있었던 배경으로는 영국의 패배주의적 반전 분위기와 프랑스의 인민전선내각 문제로 인한 내부의 혼란을 지적할 수 있다. 그리고 영국과 프랑스가 이태리의 침략공세에 대해 적극적 대처를 하지 않은 또 다른 배경으로는 대

16) 아프리카의 경우 전통적으로 부족사회인데, 서방진영의 일방적인 국경선의 획정으로 인해 부족들은 하나의 국가 즉 정치공동체로 합쳐져야 하는 운명에 처하게 되었다. 여기서 아프리카 내전의 원인을 발견할 수 있다. 이에 대해 구체적인 것은 이용희, 『미래의 세계정치』(서울: 민음사, 1994), pp.17-19.

(對) 나치 견제를 위해서 이태리와의 우호관계가 필요할 것이라는 영불의 입장에 대한 이태리의 인지를 들 수 있다.

(2) 전쟁의 경과와 의미

1) 전쟁의 경과

이태리의 전격적인 이디오피아 침공으로 인해 국제사회는 충격에 휩싸였다. 국제연맹은 이디오피아 침략을 명백한 국제연맹규약에 대한 침략행위로 보고 이태리를 침략자로 규정하였다. 국제연맹은 제1차 세계대전 후 독일의 팽창주의를 견제하고 국제평화 및 안전확보와 국제협력의 증진이라는 목적으로 창설된 인류 역사상 최초의 범지구적 국제기구라고 할 수 있다. 1921년 1월 10일 결성되었고 제1차 총회는 1920년 11월 제네바에서 열려 1939년 사실상 유명무실화 되었다. 국제연맹은 영국과 프랑스 간의 극단적인 국가이익의 차이로 인해 제대로 그 기능을 발휘하지 못했다.

국제연맹은 10월 7일 이태리의 침략행위를 비난하는 결의서를 채택하였고 10월 18일에는 침략자 이태리에 대한 경제제재를 가하여 봉쇄정책을 취하였다. 이로써 이태리에 대한 무기나 기타 중요한 물자의 수출을 금하였다. 이는 국제연맹이 대국에 취한 최초의 예이다. 그러나 독일과 이태리에 대한 영국과 프랑스 간의 정책상의 불협화음으로 인해 이 조치를 별 실효도 거두지 못하고 8개월만에 철회되고 말았다. 프랑스는 자신에게 위협세력이 되고 있는 독일에 대항하기 위해 이태리와 대립관계에 있으면 매우 불리하였고, 영국의 경우 아프리카의 종단정책에 위배되어 이태리의 침략을 반대했으나 석유, 강철 및 구리 등의 전략물자를 이태리에 계속 수출하고 있던 영국으로서는 겉으로는 제재를 가하는 척하면

서 이태리의 극단적인 행동이 유럽전쟁으로 확대되는 것만을 막는데 그치고 있었다.17)

이러한 의외의 국제적인 우호적 분위기를 이용하여 무솔리니는 침략을 기정사실화하기 위해 1936년 5월 5일 바도리오(Badoglio) 장군으로 하여금 수도 아디스 아바바(Addis Abbaba)를 점령하게 하였다. 7개월 간의 전투에서 이태리는 전차와 비행기를 갖춘 신식 무기를 무차별적으로 사용하고 그리고 독가스를 무차별 살포하여 무고한 인명을 대량 살상하였다. 5월 2일 이디오피아 황제 셀라시에(Haile Selassie)는 영국으로 망명하였다. 이 결과로 5월 9일 무솔리니는 공식적으로 이디오피아의 이태리 병합을 선언하고 이태리 국왕이 이디오피아 황제를 겸한다고 선언함으로써 전쟁을 종결하였다.

2) 전쟁의 의미

그러면 이태리의 이디오피아 병합이 지니는 국제정치사적 의미에 대해 알아보도록 하자. 첫째, 이태리의 이디오피아 침략의 국제적인 묵인은 전쟁억지와 국제평화유지를 목적으로 하는 범세계적인 기구인 국제연맹이 사문화되었음을 알리는 것이다. 이는 국제정치 전반에 중요한 영향을 부여하였다. 국제질서를 지켜야 할 영국과 프랑스 등 주도국들은 극단적인 국가이기주의에 함몰되어 국제사회를 일촉즉발의 위기상황으로 내모는 결과를 조성하고 말았다는 점을 지적할 수 있다.

둘째, 국제연맹의 위상의 저하는 종국적으로 베르사이유체제의 붕괴를 의미하는 것으로 동 체제의 붕괴를 앞당기는 역할을 하였

17) 이기택, 『현대국제정치이론』(서울: 박영사, 1997), p.341.

다. 셋째, 스트레자 전선에서 보여주었던 영국, 프랑스, 이태리의 연합전선이 일거에 붕괴되었음을 극명하게 보여주었다. 자국의 국가이익이 국제적인 평화나 정의보다 우선시 된다는 사실을 표출하였다고 평가할 수 있다. 이러한 점은 국제연맹의 이태리에 대한 제재조치가 실패로 돌아갔음을 분명히 알 수 있다.

넷째, 지금까지 적대관계에 있던 독일과 이태리를 결합시키는 계기를 조성하였다. 이태리로서는 영국과 프랑스라는 전통적인 파트너의 상실을 의미하지만 다른 한편으로는 독일과 이태리 간에 추축(樞軸) 결성의 배경이 되었다. 무솔리니가 "추축의 이념은 1935년에 탄생했다."라고 언급한 것은 이러한 배경을 염두에 둔 말이다. 이후 독일과 이태리의 관계는 지금까지의 대립관계에서 벗어나 제휴의 방향으로 전환되었다. 마지막으로 제1차 세계대전 후 유럽사회를 지탱해오던 세력균형의 현상유지정책은 이 사건을 계기로 붕괴를 초래하였다는 점을 지적할 수 있다. 영국과 프랑스는 이러한 국제질서의 구조적인 변질을 인식하지 못했다. 서로 뭉쳤다면 위기를 사전에 예방할 수 있었을 것이고 국제질서의 향배도 완전히 달라졌을 것이다. 영국과 프랑스 등의 자국 국가이기주의가 결국은 유럽의 평화를 유린하는 계기가 되었다.

4 스페인전쟁

스페인전쟁은 20세기 전 세계의 관심이 집중된 대표적인 사건 중의 하나이다. 내란의 결과 국제질서의 전면적 재편을 가져왔다. 이베리아반도를 중심으로 전개된 3년에 걸친 스페인전쟁에 대해 구체적으로 알아보도록 하자.

(1) 배경

스페인전쟁이 발발한 배경을 주로 내부적 요인을 중심으로 다루어 보면 첫째, 절대주의적 권력구조를 들 수 있다. 스페인은 유럽에서 근대국가의 형성이 가장 늦은 국가의 하나였다. 20세기 들어와서도 시대착오적인 절대주의가 존속되고 있었다. 스페인의 권력구조를 보면 봉건적인 권력구조를 그대로 지속하고 있었는데, 권력의 정점에는 교회(카톨릭교회)가 있었고 다음은 봉건적 특권을 누리고 있던 귀족이 있었고 국민의 절대다수를 차지하는 농민들은 중세의 농노적인 지위에서 수탈과 착취를 당하고 있었다. 설상가상으로 1923년 리베라(Primo de Rivera) 장군이 이끄는 군사독재정부가 들어서 국민의 자유를 억압하는 절대주의적 시대에나 부합하는 공포정치를 강력히 추진하고 있었다. 리베라 정권은 국민으로부터 신뢰를 상실하고 있었다.

둘째, 반봉건적인 경제구조를 지적할 수 있다. 당시 스페인은 중세의 반봉건적인 대토지소유가 1930년대까지 지속되었다. 2,400만 명의 인구 중 70%가 농민이었다. 또한 인구의 4%가 토지의 60%를 소유하고 있었고, 인구의 65%는 6·3%에 불과한 토지만을 소유하고 있었다. 나아가 대지주들은 절대적인 영향력을 행사하고 있던 교회와 손을 잡고 빈농·농업노동자에 대한 착취를 확대하였다. 또한 대지주는 부르조아지(은행 및 공업분야)와 결합하여 농민들에 대한 봉건적 압박을 가하였다. 마치 중세의 봉토를 매개로 하는 영주와 농노 간의 봉건제를 연상할 정도였다. 땅을 가지지 못한 농민들은 정치·경제적으로 억압체제 하에서 신음하고 있었다.

셋째, 산업구조의 취약을 들 수 있다. 대지주지배체제의 강화는 스페인자본주의의 앞날을 어둡게 하는 요인이 되었다. 대지주와 부르조아지 그리고 정치권력 간의 유착구조는 대지주와 부르조아지에게 주어졌던 전통적인 특권을 유지하는 기초가 되었다. 반면에 이러한 유착구조 속에서 농민들의 삶은 개선되기는커녕 점점 더 비참해졌다. 정부는 농민들을 비롯한 국민들의 생활개선에 대해서는 소극적인 입장을 견지하였다. 당시 스페인경제는 파탄직전의 상황이었다. 우선 외국자본에 스페인경제의 종속현상이 깊어만 가고 있었다. 스페인은 유럽대륙의 서남단에 위치하고 있어 지중해의 입구를 차지하는 전략적 요충지였고 아연・수은・철 등 광물자원이 풍부하였다. 이러한 군사적·경제적 이유로 영국, 프랑스, 미국, 독일, 벨기에 같은 외국자본세력이 쇄도하고 있었다. 예를 들면, 영국은 스페인의 구리생산의 전부를 차지하였고 군수품생산의 대부분과 철광산 일부를 장악하고 있었다. 프랑스의 경우 다수의 광산을 지배하고 있었고 미국의 경우는 전화사업에 대한 독점권을 행사하고 있었다.

그리고 스페인은 내적으로 독점자본이 강력히 형성되고 있었다. 스페인경제는 주로 섬유・종이・담배 등과 같이 주로 경공업 중심 경제체제를 운영하고 있었다. 반면 중공업은 매우 미약한 상태로 그나마 존재하는 중공업과 광산업은 주로 외국자본이 압도적으로 경영하고 있었다. 중요 공업부분은 거의 카르텔화되어 독점자본이 형성되었다. 이러한 독점자본구조는 국제적인 산업발전에 편승되지 못하고 후진성을 벗어나지 못하는 요인이 되었다.[18)]

18) 독점은 일국 내의 자본배분을 왜곡시키고 한정된 자본에 대한 지배력을 장악하는 결과를 낳는다. 이러한 독점현상을 그대로 방치할 경우 독점기업 이외 다른 기업들의 생산의욕을 떨어뜨리고 자본주의의 핵심적 운영논리인 경쟁의 법칙이 사문화되어 궁극적으로 자본주의 경

주로 광산, 공업, 철도, 항만 등에서 일하는 노동자의 수는 200만에 이르고 있음에도 노동자의 생활은 극도로 악화되었고 국가는 이러한 노동자의 삶을 개선하기는커녕 반봉건적 억압기구를 통해 강력히 탄압을 하였다. 이러한 현상은 좌익세력들이 성장하는 결정적인 토양이 되었다.

(2) 전개과정

2년 6개월 간 전개된 스페인전쟁의 전개과정에 대해 알아보도록 하자. 스페인전쟁은 단순히 국내적 요인에 기인하는 것이 아니라 복잡한 국제관계의 현실을 반영해주고 있다. 1914년부터 1918년까지 있었던 제1차 세계대전은 구라파 열강 32개국이 참가한 가운데 발발하였다. 제1차 세계대전은 세계열강들의 영토분할을 둘러싼 투쟁의 결과이다. 즉 세계 독점자본주의의 모순구조가 표출된 사건으로 영토적 재분할을 위한 투쟁의 결과가 제1차 세계대전이다. 독일, 오스트리아를 중심으로 하는 동맹국과 프랑스, 영국, 러시아를 비롯한 연합국들 사이에서 영토재분할을 두고 치열하게 싸웠다.

제1차 세계대전은 국제질서가 얼마나 불안한지를 여실히 보여주는 사건이었다. 이러한 대전에 이어 국제질서는 1929년부터 1933년까지 전개된 세계경제대공황으로 인해 또 한 번 격랑에 휩싸이게 된다. 자본주의 경제체제 하에서 발생된 경제대공황은 사회주의 노선을 주장하는 세력들에게 일대 호기를 제공했다. 각국별로 사회주의 노선을 표방하는 정권들이 속속 들어섰다. 프랑스는 1934년부터 파시즘의 위협이 강화되었는데, 그 이유로서는 1932

제체제 자체가 위기국면을 맞게 된다. 정경환, 앞의 책, pp.281-282.

년 이후 공황이 강화되기 시작하여 1929년부터 1934년 사이 공업생산이 1/3 이하로 저하되고 국민소득 및 노동임금이 각각 30%로 감소한 것을 들 수 있다.

이로써 민중의 불만이 높아지고 프랑스 독점자본은 그들의 동요하는 지배를 유지하고 전쟁을 준비하는 폭력적인 독재수립의 문제가 긴급히 요청되고 있었다. 그러나 이러한 파시즘에 대한 자본가들의 열망을 인지한 좌파세력들은 파시즘의 위험성에 직면해서 서로 제휴하여 인민전선을 형성하였다. 당시 프랑스의 정세는 우익과 좌익 간에 격렬한 이념투쟁이 전개되고 있었다. 이로 인해 정국은 매우 불안정하여 1932년부터 1936년에 이르는 4년 반 동안에 13번이나 정부를 교체한 사실만으로도[19] 그 불안성이 얼마나 심각한 것인지를 알 수 있다. 급진사회당, 공산당, 사회당의 3당이 중심이 되어 형성된 인민전선은 1936년 6월 총선에서 "자유" "빵" "평화"라는 구호를 통해 승리하여 사회당의 블룸(Blum)을 수상으로 하는 인민전선 내각이 성립되었다.[20] 스페인의 경우 1934년 9월 인민전선이 형성되어 1936년 2월 선거에서 인민전선파가 과반수를 획득하여 내각을 성립하였다.

코민테른과 인민전선

이처럼 각국에서 인민전선파가 승리하게 된 배경에는 코민테른(Comintern)의 강력한 지원이 있었다. 코민테른은 1919년 3월 2일 모스크바에서 레닌 주도 하에 소련 볼셰비키공산당을 주축으로 하고 조직된 국제공산당(Communist International)의 약칭이다.[21] 1934년

19) 교육도서편집부(편), 앞의 책, p.177.
20) 인민전선내각은 1938년 11월 총파업의 실패로 붕괴하고 만다.

코민테른 제7차 대회가 열리기 전까지 공산당은 사회당을 '사회파시즘'이라 부르며 공격했지만 1935년 7월 25일부터 8월 25일에 65개 지부 대표 510명(의결권자 317명)이 참가한 [22]가운데 개최된 제7차 대회에서 이러한 기조가 무너지게 되었다. 이 대회의 중대성은 소위 인민전선 전술의 채택에 있었다.[23] 공산당은 제7차 대회에서 파시즘에 대항하기 위한 '사(社)·공(共)의 통일전선'을 적극적으로 지지하였다. 이 당시 소련 자신도 나치스의 팽창주의에 심각한 위협을 느끼고 있었기 때문에 이러한 인민전선전술을 지지한 것으로 분석된다. 이후 각국 공산당은 코민테른의 노선변경에 따라 사회민주주의세력과의 반파시즘 통일전선을 결성하였다. 사·공 양당 사이의 통일행동을 위한 협정이 프랑스, 이태리, 스페인에서 잇달아 체결되었다. 프랑스의 경우 1935년 급진사회당까지 포함시킨 공동정권이 결성되었다. 코민테른 제7차 대회에서 채택된 '인민전선'(people's front)는 소련의 다목적 함의가 들어 있었다. 경제대공황의 여파로 파쇼세력의 침략적 성격이 더욱 농후하게 되어 가고 있는 상황에서 공산당 정권과 공산주의의 생존과 확산을 위해 반전·반파시즘의 정책으로서 인민전선정책을 수립하였던 것이다. 파시즘에 반대하는 모든 사람들을 결집시키려는 의도에서 인민전선 전술을 주장했던 것이다. 이후 각국에서는 반파시즘 운동이 활성화되었다. 제2차 세계대전 후 불가리아의 수상을 역임한 디미톨로프(Dimitolov, 1882-1949)는 제7차 대회의 집행위원회 서기장으로서 '파시즘의 공세와 프롤레타리아트의 반파시즘 통일전선을 위한 투쟁에 있어서 코민테른의 임무'란 보고를 하였는데, 여기서 그는 광범위한 반파쇼인민전선결성방침을 천명하였다.[24] 식민지·반

21) 최재인, 『조국통일을 위한 승공철학』(서울: 미래문화사, 1981), p.205.
22) 대학국민윤리교육연구회(편), 『국민윤리』(서울: 대왕사, 1978), p.532.
23) 위의 책, p.532.

식민지에 있어서 반제국주의적 통일전선수립의 원칙을 결정하였던 것이다.

1) 인민전선내각 성립

인민전선파의 아사나(Manuel Azana) 내각은 파시즘을 저지하고 인민전선파의 노선을 관철하기 위해 이른바 '민주개혁'이라는 이름의 혁명적인 조치를 연속적으로 취했다. 1934년 10월 노동자·농민의 전폭적인 지지로 발발한 무장봉기 때 체포된 3만 명을 석방하고 이때 해고된 노동자를 복직시켰다. 그리고 아사나 대통령은 노동자의 권익을 증진하기 위한 목적으로 노동자의 임금을 증액하고 노동시간의 단축을 단행하였다. 또한 농민조세와 지대를 경감하였고, 중소기업보호, 교육개혁, 국가와 교회의 분리, 토지개혁 등 기존의 질서를 완전히 혁파하는 조치들을 잇달아 내놓았다.

나아가 우익세력을 국가권력의 힘으로 전방위적으로 탄압하는 조치를 취했는데, 우익의 기반인 교회에 불을 지르고 성직자와 지주를 살해하였다. 그리고 대자본가의 기업을 폐쇄하고 대지주의 경작을 거부하였다. 나아가 육군의 우익노선을 견지하고 있는 반대파에 대한 배척을 노골적으로 전개하였다. 여기에 그치지 않고 카스틸로(Castillo), 소텔로(Sotelo) 등 많은 우익지도자들이 암살당하였다. 지주·자본가·성직자·장교와 같은 전통적 엘리트들은 이러한 인민전선내각의 이른바 "우익죽이기"에 대해 심각한 위기감

24) 동 보고 중 인민전선과 관련하여 중요한 내용을 보면 첫째, 파시즘과 파시스트의 전쟁준비에 대항하기 위하여 노동자 · 농민 · 소부르조아지 등 모든 계급의 통일을 쟁취할 것 둘째, 공산당을 비롯한 사회민주제당, 소부르조아 제당을 포함한 인민전선을 수립할 것, 이는 밑으로부터의 통일만이 아니라 위로부터의 통일을 위한 각당지도부와의 상호협정을 체결할 것 등이다. 위의 책, p.532.

을 느꼈다. 그래서 부르조아지·지주·교회·군부 등 우익세력들은 그들의 계급적 이익과 기득권을 보호하기 위해 군사저항을 준비하고 있었는데, 이를 반영한 것이 프랑코의 반란이었다.

2) 프랑코의 반란

이러한 국내의 상황에 대해 심히 우려하고 있던 육군의 전총참모총장 프랑코는 우익을 대표하여 궐기하였다. 당시 아프리카 북서쪽의 스페인령인 카나리아(Canaria)제도의 총독이었던 프랑코(Francisco Franco. 1892-1975)는 1936년 7월 17일 라스팔마스(Las Palmas)에서 군대의 반란을 일으켰다. 그는 18일 모로코에 도착하여[25] "군대는 지금, 공정과 평등과 평화를 모든 스페인 사람에게 가져다주기 위해서 일어났다."고 방송하였다.[26] 이후 3년에 걸친 피비린내 나는 내전이 전개되었다. 인민전선정부에 불만을 품고 있던 장교를 중심으로 전국 각지에서 군대가 봉기하였다.[27]

프랑코의 생각은 수일 내(5일)에 수도 마드리드로 진격하여 단숨에 인민전선 정부를 붕괴시키는 것이었다. 그래서 양면공격을 감행했는데, 한편으로는 모로코의 외인부대(무어인)와 함께 남쪽으로 진격하였고 다른 한편으로는 본토의 다른 부대가 동쪽과 북쪽으로부터 마드리드로 진격하였다. 그래서 7월 22일까지 수도를 점령하고 파시스트독재를 수립한다는 계획을 수립하고 있었다. 그러나 계획대로 인민전선정부는 쉽게 무너지지 않았다.

25) 모로코의 군부와 합세하기 위해 프랑코는 카나리아제도의 라스팔마스를 출발하여 스페인령 모로코의 테투앙에 도착하였다.
26) 교육도서편집부(편), 앞의 책, p.165.
27) 스페인장교의 90%, 사병의 2/3가 프랑코의 반란에 가담하였다.

3) 인민전선내각의 대응

프랑코의 반란으로 새로 탄생한 인민전선정부는 중대한 위험에 직면하게 되었다. 그러나 인민전선정부는 그렇게 만만한 상대가 아니었다. 프랑코 군은 인민전선정부의 전력을 과소평가하였다. 군의 반란소식이 전해지자 전국 각지의 근로민중이 인민전선정부의 방위에 나서기 위해 무기를 들었다. 프랑코는 쿠데타를 일으키면 다양한 정치분파로 구성된 인민전선정부의 분열이 초래되어 정부기능이 상실될 것으로 판단하였다. 그러나 프랑코의 생각과 달리 인민전선의 단결력은 강했다. 정규군·민병대·노동자를 주축으로 하는 의용군의 저항에 프랑코부대는 매우 고전하였다. 마드리드, 바르셀로나, 발렌시아, 빌바오, 말라가 등 주요도시의 반란이 곧 진압되었다. 이틀만에 본토의 대부분 반란은 진압되고 말았다. 이로써 모로코의 지중해 연안과 스페인 북서부지역만을 프랑코가 장악하고 있었다.

4) 각국의 정치상황

스페인반란군이 완전히 진압되는 것으로 전세가 전개되었으나 곧 내란의 성격에서 국제전으로 전환되었다. 스페인전쟁은 처음부터 국제전으로 변화할 수 있는 소지가 충분히 있었다. 독일과 이태리는 반란군을 지원하면서 스페인내전을 "문명의 적인 볼셰비키에 대한 전쟁"으로 규정하고 직접 무기(비행기 · 탱크 · 대포)를 보내어 지원하였다. 이 중에서 무솔리니의 지원이 보다 적극적이었는데, 무솔리니는 지중해 지배를 통해서 로마제국건설이라는 이상을 실현하고자 했다.

이런 야망을 이루는 데 스페인이 자신의 국가주의적 이념과 배치되는 계급주의적 이념을 토대로 하는 인민전선정부는 큰 위협의 대상이었다. 그래서 독일이 5만 명의 병사를 파견한 반면 이태리는 10만 명의 병사를 파견하여 프랑코를 적극 지지하였다. 독일도 보병은 물론이고 비행기와 조종사를 지원했는데, 이는 스페인에 친독정부의 수립으로 군사기지를 설치할 경우 프랑스의 배후를 위협할 수 있다는 전략적 생각을 한 결과이다.

소련은 처음부터 인민전선파에 대해 비행기, 비행사, 기술자 및 탱크 등을 보내면서 공공연하게 군사지원을 하였다. 그러나 대대적인 지원은 국내사정으로 문제가 있었다. 당시 소련에서는 피의 대숙청이 전개되고 있었다. 이는 스탈린의 권력투쟁적 성격을 지니는 것으로 1936년부터 38년까지 정부·당·군에 파상적으로 불어 닥친 숙청의 선풍이었다. 피의 대숙청은 1934년 12월 1일 레닌그라드의 서기장이었던 키로프(S. Kirov)의[28] 암살로 본격적으로 시작되었다. 이후 숙청의 회오리는 1940년 8월 20일 멕시코에 망명 중이던 트로츠키의 암살로 종결되었다.[29]

당시 스탈린 정부는 일국사회주의노선에 따라 국내의 공업화문제에 관심을 지니고 있었다. 대외문제에 대해서는 적극적인 공세

28) 키로프는 당시 소련의 유력한 정치인이자 스탈린의 후계자로 지칭되고 있었다. "크레믈린에 스탈린이 있고, 모스크바에 카가노비치가 있고, 레닌그라드에 키로프가 있는 동안은 공산당의 정권은 안전하다"라고(위의 책, pp.190-191) 할 정도로 명성이 대단했던 인물이었다.

29) 김학준, 『소련정치론』(서울: 일지사, 1984), p.139. 숙청은 당 중앙위원은 물론 그 하부에까지 철저히 미친 방대한 규모의 것으로 1933-1938년 사이 숙청된 당원의 수는 철저히 미친 방대한 것으로 1933-1938년 사이 숙청된 당원의 수는 최소한 160만 명에 이른다. 서방의 한 통계는 약 7백만 내지 8백만 명의 시민이 이 숙청의 직접적 대상이 되었거나 또는 영향을 받은 것으로 보았다. 위의 책, p.139.

보다는 공존정책을 취하였다. 공업생산을 증대시키는 것이 소련의 군사력을 강화시키는 기반이 된다고 생각하여 국내경제력 향상에 전념하였다. 이러한 국내경제의 기반강화는 사회주의국가의 안전 확보를 위한 가장 시급한 과제였다. 이러한 국내사정으로 인해 소련은 스페인에 대한 적극적인 지원이 불가능한 상태였다.

영국과 프랑스는 세계전쟁에 대한 두려움으로 인해 대독·이태리 유화정책을 전개하였다. 영국과 프랑스는 1936년 9월 9일 런던에서 27개국이 참여한 가운데 '불간섭위원회'(Nonintervention committee)가 개최되었다. 되도록 복잡한 국제문제에 참가하기를 원치 않는 영국과 프랑스는 불간섭위원회의 개최를 주도하는 교묘한 외교전략을 펼쳤다. 이 외교전략은 일종의 양동전략이었는데, 독일과 이태리에 의한 프랑코의 원조를 묵인하면서도 스페인의 인민정부가 합법정부로서 국제법상 가지고 있는 무기수입권을 빼앗는 기능을 취하게 하였다. 그래서 동위원회는 "스페인의 양 교전 측에 대한 무기공급의 금지"를 결의하였다. 이로써 베르사이유 체제의 사실상 수장국으로서의 영국의 국제적 위상은 심대한 타격을 입게 되었다. 결과적으로 영국과 프랑스는 파시즘의 국제협력을 묵인하게 되었다.[30]

게르니카

1937년 4월 26일 스페인 바스크 지방의 작은 마을인 게르니카를 독일전투기 43기가 무차별 폭격을 감행하여 완전히 폐허로 만들었다. 바르셀로나대학살로도 명명되고 있는 게르니카폭격사건는 전 세계의 분노를 자아내었다.

30) 당시 열국의 정책과 불간섭위원회에 대해서는 오기평, 『세계외교사 : 비엔나에서 진주만까지』(서울: 박영사, 1994), pp.426-430 참조.

7천 명이 거주하는 작은 마을인 게르니카에서 이 폭격으로 1,654명이 사망하고 889명이 부상하였다. 스페인 출신으로 20세기 최고의 화가로 인정되고 있는 피카소는 분노의 표시로 가로 7.8m, 세로 3.5m로 대형 벽화인 '게르니카'를 그렸다. 피카소는 이 그림을 통해 전쟁의 비극성과 폭력성을 고발하고 있다. 죽은 아이를 안고 울부짖는 여인, 폭격으로 불타는 집과 달음질치는 여인, 눈을 부릅뜬 무표정한 소의 모습들을 오버랩시키면서 민중들의 애환을 그림과 동시에 새로운 세상에의 염원을 표하고 있다.

5) 국제전 성격으로의 변모와 프랑코의 승리

이상과 같은 각국의 스페인전쟁에 대한 인식으로 스페인전쟁은 내전에서 국제적 성격으로 전환하게 되었다. 1936년 8월 중순 이후 독일과 이태리의 적극적인 후원으로 프랑코군은 1936년 10월 말에 이르러서는 마드리드 100km까지 육박했고 수도의 함락은 시간문제로 생각하기에 이르렀다. 이에 소련은 10월부터 인민전선정부에 대량의 무기를 수송하여 군사적 지원을 시작하였다. 국내문제를 이유로 해서 더 이상 방치하다가는 소련의 기득권이 완전히 몰락할 위험성에 직면할 수 있을 뿐 아니라 중부유럽의 교두보 상실이라는 상황을 초래할 수 있다는 판단 하에 소련은 적극적으로 지원책을 감행하였다.

코민테른의 주도 하에 국제의용군을 조직하였는데, 여기에는 세계 각국의 공산당원은 물론이고 파시즘 팽창에 반대하는 자유주의자, 인도주의자들이 불타는 열정을 가지고 속속 합류하였다. 약5만 명의 세계 각국의 젊은이들이 인민전선정부를 위해 반파시즘의 기치로 뭉쳐 피를 뿌렸다. 나아가 전 세계 수백만 명의 사람들은 스페인자금모금에 호응함으로써 국경을 초월한 반파시즘운동에 참여하였다. 그리고 자유세계의 지식인들이 반파시즘의 일환으로 총을 들고 시민군에 가담하였다. 의용군의 헌신과 정부군의 재조직으로 1936년 10월 프랑코군의 공세를 막아내었다. 이후 2년 반에 걸쳐 처절한 싸움이 전개되었다.

1938년 3월 독일·이태리·프랑코 연합군대가 아라곤전선에서 대공세를 취한 후 완전히 승기를 잡았다. 4월에 이르러서는 지중해에 도착하였고 급기야 1939년 1월 28일의 바르셀로나의 함락에 이어 3월 28일에는 수도 마드리드를 함락하였다. 이로써 인민전선정부는 무너지고 프랑코 독재정권이 수립되었다. 1936년 7월부터 1939년 4월까지 2년 7개월 간 계속된 전쟁에서 프랑코군은 9만 명이 사망하고 정부군은 11만 명이 사망하였다. 공습 혹은 처형으로 사망한 민간인은 13만 명이었고 국외망명한 사람은 50만 명에 달했다. 부상은 100만 명 이상이었다.

스페인은 프랑코 정권이 세워진 후 증오와 분노의 세찬 물결이 휩쓸고 지나갔는데, 정부관리는 이유 불문하고 사형에 처해졌고 매일 즉결재판을 통해 대량학살이 자행되어 19만 3천 명이 처형되었다.

(3) 국제관계사적 의미

스페인전쟁은 20세기 국제관계사에 있어서 차지하는 비중과 의미가 적지 않다. 이후 국제관계사는 급변을 거듭하여 결국은 제2차 세계대전으로 질주하고 말았다.

스페인전쟁이 주는 의미와 교훈을 지적하면 첫째, 영·불중심의 유럽의 국제질서가 재편하게 되었다는 점이다. 스페인전쟁에서 영국과 프랑스가 보여준 행태는 베르사이유체제의 지도국으로서 도저히 이해할 수 없는 것이었다. 이로써 제1차 세계대전 후 체제의 수호자로서의 의무를 지닌 지도국의 위상은 완전히 바닥에 떨어져 버리고 말았다.

둘째, 이베리아반도에서의 새로운 전체주의국가의 등장은 향후 국제질서 운영에 깊은 암운을 던져주는 의미를 제공하였다. 집권 후 프랑코정권의 반민주적·반인륜적 행태는 파쇼세력의 실체에 대해 경각심을 불러일으켰다. 이러한 사실은 제2차 세계대전시 자유민주세력의 대동단결을 강화시켜주는 중요한 토대를 조성했다고 평가할 수 있다.

셋째, 독일과 이태리의 밀접한 상호관계를 재확인해주었다. 독일의 오스트리아 합병기도(1934년 7월)에 대해 무솔리니는 5만 명의 군대를 국경지역에 파견하여 병탄기도를 미연에 방지했었다. 그러나 1935년 10월 이태리가 이디오피아를 침공할 시에 독일이 지지를 보냄으로써 양국 간에는 새로운 협력의 기운이 팽배하기 시작하였다. 스페인전쟁 시 연합군대를 형성하여 공동 개입한 사실은 양국의 접근을 결정적으로 만들었다.

넷째, 스페인전쟁은 제2차 세계대전의 전초전적인 성격을 지니고 있다는 평가를 내릴 수 있다. 스페인전쟁은 파시즘진영과 민주·사회주의진영 간의 투쟁이기 때문에 이 양자 간에 일대 격돌을 예고해주는 사건이다. 앞으로 스페인을 넘어 유럽에서의 전쟁을 예고하는 사건으로 평가할 수 있다.

5 추축(樞軸)의 형성

스페인전쟁에서 이태리와 독일이 연합전선을 펴고 공동참전한 것은 양국 간의 결속을 강화하는 결정적인 계기가 되었다. 이로써 나치즘과 파시즘은 연대성을 확보하게 되었다고 할 수 있다. 스페인전쟁 발발 3개월만인 1936년 10월 20일부터 25일까지 이태리 외상 치아노(Ciano)가 독일의 베를린을 방문하게 된다. 이어 10월 24일 히틀러의 별장인 베르휘테스가덴(Berchtesgaden)에서 양국 외상 간에 회담이 열렸다. 독일의 노이라트(Neurath) 외상을 만난 치아노는 주요국의 당면한 현안에 대한 논의를 전개하였다. 이 자리에서 소위 '10월 의정서'가 성립되었는데, 주요 내용은 국제연맹에 대한 태도, 스페인전쟁에 대한 대응, 오스트리아문제 및 이디오피아문제 등 양국의 당면문제에 대한 협의를 통해 상호간의 의견을 조정하였다.

이러한 양국 간의 관계개선은 진행할 수 있었다는 것은 양국 간의 이해관계가 일치했기 때문이었다. 우선 이태리의 경우, 1935년 10월의 이디오피아정복문제로 유럽에서 전통적인 영・불에 대한 협조정책이 붕괴됨으로써 이태리는 구주사회에서 고립을 면할 수 없는 처지에 놓여 있었다. 지중해제패라는 무솔리니의 염원을 성취하기 위해서는 영·불과의 투쟁이 불가피하였다. 이런 상황에서 확실한 우군인 독일과의 우호협력관계는 너무나 당연한 순서였다.

독일의 경우도 마찬가지였다. 독일은 베르사이유체제의 붕괴유발자란 점에서 유럽의 나라들로부터 견제가 심한 상태였다. 히틀러 자신의 제3제국 건설야망에 협조할 수 있는 동맹국이 필요했고 나아가 프랑스와 대결할 수 있는 확실한 우방이 필요하였다. 이러한 양국의 이해관계가 맞아 양국은 자연스럽게 강력한 동맹국으로 나아가게 되었다. 10월 회담을 계기로 1936년 11월 1일 무솔리니는 담화를 통해 '로마·베를린 추축'(the Rome-Rerlin Axis)을 공식선언하였다. 여기서 추축(Axis)이란 평화를 원하는 모든 국가들이 그것을 중심으로 움직이는 기축이 된다는 의미이다. 그들의 언급에 따르면 한 마디로 평화를 위한 기축(機軸)이라는 것이다.

1936년 11월 25일 독일은 일본과 방공협정(防共協定)을 체결함으로써 추축에 가입하여 3국 동맹을 결성하였다. 이로써 추축국(Axis Power)과 연합국(Allied Power) 간의 기본골격이 형성되었다. 당시 독일의 행위가 베르사이유체제에 대한 도전이라면 1931년 9월 만주를 침략한 일본의 행위는 제1차 세계대전 후 태평양 및 극동의 국제질서를 규율하던 워싱턴체제에 대한 도전이자 유린행위이었다.[31)]

워싱턴체제

워싱턴체체는 워싱턴 회의를 기초로 하는 태평양 및 동북아의 국제질서를 결정하는 국제규범이었다. 워싱턴회의는 1921년 11월에서 1922년 2월까지 워싱턴에서 미국, 영국, 프랑스, 이태리, 벨기에, 네덜란드, 포르투갈, 중국, 일본 등 9개국이 모여 당면한 국제문제를 결정한 회의였다. 여기서 중국의 주권이나 영토권을 존중함과 동시에 중국에서의 문호개방이나 기회균등의 원칙을 상호조율하였다. 베르사이유체제가 영불중심의 유럽의 질서라면 워싱턴체제는 미국을 중심으로 하는 동북아(극동)의 질서라고 할 수 있다.

1937년 11월 7일 이태리가 방공협정에 가입하였고 1937년 9월 무솔리니가 독일을 방문한데 이어, 1938년 5월 히틀러가 이태리를 방문하여 독일, 이태리, 일본 3국 간에 새로운 협조관계가 확산되었다. 이러한 분위기에 힘입어 3국은 3국동맹(Triple Alliance)

31) 워싱턴회의의 개최배경과 주요한 결정사항은 성황용, 『근대동양외교사』(서울: 명지사, 2005), pp.390-401 참조.

을 형성함으로써 민주주의에 도전하는 파시즘통일전선(United front for Fascism)이 공식적으로 출범하게 되었다.

6 독일의 오스트리아병합

히틀러는 자신의 저서인 『나의 투쟁』에서 "독일계 오스트리아는 조국 대독일에 복귀해야 한다."라고 강력히 주장하였다. 히틀러는 자신의 야망인 세계제국건설에는 반드시 오스트리아의 합병은 필수적인 요건이라고 생각하고 있었다. 1934년 7월 나치스에 의한 오스트리아합병 제1차 기도는 유럽열강들의 강력한 비난으로 인해 돌푸스만 암살당하는 차원에서 그침으로써 실패로 끝나고 말았다. 그러나 1938년 초에 이르러서는 독일 히틀러의 국제적 위상은 1934년과는 비교할 수 없을 정도로 확고한 지위를 점하고 있었다.

우선 내정 면에서 보면, 600만의 실업자가 경제활동인구로 편입되어 경제성장을 주도하고 있었다. 외교 면에서는 더욱 괄목할 만한 위치를 점하여 독일민족의 자존심이 회복될 정도였다. 자아르 지방을 회복하고 재군비를 선언하고 비무장지대인 라인란트에 진주하였다. 이로써 독일은 유럽열강으로서의 면모를 다시 과시하였다. 이러한 독일의 자신감은 1936년 8월 제11회 베를린 올림픽을 개최하기까지에 이르렀다. 이러한 비약적인 독일의 발전은 사실 히틀러 자신의 '생존권확보'를 위한 전략적 수단에 불과한 것이다.

(1) 과정

1) 호스바하각서(Hossbach Memorandum)

히틀러의 오스트리아 합병의 신호탄은 1937년 11월 5일 히틀러 총독관저에서 이루어졌다. 히틀러는 노이라트(Neurath) 외상, 브롬베르크(Bromberg) 국방상, 프리치(Fritsch) 육군참모총장, 레에다(Raeder) 해군사령관 및 괴링(Göring) 공군사령관 그리고 히틀러 자신의 부관인 호스바하 대령 등 7명을 긴급소집하였다. 나치스체제의 사실상 책임자들인 외교와 군부의 최고 수뇌부들 앞에서 히틀러는 자신의 대외정책의 최종적 목표와 신념을 비장한 어조로 표명하였다. 1937년 11월 5일 오후 4시 15분부터 8시30분까지 이루어진 이 회의는 히틀러의 대외침략적 야심을 가장 명확하게 표명한 것으로 그 회의의 결과는 부관 호스바하가 작성한 각서를 통해서 그대로 드러나고 있다. 이 문서를 흔히 '호스바하각서'라고 하는데, 이 각서는 히틀러가 전쟁을 사전에 면밀히 계획하였다는 것을 증명해주는 가장 확실한 문서로 인정되고 있다. 이 각서는 제2차 대전 후 전범재판인 뉘른베르크재판에서 나치스의 침략의도를 증명하는 가장 중요한 문서로 인정되었다.

이 자리에서 히틀러는 우선 독일의 목표를 '생존권'(Lebensraum)의 확보·획득에 있다는 사실을 분명히 밝히고 있다. 그리고 "생존권을 획득하기 위해서는 힘을 행사하는 외에 다른 도리가 없다."고 주장하면서 "독일 전략의 제1목표는 체코슬로바키아 및 오스트리아를 정복하는 데 있다."고 말했다.[32] 그는 현재의 독일의 상황을 비추어 볼 때 식량과 경제전반에 걸쳐 자립경제는 결코 유지할 수

32) 교육도서편집부(편), 앞의 책, pp.241-242.

없다라고 말하면서 반드시 생존권의 확보가 필요하다고 강조하고 있다. 만약 자신이 사망하는 경우 오늘의 이 발언을 유언으로 간주해야 한다고 비장한 심정으로 말할 정도로 호스바하각서는 히틀러의 외교에 관한 기본구상이자 신념으로 분석할 수 있다.

2) 슈시닉과 히틀러 간의 회담

1938년 2월 12일 오스트리아 수상 슈시닉(Schuschnigg)과 히틀러 간에 베르휘테스가덴에서 회담이 있었다. 이 자리에서 히틀러는 슈시닉을 강압적으로 위협을 가하면서 오스트리아가 독일의 틀에서 벗어나는 독립적인 행위를 할 경우 섬멸하겠다는 최후통첩을 했다. 히틀러는 슈시닉에게 요구한 나치스의 합법화(완전한 자유), 나치스 당원의 석방, 오스트리아 내의 나치스 지도자인 인크바르트(S. Inqwart)의 내무장관 임명을 슈시닉은 강압에 이기지 못해 수용하고 말았다.

이처럼 히틀러의 안하무인격인 강제행위는 오스트리아의 국가적 운명을 경각에 이르게 하고 말았다. 슈시닉은 1938년 3월 9일 최후의 수단으로 오스트리아 독립문제를 국민투표로 결정하자면서 3월 13일 국민투표를 전격 제안하였다. 투표권자도 남녀 24세 이상의 오스트리아 국민으로 제한하여 열성적인 나치스 청년당원의 투표를 배제하였다. 이는 히틀러의 오스트리아 병합정책에 근본적으로 도전하는 행위로 히틀러는 분노하였다. 히틀러는 슈시닉의 국민투표제의에 대해 독일군에게 오스트리아 출격준비를 지시하는 등 비장한 전쟁준비를 진행하였다. 그는 국민투표를 즉각 연기하고 슈시닉의 파면과 인크바르트 수상의 임명을 요구하였다. 이러한 히틀러의 침략적 행위에 대해 오스트리아의 미크러스 대통령은 히틀러의 요구를 거부하고 영국, 프랑스 및 이태리에 자국의 상황을 알리고 구제해줄 것을 요구하였다. 그러나 베르사이유체제의 수장국인 영국과 프랑스를 포함한 모든 열강들은 오스트리아문제에 개입할 의사가 없다는 의견을 밝혔다.

3) 인크바르트의 수상임명과 오스트리아의 멸망

이처럼 국제사회의 냉혹한 현실에 직면한 오스트리아는 힘없는 약소국의 설움을 뼈저리게 자각하지 않을 수 없었다. 미크러스 대통령은 나치주의자 인크바르트를 수상으로 임명함으로써 히틀러의 요구에 굴복하고 말았다. 수상이 된 인크바르트는 질서유지라는 명목으로 독일군의 진주를 요청하였다. 3월 12일 새벽 독일군대가 대대적으로 오스트리아에 입성하였다. 3월 12일 린츠(Linz)에서 히틀러는 오스트리아 인민의 열광적인 환영식에 참여하여 독일과 오스트리아 병합의 당위성을 장황하게 설명하였다. 다음 날 독일은 오스트리아와 공식적인 병합을 선언하고 오스트리아를 독일의 한 주(Ostmark)로 인정하였다. 4월 10일 인민투표를 통해서 오스트리아는 세계지도에서 사라지게 되었다.

(2) 의미와 교훈

독일의 오스트리아병합은 현대국제관계사에서 차지하는 비중이 적지 않다. 또한 이 사건이 우리에게 주는 교훈 역시 시사하는 바가 크다. 첫째, 독일의 오스트리아병합을 통해 영국과 프랑스의 유화정책을 재확인할 수 있다. 파시즘의 침략주의, 공산주의의 볼셰비즘의 틈바구니에서 뚜렷한·확고한 정책기조를 마련하지 못하고 영국과 프랑스는 우왕좌왕하였다. 영·불외교는 오스트리아정복을 묵인하게 하였고 히틀러는 이러한 영·불외교의 허점과 오류를 분명히 인식하고 여기서 자신감을 얻어 자신의 침략계획을 확고하게 진전시켜나갈 수 있었다.

당시 영국 정부는 표피적인 평화애호분위기로 팽배해 있었다. 영국의 일반적인 분위기는 제2의 전쟁은 완전한 파멸의 길이라는 반전(反戰) 분위기가 지배하고 있었다. 그래서 웬만한 사태 즉 영국의 국익을 직접적으로 해치지 않는 분쟁에 대해서는 소극적인 자세를 견지하고 있었다. 베르사이유체제를 수호해야 할 지도국인 영국은 완전히 패배주의에 빠져있었다. 프랑스 역시 인민전선정부와 자유주의정부 간의 권력투쟁으로 내부적으로 혼란상태에 있었다. 히틀러는 이 틈을 놓치지 않고 계속해서 외교적인 공세를 취하였다.

둘째, 오스트리아합병 조치는 베르사이유조약을 사문화(死文化)시키는 결정적인 계기를 조성하였다. 동 조약 88조는 "오스트리아 주권에 대한 명문화" 조항인데, 오스트리아병합은 이 조항을 완전히 파기해버린 조치이다. 이로써 유럽을 겨우 지탱해오던 기존의 세력균형체제의 붕괴는 기정사실화 되고 말았다. 이제 기존의 국제질서로써는 변화하는 현실을 대응하기 어려워졌음을 보여주었다. 새로운 세력균형체제가 구축되어야 한다는 상황이 조성된 것이다.

셋째, 히틀러는 자신의 동방계획의 실천을 위한 전략적 토대를 마련했다고 고찰할 수 있다. 오스트리아점령은 1937년 11월 5일 비밀회의에서 히틀러가 밝히고 있는 체코슬로바키아 공격의 결정적 거점을 확보했다는 의미를 지니고 있다. 넷째, 국제사회의 냉엄한 현실을 절감할 수 있다. 국제사회에서 국가의 보존과 국민의 안녕은 스스로의 의지에 의해서만 이루어질 수 있다는 역사적 교훈을 분명히 체득할 수 있다. 평소 동맹국이나 우호국 역시 국가이익 앞에서는 과거의 우호의식을 헌신짝처럼 버리게 된다는 것을 오스트리아병합과정을 통해 우리는 분명히 확인할 수 있다. 자국의 국토수호의지와 국방력 강화만이 국제정세에서 주권을 지킬 수 있는 유일무이의 길임을 알 수 있다.

7 주데텐문제와 체코슬로바키아 해체

영국과 프랑스는 독일이 오스트리아까지 점령하였으니 더 이상 국제사회를 충격의 도가니로 몰고 가지 않을 것으로 생각하였다. 그러나 이러한 영·불의 생각은 히틀러의 동방계획을 통한 정복야욕을 완전히 왜곡해서 자의적으로 해석한 것에 불과하다. 유화정책은 양보를 기초로 한다. 그러나 침략자에 대해 유화정책은 또 다른 침략을 위한 힘의 비축에 불과한 것임을 독일에 대한 영·불이 구사한 유화정책을 통해 명확히 확인할 수 있다. 이러한 유화정책은 독일의 침략주의를 더욱 부채질하는 결과를 가져왔는데, 그것이 주데텐문제와 체코슬로바키아해체이다.

(1) 주데텐(Sudeten)문제

오스트리아를 병합한 히틀러는 1937년 11월 5일의 비밀회의에서 밝힌 체코에 대한 야심의 일단을 표출하였다. 주데텐문제는 당시 세계인의 관심을 집중시켰던 문제로서 히틀러의 야망이 현시화(顯示化)하는 결정적인 사건이었다. 원래 주데텐은 역사적으로 볼 때 독일의 영토였으나 베르사이유조약에 따라 독일영토에서 분리되어 체코슬로바키아에 편입된 지역이다. 그래서 주데텐지역의 인구 대부분은 300만의 독일인으로 구성되어 있다. 주데텐은 체코

슬로바키아에서도 손꼽히는 공업지대이며, 독일에 대한 방위전략의 견지에서도 가장 중요한 지역이었다.33)

나치독일과 히틀러는 주데텐점령이 동방계획 실천을 위한 가장 확실한 거점으로 인식하고 있었다. 1929년 대공황의 여파가 체코에 직접 영향을 미치자 국민의 불만이 고조되어 여러 민족으로 구성된 체코의 분열이 가속화되었다. 이러한 현상은 바로 주데텐지역에도 전파되어서 반정부·반체제운동이 확산되었다. 주데텐독일인들은 헨라인(K. Henlein)의 주도 하에 1935년 초 주데텐독일당(Sudetendeutsche Partei)을 결성하였는데, 이 당 결성에는 히틀러의 막강한 재정지원이 있었다. 헨라인은 독일이 오스트리아 병합 시 인크바르트의 역할과 대동소이한 것이었다.

1) 주데텐문제의 전개과정

① 칼스바트강령 발표

1938년 3월 독일이 오스트리아를 병합하자 히틀러는 대(對)주데텐문제에 적극적인 자세를 표출하였다. 그는 자신의 앞잡이인 헨라인이 이끄는 주데텐독일당으로 하여금 주데텐의 자치운동을 적극적으로 선동·지원하였다. 4월 24일 헨라인 당수는 칼스바트(Karlsbad)에서 열린 당대회에서 8개항으로 구성된 이른바 '칼스바트강령'(Karlsbsd Programme)을 발표하였다. 8개항 중 주요 항목을 언급하면, 첫째, 주데텐독일인과 체코인 간의 완전한 평등을 인정해야 된다는 것이고 둘째, 주데텐지구의 자치를 승인해야 한다는 것 등이다.

33) 위의 책, p.245.

이렇게 확대되고 있는 주데텐문제에 대해 영·불은 스스로 대독전(對獨戰)의 위험에 휘말려 들어가는 것을 극력회피하였다. 그러나 주데텐지역의 독일계 주민의 소요사태가 계속되자 국제사회의 움직임은 긴박스럽게 전개되었다. 주데텐지역에서의 반체제적 소요의 진전으로 인해 사태는 더욱 더 심각한 상황으로 치닫고 있었다. 체코 정부와 헨라인 간의 교섭이 교착상태에 빠지자 구주각국은 체코에 대한 독일의 전면적 행위가 곧 발생할 것으로 생각하여 큰 두려움과 공포분위기에 휩싸였다. 협상이 진행 중이던 1938년 9월 7일 주데텐국경지역에서 나치스시위대와 체코경찰 간에 충돌이 발생하여 헨라인은 정부와의 교섭을 중지하였다.

② 히틀러의 침략연설

이처럼 주데텐문제로 인한 사태진전이 심상치 않는 가운데 히틀러는 9월 2일 뉘른베르크에서 열린 나치스당대회에서 체코에 대한 침략의도를 공공연하게 밝히는 연설을 하였다.

> 만능의 신은 독일인을 베르사이유조약에 의하여 만들어진 그들을 증오하는 국가권력에 예속하여야 하도록 창조하지는 않았다. 또 700만의 체코인이 300만의 독일인을 감독하고 이들에 대하여 헌병으로써 행동하도록 만들지도 않았다. … **나는 단언하노니 만일 이들 학대받는 인간들이 그들 자신의 힘으로써 권리와 원조를 얻지 못한다면 그들은 우리들로부터 그것을 얻을 것이다. 나는 체코에서 우리의 동포에 대한 압박을 이 이상 바라만 보고 있지는 않을 것이다.** 체코에서의 350만의 독일인에 대한 압박이 정지되고 자유로운 민족자결의 권리가 이에 대신할 것을 나는 요구한다.[34]

34) 박웅진, 『구주외교사』(서울: 형설출판사, 1981), pp.300-301.

이 연설에 고무된 헨라인당은 주데텐의 "독일복귀"를 주장하면서 수습할 수 없는 폭동을 유발하였다. 히틀러 연설 다음 날부터 체코의 소요는 더욱 가열되어 질서를 회복할 수 없는 상태가 되었다.[35] 체코정부는 주데텐독일당에 대해 해산령을 내림과[36] 동시에 계엄령을 발동하여 체코와 독일 양국 간에는 일촉즉발의 상황으로 치닫게 되었다. 체코군대는 만약의 사태에 대비하여 전투태세에 돌입하였다.

③ 체임벌린과 히틀러 간의 회담

이상과 같이 전쟁직전의 상황에서 영국의 챔벌린(Neville Chamberlain) 수상과 독일의 히틀러 간에 영수회담이 열렸다. 챔벌린이 제의하고 히틀러가 수락하여 열린 이 영수회담에 전 세계의 이목이 집중되었다. 1938년 9월 15일 베르휘테스가덴산장에서 열린 역사적인 회담에서 히틀러는 주데텐에 대한 자신의 견해를 거침없이 언급하였다. 그는 주데텐독일인의 독일복귀가 이루어지지 않으면 세계전쟁도 주저하지 않겠다는 위협과 공갈을 하였다. 여기서 히틀러는 특유의 벼랑끝 외교정책, 즉 공갈외교(manacing policy)를 능숙하게 구사하였다.

챔벌린은 어쨌든 전쟁만은 피해야 한다는 초조감과 위기의식에 사로잡혀 있었다. 히틀러에 대한 저자세 외교를 챔벌린은 스스로 유럽의 평화를 구제하기 위한 행동이라고 강변하고 있지만 결과론적으로 볼 때 히틀러의 외교전략에 완전히 "놀아나고" 말았다. 외

35) 김용구, 『세계외교사(하) : 제1차대전에서 냉전질서의 형성까지』 (서울: 서울대학교출판부, 1990), p.697.

36) 헨라인은 독일로 망명하였다.

교에서는 목표와 원칙이 있어야 한다. 외교에서의 교섭은 원칙을 무시하고 배제하자는 것이 아니다. 원칙에서 이탈한 외교는 결코 타협이나 양보가 아니라 곧 전멸이자 패배를 자인하는 것이나 마찬가지이다.

원칙(principle)

원칙이란 근본적인 규칙 혹은 많은 현상에서 공통되는 규칙을 말한다. 흔히 원칙주의자라고 하면 매우 고리타분하고 타협이 불가능한 완고한 사람으로 생각하기 쉽다. 그러나 원칙은 타협을 거부한 채 설정된 목표만을 쫓거나 자신의 생각만을 고집하는 비타협을 말하는 것이 아니다. 원칙은 대화와 타협을 거부하지 않는다. 오히려 원칙은 설정한 목표와 과제의 달성을 위해 대화와 타협을 현실적 수단으로 삼고 있다. 진정한 원칙은 타자와의 대화와 타협을 전제로 한다.

히틀러와의 회담에서 챔벌린은 주데텐의 할양 없이는 체코의 안정과 유럽의 평화는 불가능하다고 인식하였다. 챔벌린은 히틀러의 의견을 수용하는 자세를 전제로 하면서 주데텐문제를 체코정부와 의논하겠다는 사실을 밝히고 9월 18일 독일을 떠났다.

④ 영·불 간의 합의사항

영불은 주데텐의 할양을 인정하는 방향에서 주데텐에 대한 안을 결정하였는데 주요 사항은 다음과 같다. 첫째, “주데텐독일인이 거주하는 지역은 이 이상 체코 국내에 유지하는 것이 체코자신의 이익과 구라파의 평화에 해롭다는 것을 확신하게 되었으며, 따라서 이 지역을 독일에 할양하지 않는 한 평화의 유지와 체코의 이익과 안전을 유효하게 보장할 수 없다는 결론에 도달하였다.” 둘째, “체코가 이 제의에 동의하면 그 장래의 안전에 대한 보장을 얻을 것이다." 등이다.

체코의 입장에서 보면 도저히 받아들이기 힘든 합의사항이라고 아니할 수 없다. 국제조약이 합법적으로 자국의 영토로 인정한 주데텐을 독일에게 할양하라는 영·불의 제의는 국제질서의 수장국으로서의 그 책무를 완전히 파기한 것이라고 할 수 있다. 9월 19일 영·불로부터 이 제의를 통보받은 체코로서는 영·불의 완강한 태도로 영·불 합의사항을 수용할 수밖에 없는 처지에 이르고 말았다. 그래서 체코는 이 제안을 수락하고 말았다. 냉엄한 국제질서의 현실을 반영해주는 것이라고 하겠다.

⑤ 제2차 영·독 정상회담

이처럼 급변하고 있는 국제정세를 타개하기 위해 9월 22일 고데스베르크(Godesberg)에서 제2차 영·독정상회담이 열렸다. 챔벌린은 10월 1일까지 주데텐을 독일에게 할양한다는 의견을 제시하였으나 히틀러는 이 제안에 대해 강한 불만을 표시하고 체코인이 많이 사는 지역으로까지 요구하였다. 지도가 첨부된 '고데스베르크각서'는 히틀러가 수교하여 주데텐문제에 대한 자신의 주장을 구체적으로 언급하였다. 챔벌린은 의외의 사태진전에 직면해서 합의를 해줄 수 없었다.

히틀러가 작성한 동각서의 주요내용은 다음과 같다.

> 첫째, 체코군대는 경찰·세관원을 포함하여 부속지도에 정해진 지역으로부터 철퇴할 것, 그 지역은 대체로 독일에 할양될 전 지역과 합치할 것, 그 할양은 10월 1일 일 것. 둘째, 영토는 현상대로 인도할 것, 그에는 모든 요새, 통상상의 시설, 철도차량, 식량, 가축, 원재료를 포함할

것. 셋째, 체코의 군대·경찰에 근무하는 모든 주데텐독일인과 모든 독일인의 정치범을 석방할 것. 넷째, 최종적인 국경은 국제위원회의 관리 하에 행해지며, 독·체코위원회 또는 국제위원회에 의한 인민투표로써 결정된다는 내용이었다.37)

챔벌린은 히틀러에게 재고를 요청하였으나 히틀러는 단호하게 거절하고 말았다. 이로써 아무 결론 없이 회담은 결렬되고 말았다.

이러한 영·독정상회담에서 보는 것처럼 히틀러의 요구사항에 직면한 체코정부는 9월 24일 밤에 총동원령을 내리고 독일의 요구는 민족의 독립을 해치는 것으로 도저히 수용할 수 없음을 밝히고 대독전쟁의 불사의지를 강력히 표명하였다. 런던과 파리시민들은 이 소식을 접하고 독일의 공습에 대비해서 방공호를 파고, 고사포 부대를 이동시키고, 학교에 다니는 어린이들을 소개시키기 시작했다.38)

⑥ 뮌헨회담의 개최

유럽의 평화가 완전히 붕괴되기 직전에 챔벌린은 관계국가들에게 주데텐문제의 논의를 위한 국제회의를 긴급제의하였다. 9월 29일부터 30일까지 영국(챔벌린), 프랑스(Daladier, 달리디에). 독일 및 이태리(무솔리니) 간에 뮌헨회담(Münichen Conference)이 개최되었다. 챔벌린은 9월 15일 이후 보름 동안 히틀러를 세 번이나 만나는 것이다. 체코슬로바키아의 영토문제를 의논하는 뮌헨회담의 자리에 그 당사국의 대표는 출석을 하지 못했다. 뮌헨에 온 체코슬로바키아 정부의 대표는 회의가 진행되는 동안 별실에서

37) 박응진, 앞의 책, p.303.
38) 교육도서편집부(편), 앞의 책, pp.247-248.

기다리고 있었으며, 발언할 기회가 끝내 부여되지 않았다.[39] 냉엄한 국제사회의 현실을 절감할 수 있는 사례이다.

주데텐문제와 체코문제에 대해 평소 강력한 입장을 표방하던 히틀러가 전쟁불사의지의 표명을 통해 전쟁보다는 협상의 길을 추구한 것은 히틀러의 공갈이 이전의 국제관계사에는 먹혀들어갔으나 예상과 달리 영·불의 강경조치로 당황했기 때문이었다. 히틀러의 태도는 제2차 영·독정상회담이 결렬된 후 영국과 프랑스 등 관계국의 정세변화에 기인한다. 즉 프랑스군이 동원되고 또한 영국의 군함이 동원된다는 소식에 접하자 영국, 프랑스가 단순히 위협만 하는 것이 아니라고 판단하게 된 점, 독일군부내에서도 영국과 프랑스를 상대로 전쟁을 수행할 수 없다고 반대한 점, 괴링이나 무솔리니도 전쟁에 반대한 사실, 그리고 독일국민 자체도 아직 전쟁을 지지하지 않고 있었다는 사실 등등이다.[40]

하루만인 9월 30일 뮌헨협정(Munich Agreement)이 조인되었다. 협정의 내용은 여러 가지가 있으나[41] 가장 중요한 골자는 "10일 1일부터 주데텐에서 체코는 철퇴하고 독일군의 진주가 10월 10일까지 완료한다."는 것이다. 이는 고데스베르크에서 히틀러의 무리한 요구로 결렬되었던 제2차 영·독정상회담에서의 히틀러 요구를 그대로 수용한 것이다.

2) 주데텐문제의 의미

주데텐문제는 히틀러가 제2차 세계대전을 야기하는 데 있어서 자신감을 얻고 동기부여를 한 사건 들 중 가장 대표적인 것이다.

39) 위의 책, p.249.

40) 김용구, 앞의 책, pp.701.

41) 뮌헨협정의 내용에 대해서는 박웅진, 앞의 책, p.305 참조.

그는 주데텐문제를 해결함에 있어서 영·불의 무력한 패배주의를 분명히 인식할 수 있었고 동방계획의 실현이 머지않아 실천할 수 있을 것으로 확신하게 되었다. 주데텐문제가 지니는 의미를 설명하면 첫째, 뮌헨협정의 반역사성이다. 물론 뮌헨협정의 "반공적인 색채"에[42] 대해서는 새로운 역사적 평가가 이루어져야 하지만 뮌헨협정은 히틀러가 세계정세를 오판하고 베르사이유체제의 지도국인 영불의 지위와 역할에 대해 결정적으로 무시하게 되는 계기가 되었다.

뮌헨협정이 체결되자 런던과 파리에서는 평화를 찾은 기쁨에 군중들은 환호성을 울렸으며, 챔벌린은 마치 개선장군과 같은 열광적인 환영을 받았다. 그는 뮌헨에서는 얻은 평화를 "우리 시대에 있어서 평화"(Peace in our time)라고 믿었다. 챔벌린은 수상관저가 있는 다우닝가에 모인 군중을 향해 "여러분, 독일에서부터 다우닝가로 명예로운 평화(glorious peace)가 돌아온 것은, 우리나라 역사에서(1878년 베를린회의에 이어) 이번이 두 번째입니다. 나는 이번에 약속된 평화가 우리들의 생애를 통해서 보장된 평화라고 믿습니다."라고[43] 역설하였다. 뮌헨협정은 침략자 히틀러에 대한 양보에 양보를 거듭한 결과물이다. 침략자를 단호하게 응징하고 척결하는 것만이 침략자의 침략의도를 제어할 수 있음에도 불구하고 영·불은 도리어 유화정책을 통해 히틀러의 침략주의를 완전히 불식할 수 있을 것으로 보았다.

그러나 뮌헨협정에 의한 평화는 약소국 체코를 독재자 앞에 제물로 바친 굴욕의 평화요, 죄악의 평화였다. 뮌헨회담이 전쟁의

42) 김용구, 앞의 책, p.703.
43) 교육도서편집부(편), 앞의 책, p.250.

위기를 일시 연기하기는 하였으나 추축국가로 보아서는 이것이 종국적인 요구가 아니고 요구의 시초였던 것이다.[44] 뮌헨협정은 히틀러가 요구한 모든 것을 수용하였다. 당시 히틀러는 "이것이 내가 유럽에서 요구하는 마지막 영토이다."라고 선언하였다.[45] 침략자의 말을 믿고 유화정책으로 일관한 영·불의 지도자는 역사에 지울 수 없는 죄악을 저질렀다고 할 수 있다.

둘째, 제2차 세계대전 전(前) 전개되던 국제관계사에서 서방국가들이 진행한 유화정책의 한계를 가장 극명하게 보여준 사건이 주데텐의 독일할양과 뮌헨협정이다. 외교전략이라는 것이 민족국가와 세계의 평화에 얼마나 중요한 것인가를 주데텐문제의 전개와 뮌헨협정을 통해 인식하게 된다, 주데텐할양은 독일 히틀러의 전형적인 공갈외교의 결과이다.

셋째, 나치즘을 위시한 전체주의와 같은 반민주체제의 외교형태의 본질이 무엇인가를 확실히 알 수 있게 해준다. 나치즘의 기본적인 정책구조는 대외침략주의이다. 히틀러의 근본목표는 독일민족에 의한 유럽의 제패로서 독일민족에 의한 대제국의 건설이다.[46] 이 점을 간과한 영국과 프랑스 외교의 무원칙과 무지는 세계질서의 지도국으로서의 책무를 망각하게 하였다. 이렇게 볼 때 영국과 프랑스는 히틀러와 더불어 세계평화유린의 공동책임자로서 엄중히 비판하지 않을 수 없다.

지도자(국)의 길

지도자라는 말 자체는 비근대적인 용어이다. 그러나 현

44) 박웅진, 앞의 책, pp.305-306.
45) 박무성, 앞의 책, p.64.
46) 정경환, 앞의 책, p.72.

재 일반적으로 널리 사용되고 있기에 이를 전제로 지도자가 나아가야 할 올바른 길을 몇 가지로 요약하면 첫째, 위기 시 불안해하고 분열되어 있는 국민을 통합시키는 역할을 해야 한다. 둘째, 지도자(국)는 국민에게 용기를 심어주어야 한다. 절망의 나락에서 신음하고 있는 국민들에게 지도자는 희망의 메시지(message)를 확실히 제공해야 한다. 셋째, 지도자는 미래에 대한 비전(vision)을 제시해야 한다. 마지막으로 지도자는 확고한 원칙의 철학을 지니면서 사회의 문제들을 헤쳐 나가야 한다.

넷째, 주데텐문제의 해결과정에서 영국과 프랑스는 소련을 소외시킴으로써 사태를 악화시키는 요인이 되었다. 영국은 공산주의를 절대적으로 불신하고 있었다. 영국과 프랑스는 소련을 뮌헨협정에 제외시킴으로써 소련으로 하여금 고립화의 심리를 제공하여 이후 독·소불가침조약 체결의 요인이 되었다. 이러한 상황전개는 소련과의 집단안전보장체제의 성립을 통해 침략자 독일에 대해 공동대응하기보다는 독일로 하여금 전쟁을 유발하는 상황을 초래하였다.

(2) 체코슬로바키아 해체

뮌헨회담의 결과 체코슬로바키아는 국토와 인구의 1/3을 상실하였다. 히틀러는 독일국민에게 주데텐지방이 유럽에서 얻으려는 최후의 영토적 요구라고 했는데, 이러한 공언의 잉크가 채 마르기 전에 체코에 대한 병합야욕을 진행시켰다. 체코는 주데텐할양 이후 친독경향이 확산되어 나치스세력이 광범위하게 침투하고 있었다. 또한 체코 내의 분리독립 움직임을 히틀러는 교묘히 이용하였다. 슬로바키아민족의 분리운동에 히틀러는 관심을 가지고 지원하였고 그 지도자인 티소(Josef Tiso)의 활동을 격려하였다.

1) 전개과정

히틀러는 뮌헨회담이 있은 지 얼마 되지 않는 1938년 10월 21일, 독일 국방군에게 "남아있는 체코슬로바키아의 정책이 독일에 대해서 적대적으로 나오는 경우에는 언제든지 이를 분쇄할 수 있도록 준비태세를 갖추고 있어야 한다."라고 하였다. 이러한 체코에 대한 자신의 야심을 드디어 1939년 3월 13일 드러냈다. 체코가 슬로바키아의 분리독립운동으로 국내정세가 소란해진 가운데 히틀러는 티소와 두르칸스키를 베를린으로 불러, 즉시 독립을 선언하라고 지시했다.[47]

1939년 3월 14일 슬로바키아의회는 슬로바키아의 체코로부터의 분리독립을 선언하고 티소를 수반으로 하는 신정부를 수립하였다. 3월 16일에는 신정부의 자청에 의해 슬로바키아는 독일의 보호령이 되었다. 슬로바키아가 분리독립되는 날 밤 체코의 하하(Hacha) 대통령은 베를린에 도착하여 히틀러와 긴급회담을 갖는다. 이 자리에서 히틀러는 하하에게 위협을 가해 항복을 받아내었다. 3월 15일 독일군은 아무런 저항없이 체코의 수도 프라하로 진주하여 체코를 보헤미아(Bohemia)・모라비아(Moravia)・슬로바키아(Slovakia)로 나누어 보호령으로 만들었다. 이로써 체코슬로바키아는 공식적으로 해체되었다.

2) 의미

체코의 해체가 지니는 의미와 교훈은 현대국제관계사의 전개와 제2차 세계대전의 발발이라는 측면에서 볼 때 매우 크다고 할 수 있다. 히틀러는 1938년 9월 오스트리아를 병합하고 동년 10월에

47) 교육도서편집부(편), 앞의 책, p.254.

는 주데텐을 할양받은데 이어 1939년 3월에는 체코슬로바키아를 보호령으로 만드는 데에까지 이르렀다. 첫째, 체코의 해체는 영국과 프랑스가 히틀러의 침략에 아무런 조치를 취하지 못한 결과이다. 악화가 양화를 구축한다는 말이 있듯이 국제질서를 지켜야 할 영국과 프랑스는 구두에만 그치고 히틀러의 행위에 대해 실질적인 조치는 취하지 않았다. 국제질서에서 행동 없는 구호란 무슨 실효성이 있겠는가?

둘째, 히틀러는 체코의 해체를 계기로 해서 자신의 침략의사를 숨기지 않고 노골화하였다. 지금까지 히틀러는 주변여건·상황을 고려하여 신중을 거듭하였지만 체코의 합병과정은 이성을 잃은 작태였다. 셋째, 체코의 해체는 희생이나 진통이 없는 평화는 존재하지 않는다는 사실을 다시 한번 확인해주고 있다. 국제사회에서 평화를 정착하기가 얼마나 어려운 가를 분명히 인식할 수 있다.

넷째, 이제 세계는 이 사건을 중심으로 해서 일촉즉발의 위기국면의 상태에 이르렀음을 알 수 있다. 그리고 이후 히틀러의 일거수일투족이 관심의 대상이 되었다.

8 독·소불가침조약

제2차 세계대전 직전 전개된 국제관계사에서 가장 중요한 사건을 한 가지만 선택하라면 바로 '독·소불가침조약'이다. 제2차 세계대전이 일어난 발발배경을 살펴보면 다양한 사건들이 중첩되어 있지만 독·소불가침조약은 히틀러가 세계대전을 일으키는데 있어서 가장 확실한 담보장치였다.

(1) 배경

1) 폴란드 침략의 사전정지작업의 일환

체코슬로바키아를 병합시킨 뒤 히틀러는 제1차 세계대전 후 베르사이유조약으로 상실한 폴란드 일부지역에 대한 야심을 노골적으로 노정하였다. 독일과 폴란드 간의 갈등은 단치히(Danzig)와 폴란드회랑(Polish Coridor)문제에 집중되어 있었다. 단치히는 원래 독일의 영토였지만 제1차 세계대전 후 베르사이유조약에 의해 자유시(自由市)로 되었다. 국제연맹의 관리 하에 놓여 있지만 실제적으로는 폴란드가 장악하고 있었다. 폴란드회랑은 독일본토와 동프로이센의 중간지대에 위치하고 있는데, 길이는 250마일이고 넓이는 80마일로 베르사이유조약으로 폴란드에 복귀되었다.

단치히와 폴란드회랑은 독일과 폴란드 간의 오래된 갈등유발문제였다. 1920년대 이후 독일인의 비원은 실지(失地)회복이었는데, 단치히와 폴란드회랑은 대표적인 실지로 독일인들은 생각하고 있었다. 히틀러는 1935년 3월 재무장을 선언하고 1936년 3월 비무장지대인 라인란트지역에 진주함으로써 베르사이유체제의 타파와 실지를 회복하여 독일제국을 건설해야 한다는 것을 공공연하게 주장하고 있었다. 1938년 10월 1일 주데텐지역이 독일에 할양되자 히틀러는 1938년 가을부터 폴란드영토에 대한 야욕을 표출하기 시작하였다.

단치히문제가 본격적으로 거론되기 시작한 것은 1938년 10월 폴란드 내의 독일인들이 소요를 일으킨 이후였다. 폴란드에 거주하는 독일인들이 독일로 이주하기 시작하였으며 독일은 폴란드태생 유태인들을 다시 폴란드로 추방하기 시작하였다. 추방된 폴란드태생 유태인은 1만 5천 명에 달했다.[48] 이에 1938년 10월 24

일 독일외상 리벤트롭(Ribentrop)이[49] 주독 폴란드대사인 립스키(Lipsky)를 베르휘테스가덴에 초청하여 회담하였다. 여기서 리벤트롭은 단치히를 독일에 반환하고 독일본토-회랑-동프로이센을 잇는 교통로 부설을 강력하게 요구하였다. 이에 대해 립스키는 부정적인 반응을 보임으로써 양국 간에 갈등은 더욱 진척되었다.

1939년에 이르러 독일의 공세는 더욱 강화되었다. 1939년 1월 5일 히틀러는 베르휘테스가덴에서 폴란드의 베커(Becker) 외상을 만나 단치히문제와 폴란드회랑문제의 조속한 처리를 강력하게 촉구하였다. 나아가 1939년 3월 15일 체코의 정복이 끝난 직후인 3월 21일 리벤트롭은 립스키에 폴란드에 대한 독일의 요구를 단호하게 전달하였다. 이로써 양국 간의 정세는 심각한 상황에 직면하게 되었다. 히틀러는 1939년 4월 3일 독일국방군에 대해 "1939년 9월 1일 이후 언제든지 폴란드를 공격할 수 있는 준비태세를 갖추고 있으라."는 비밀지령을 내렸다. 히틀러에 있어서 폴란드침공은 자신의 동방계획의 실천을 위한 분수령적 의미를 지니고 있었다. 자신의 대외침략주의를 실현시킬 수 있는 척도로서의 의미를 지니는 것이 바로 폴란드의 점령이었다. 그래서 그는 폴란드의 원활한 점령을 위해 소련과의 협조관계를 필요로 하였다.

2) 영·불에 대한 위협정책의 일환

히틀러는 만약 독일과 소련이 협정을 맺는다면 영국을 비롯한 서방 측은 독일이 폴란드를 침공한다고 하더라도 결코 관여하지 못할 것으로 판단하고 있었다. 설사 전쟁이 일어난다고 하더라도

48) 김용구, 앞의 책, pp.713-714.

49) 리벤트롭은 1937년 11월 5일 비밀회의(호스바하각서 결정회의)시 히틀러의 견해에 반대의견을 표시한 노이라트 외상 후임임.

한정된 국지전으로 끝날 것으로 생각하였다. 당시 영국과 프랑스는 이미 나치즘와 파시즘에 대항하기 위한 공동전선을 확산시킬 목적으로 1939년 봄부터 소련과의 동맹결성을 위한 교섭을 진행 중에 있었다. 이때부터 유럽은 외교를 통합 이합집산으로 인해 매우 분주하게 돌아가고 있었다. 1939년 봄부터 여름까지 유럽의 국제관계사는 복잡미묘하게 전개되어 세계의 질서구축에 각국의 이해관계가 노출되어 첨예하게 대립되었다.

독일은 서유럽의 영・불과 동유럽의 소련을 동시에 대적한다는 것은 무리라는 판단 하에 소련과의 우호협력관계의 설정이 절실하였다. 소련과의 우호협력관계의 설정은 자연스럽게 영・불로 하여금 군사적 움직임을 억제하게 하는 요인이 되었다. 히틀러는 독·소불가침조약의 체결이 영・불에 대해서는 일종의 포위전략(enveloping strategy)의 역할을 할 것으로 믿고 있었다. 독·소불가침조약은 독일과 소련 양국 간에 군사적 협력관계가 조성되었음을 의미하기 때문에 독일이 폴란드를 공격했을 시 만약 영・불연합군이 개입할 경우 자연스럽게 소련도 개입하여 세계대전으로 갈 수 있다는 함의를 내포하고 있다.

3) 제2전선 형성의 봉쇄를 위한 조치

1939년 당시 독일은 군사적 동원체제가 완벽하게 구축된 상황이 아니었기 때문에 거대한 소련제국을 상대로 해서 전쟁을 치르기는 역부족의 상황이었다. 그래서 독일은 독·소불가침조약을 통해 전선의 확대를 막고자 했다. 이런 점에서 독·소불가침조약은 히틀러의 전선의 확대를 막기 위한 고육지책(苦肉之策)의 일환이었다. 이러한 입장은 소련에게도 그대로 적용되었다. 스탈린으로서도 장고봉사건, 노몬한 사건 등 국경지대에서 수없이 발생하는 일본과의 분쟁으로 매우 긴장상태에 놓여 있었다.

장고봉사건과 노몬한사건

장고봉사건은 일본군과 소련군이 최초로 충돌을 벌인 사건이다. 일본은 동아신질서 즉 대동아공영권의 형성을 위해 일본의 북방(소련)을 튼튼히 하고 남진(중국)을 계속한다는 방침을 세웠다. 그러나 소련은 대륙침략을 자행하고 있는 일본의 전력을 파악하고 소련에 대한 일본의 공격의지를 파악하기 위해 소련과 만주지역의 군사적 요충지인 장고봉을 점거해서 진지를 구축하였다. 이에 일본군은 1939년 7월 31일 새벽에 야습을 감행하였지만 소련군의 막강한 화력에 의한 공격으로 패퇴하고 말았다. 이 전투는 8월 11일 중지되었다. 노몬한사건은 소련과 일본사이의 국경분쟁인데, 만주서북부지방과 외몽고와의 국경지역인 노몬한에서 1939년 5월부터 9월까지 소련과 일본 사이에 대규모 무력충돌사건을 말한다. 쌍방 간에 항공기와 전차가 동원되어 일본군의 경우 1만 1천여 명의 사상자를 가져올 정도로 일본이 참패한 치열한 분쟁으로 기록되고 있다.

(2) 체결과정과 내용

당시 소련은 파쇼세력과 자본주의세력 사이에서 저울질을 하고 있던 상황이었다. 영국과 프랑스는 독일이 1939년 3월에 체코를 사실상 병합하자 충격을 받고 반파시즘의 기치를 걸고 소련과 교섭을 진행하였다. 소련은 적극적인 자세로 지역상호방위조약에 의거한 집단안전보장체제를 주장하였다. 소련의 집단안전보장체제 속에 독일도 포함시켜서 침략정책의 실종을 기도했지만 독일은 이에 개의치 않고 주변국에 대한 침략을 강화하자 영불과의 관계개선에 주목하고 있었다.

그러나 영·불은 공산주의에 대한 원천적이 불신이 뿌리 깊게 인식되고 있었기 때문에 소련과의 동맹에 처음에는 적극적 입장을 표명하지 않았다. 이런 와중에 소련의 불신이 가장 적나라하게 표출된 사건이 바로 주데텐문제의 해결을 위한 뮌헨회담이었다. 동 회담에서는 히틀러의 요구가 거의 반영되고 소련은 체코와 더불어 이 회의에 참여자체가 거부되었다. 이러한 뮌헨회담에 대해 소련은 영국과 프랑스에 큰 배신감을 느끼고 침략정책을 노골적으로 전개하고 있던 독일에 대한 단독전상황으로까지 치달을 줄 모르는 상황에서 매우 불안한 상태에 놓여 있었다.

이미 이때부터 소련은 대독일정책에서 변환의 기운이 싹트고 있었다. 소련은 1939년 4월 18일 영·불·소 간의 3국원조조약의 체결을 주장하였다. 이는 소련으로서는 영·불에 대한 최후의 주장이라고 할 수 있었다. 소련이 주장한 3국원조조약은 "3국 중 1국에 대한 침략행위가 있을 시에는 피침략국의 요청과는 관계없이 군사적 원조를 포함하는 모든 종류의 원조를 할 것"과 "3국은 발틱해로부터 흑해의 사이에 위치하고 또한 소련에 접경하는 동구국가에 대해 침략이 있을 경우 군사적 성질의 원조를 포함하여 모든 종류를 제공할 것" 등의50) 내용으로 구성되어 있었다.

이러한 제의에 대해 동유럽에 세력을 확장을 하고 있던 소련에 기본적 불신감을 지니고 있던 영불은 회의적인 반응을 보였다. 영·불은 결코 이념적·체제적 불상용(不相容)으로 인해 소련과 파시즘은 결코 연대하지 않을 것으로 굳게 확신하고 있었다. 그러

50) 박웅진, 앞의 책, p.311.

나 국익 앞에서는 이념도 사상도 없다라고 하는 국제질서의 냉엄한 현실 앞에 영국과 프랑스는 직면하게 되었다. 자신의 성의를 다한 최후의 제의가 영·불에 의해 일언지하로 거절당하자 소련은 5월 3일 집단안전보장체제의 주창자였던 리트비노프(Litvinov) 외상을 전격 교체하고 친독분자인 몰로토프(Molotov)를 임명하였다.

몰로토프의 기용은 여러 가지의 함축된 의미가 있다. 우선 영·불의 기회주의적 속성에 의혹을 나타내고 있다는 소련의 속내를 드러낸 것이다. 다음으로 극동전선의 노몬한에서 5월 11일 일본과 대규모 무력충돌이 발생하자 전선의 확대를 우려한 소련은 독일에 대한 우호적인 입장을 나타낸 것이다. 영국 챔벌린 정부의 소련에 대한 불신으로 인해 영·불과 소련 간의 교섭이 더 이상 진척되기 어렵다고 판단한 소련은 자국의 이익을 확보하고 안정을 보장하기 위한 수단으로 독일과의 협조를 추구하였다.

독일 역시 자신의 국가이익으로 볼 때 소련과의 협력관계는 매우 중요하였다. 이에 독일은 소련에 압력을 가하고 파시즘진영의 확고한 단결을 과시하기 위해 5월 22일 베를린에서 강철협정(The Pact of Steel)로 알려지고 있는 독·이동맹조약(Treaty of German-Italian Alliance)을 조인하였다. 이 조약은 군사적 내용이 포함된 공격적인 내용을 지니고 있는 것으로[51] 히틀러의 적극적 외교공세의 일환이었다. 이 조약은 단순히 방어적인 것이 아니라 공격적 동맹(offensive alliance)으로 이제 구라파열강은 완전히 파시즘세력과 민주세력의 양진영으로 대립하게 되었고 다만 자본주의권외에 있는 소련의 귀추만이 큰 주목거리가 되었다.[52]

51) 조약의 내용은 위의 책, p.313 참조.
52) 위의 책, p.313.

거의 비슷한 시기에 영・불과 소련은 외교적인 교섭을 진행하였으나 난관에 봉착하고 있었다.[53)]

이처럼 급변하는 정세변화 속에서 거의 기습적이고 전격적으로 8월 23일 독·소불가침조약(Treaty of Non-Aggression between German and USSR)이 체결되었다. 독·소불가침조약은 챔벌린의 우유부단한 외교의 실패의 결과이자 히틀러의 공격적 외교의 승리라고 평가할 수 있다. 히틀러가 독·소불가침조약을 체결한 의도는 서부유럽에 대한 침략 시 배후로부터의 위협을 제거하자는 것이고 스탈린은 적군(Red army)을 정비하고 제반 전쟁준비에 필요한 시간을 벌자는 의도였다. 즉, 독·소불가침조약은 히틀러의 입장에서는 양면작전을 회피할 목적이었고, 스탈린은 전쟁준비를 위한 시간을 획득할 목적으로 맺어진 조약이었다.[54)] 이처럼 양국간에 이해관계가 맞물려 조약이 체결되었던 것이다. 그러면 동 조약의 내용을 알아보도록 하자. 동 조약은 비밀의정서(Secret Additional Protocal)를 포함하고 있다. 히틀러가 승리를 만끽하였던 독·소불가침조약의 주요 내용은 다음과 같다.

1. 양체약국(兩締約國)은 상호 상대국에 대해 단독이든 타국과 공동이든지를 불문하고 폭력의 행사, 침략적 행동을 하지 않을 것을 약속함.
2. 양체약국은 일방이 제3국의 공격대상으로 되었을 경우, 타체약국은 어떠한 형식으로라도 그 제3국을 지원하지 않는다.
3. 양체약국정부는 장래 양국의 공동이해에 관계있는 제문제에 대해 서로 정보교환을 위해서 상시 협의하고

53) 1939년 4월 14일부터 8월 23일까지 전개된 영·불과 소련 간의 외교적 교섭에 대해서는 김용구, 앞의 책, pp.720-721 참조.
54) 주시후, 『전쟁사』(파주: 한국학술정보, 2007), p.319.

접촉을 계속한다.

4. 양체약국 다 같이 상대국에 직접 또는 간접으로 대항하는 어떠한 국가집단의 형성에도 참가하지 않는다.[55]

비밀의정서는 폴란드지역의 영토적·정치적 재배치가 이루어질 경우 폴란드의 분할을 언명하고 있다.[56]

(3) 의미와 교훈

독일과 소련 간의 동맹조약체결은 하나의 획기적인 사건이 아닐 수 없다. 나치즘은 그 성립 당초부터 볼셰비즘의 타파를 기본목표로 삼았으며 히틀러의 정권장악 이후 독일나치는 반볼셰비즘의 선전으로 팽배해 있었다. 극우정치명분을 갖고 있는 나치즘과 프롤레타리아독재를 정치명분으로 삼고 있는 볼셰비즘의 악수는 당시의 사람들에게는 이해할 수 없을 정도로 충격적인 사건이었다.[57] 이 독·소불가침조약은 당시 구주국을 포함한 전 세계를 경악시켰다. 세계는 어디로 갈 것인가? 독일이 의도하는 바는 과연 무엇인가? 어찌 나치즘과 볼세비즘이 서로 동맹을 맺을 수 있는가? 라는 의문이 꼬리를 물었다. 나치즘과 공산주의의 결합은 상식을 뛰어넘는 것으로 어떤 경우라도 이해하기 힘든 것이었다.

독·소불가침조약이 지니고 있는 의미와 교훈은 첫째, 형식은 불가침조약으로 되어 있지만 실질적으로는 폴란드에 대한 침략인정 조인서이다. 독·소불가침조약은 국제열강들의 전형적인 국가이기

55) 박웅진, 앞의 책, p.315.
56) 비밀의정서의 구체적 내용은 위의 책, p.316 참조.
57) 김용구, 앞의 책, p.722.

주의의 산물이다. 국제관계의 냉엄한 역학관계를 실증적으로 보여주는 가장 대표적인 사건이 독·소불가침조약이다. 인간관계에서 가장 중요한 덕목은 흔히 신뢰라고 하지만 국제관계에서 가장 실질적인 행동인자(行動因子)는 다름이 아니라 국가이익임을 새삼스럽게 보여주는 사건이 독·소불가침조약이라고 할 수 있다.

둘째, 독·소불가침조약 대신 영·불·소동맹관계가 맺어졌더라면 히틀러의 침략야욕은 무산되었을 것이다. 이런 점에서 독·소불가침조약은 세계정세에 대한 정확하고 거시적인 분석력을 가지지 못한 영국과 프랑스정부의 외교적 무지의 결과물이다. 동 조약은 외교의 중요성을 새삼 절감하게 하게 한다. 외교는 한 국가의 운명뿐 아니라 세계분쟁과 전쟁을 조장하기도 하는 요소임을 동 조약의 체결을 통해 확인할 수 있다. 다시 말하면 동 조약은 전쟁과 외교의 관계성의 중요성을 재확인해주는 상징적 사건이다. 전쟁의 기운은 엄습하고 있는데 오직 평화에 대한 환상만을 가지고 전쟁을 회피하려고 했던 영국과 프랑스의 외교적 도피행각의 말로가 바로 독·소불가침조약의 체결이다.

셋째, 독·소불가침조약은 전쟁(침략정책)의 실현을 위한 히틀러 외교의 귀결적 의미를 지니고 있다. 흔히 히틀러는 "전쟁광", "미치광이", "정신파탄자"로 단순히 혹평하고 있는데 제2차 세계대전 직전의 히틀러의 외교적 행각을 볼 때 이러한 평가는 완전히 잘못되었음을 알 수 있다. 히틀러는 어떤 목표를 향해서 가는 치밀하고 완벽한 외교전략의 진수를 스스로 보여주었는데, 그 대표적인 사건이 독·소불가침조약이다. 우리는 이를 타산지석의 교훈으로 삼아야 한다. 독·소불가침조약의 체결은 히틀러에게 있어서 세계전 확대를 위한 가장 확실한 청신호였다.

넷째, 국제사회의 냉엄한 현실을 다시 한번 인식하는 계기가 된다. 인류의 역사는 전쟁의 역사이다. "평화를 원하거든 전쟁을 준비하라"는[58] 말이 있듯이 평화를 갈구하기 위해서는 평소 전쟁을 막을 수 있는 전쟁을 위한 준비를 해야 한다. 다소 모순적인 말이긴 하지만 진정한 평화는 전쟁을 대비하는 국가의 몫임을 잊어서는 안 된다. 전쟁억제를 위한 우리 인류의 노력은 계속되어야 할 것이다.

3. 히틀러외교정책의 성격과 평가

지금까지 제2차 세계대전이 발발하기까지의 유럽에서 전개된 외교의 과정을 면밀히 살펴보았다. 제2차 세계대전은 이미 언급한 바와 같이 히틀러가 아무런 정지작업 없이 무턱대고 일으킨 전쟁이 아니었음을 알 수 있다. 히틀러는 나름대로 치열한 외교전을 전개하여 확실하다고 생각한 시기를 택해 세계를 대상으로 하여 전쟁을 자행한 것이다. 이런 점에서 우리는 히틀러의 외교정책에 대해 분석할 필요성을 느끼게 된다. 이 글에서는 히틀러 외교정책의 특징과 그 의미에 대해 고찰하고 있다.

(1) 히틀러외교정책의 특징

히틀러외교정책의 특징은 주로 제2차 세계대전 직전의 사례를 중심으로 해서 몇 가지로 요약한 것이다. 첫째, 미래에 대한 분명한 계획을 세워놓고 장애요인을 제거하는 과정의 일환으로 외교정책을 설정하고 있다. 현실은 늘 장벽으로 가득 차 있다. 국제관계에서 한 국가나 지도자가 설정한 목표를 달성하기 위한 수단에는

58) 로마의 군사전략가 베게티우스(Vegetius)의 말이다. "If you want peace, prepare for war"

여러 가지가 있으나 외교정책은 가장 유효한 수단이라고 할 수 있다. 사실 외교정책만큼 흥미를 자아내고 복잡한 정책결정의 측면은 찾아보기 어렵다. 그래서 그런지 정책결정을 위한 수단과 목적의 합리적 모델을 찾기도 어렵다.[59]

이런 점에서 히틀러외교정책은 외교정책의 새로운 모델을 제시해주고 있다는 점에서 매우 주목되고 있다. 외교정책은 한 국가가 자국의 국익을 증진하고 보호하기 위하여 수립한 정책으로, 외교목적(목표), 외교전략, 외교전술의 세 부분으로 성립되어 있다.[60] 히틀러는 외교를 동방계획의 실천을 위한 전략적 수단으로 삼고 있다. 그래서 그의 외교정책은 강력한 목표지향성을 지니고 있다.

둘째, 히틀러의 외교정책은 외교적 목표가 설정되면 "거침없이" 극한적 태도를 표명하는 벼랑끝외교전략(brinkmanship policy)의 진수를 보여주고 있다. 외교정책 수행은 주로 협상에 의하여 해하여지는 바, 협상에는 설득(persuasion), 타협(compromise), 그리고 위협의 세 방법이 사용된다.[61] 히틀러는 주로 위협의 방법을 통해 자신의 목적을 성취해 나갔다. 외교에서 위협이란 일방당사자가 타방당사자로 하여금 당초에 요구한 대상물이나 조건을 변경하도록 하기 위하여 타방당사자에게 자기 요구를 관철하려면

59) Kenneth W. Thomson · Roy C. Macridis, "The Comparative Study of Foreign Policy," Roy C. Macridis(ed.), *Foreign Policy in World Politics* (New Jersey: Prentice-Hall, Inc. Englewood Cliffs, 1976), p.1(No aspect of policy making is more intriguing and complex than foreign policy. … it is difficult to apply a rational model of means and ends to a decision taken).

60) 박상식, 『국제정치학』(서울: 집문당, 1985), p.225.

61) 위의 책, p.228.

보다 큰 댓가를 치루어야 한다고 경고하는 것을 말한다.[62]

히틀러의 이러한 벼랑끝외교전략은 현실에서 상대에 대한 공갈과 협박으로 나타난다. 그는 위기국면을 조성해서 상대방을 굴복시키는 외교정책을 능수능란하게 구사하였다. 이러한 그의 공갈과 협박전술은 오스트리아, 주데텐 및 체코를 병합하고 점령할 때 그대로 통용되고 있다.

셋째, 히틀러의 외교정책은 상대방에 대한 분열책을 교묘하게 구사하는 정책으로 정평이 나있다. 그는 상대의 허점과 약점을 적절하게 이용하여 적전분열책을 교묘하게 구사하였다. 제2차 세계대전 직전 유럽의 외교사의 전개에서 이러한 히틀러의 적전분열책은 영·불 간의 상호불신 조장, 영·불과 소련 간의 이간 등 다양한 차원에서 전개되었다. 이렇게 볼 때 히틀러에 있어서 외교정책이란 타협을 위한 과정이 아니라 선전선동을 위한 수단에 불과한 것이다.

마지막으로 히틀러의 외교정책은 내부를 통합시키고 자신의 침략야욕을 성취하기 위한 수단으로 특징지을 수 있다. 그는 생존권을 확보하고 제3제국으로 건설하겠다는 확고한 목적에 외교정책을 귀일시켰다. 그에게 있어서 동방계획은 외교의 궁극적인 목표이자 자신의 정치사상의 이상이었다. 그래서 그는 동방계획의 실천을 위해서는 그 어떤 위협과 공갈도 서슴지 않았다. 하나의 목표를 향해 나아가는 히틀러의 외교정책에 현실은 결코 장벽이 되지 못했다. 여기에 더해 영·불의 유화정책은 자신의 동방계획의 실천을 더욱 더 원활하게 하는 윤활유 역할을 하였다.

62) 위의 책, p.229.

(2) 의미

첫째, 히틀러 외교정책의 전개를 통해 우리는 베르사이유체제라는 것이 얼마만큼 허약하고 무력한 것인가를 새삼스럽게 깨닫게 되었다. 베르사이유체제의 성격이 아무리 세력균형체제라고 하지만 이렇게 히틀러의 공갈협박술에 그냥 아무런 조치도 없이 무너지리라고는 그 어느 누구도 일찍이 알아차리지 못했다. 침략자에게는 결코 유화적인 외교대응만으로는 효과성이 없다는 역사적 사실을 우리는 분명히 인식해야 한다. 히틀러의 등장과 그의 외교정책의 원숙한 구사는 베르사이유체제가 더 이상 유럽을 지탱시키는 체제적 성격을 상실했음을 확인해주는 것이라고 할 수 있다.

둘째, 민족국가로 구성되어 있는 세계질서에서 평화체제의 구축이 얼마만큼 어렵는가를 다시 한번 확인해주고 있다. 세계질서는 평화를 지향하고 있지만 그 질서 속에는 질서를 깨트리는 침략자·독재자·패권주의자들의 야심이 도사리고 있음을 잊어서는 안된다. 히틀러의 외교정책은 자신이 설정한 민족이익을 확대팽창하려는 야심의 결과물이다. 이에 반해 세계는 자유를 기초로 하는 평화를 향해 나아가고 있다. 주권과 국가이익을 가진 민족국가가 존재하는 한 세계이익 간의 충돌은 상시적으로 일어날 개연성이 높다. 히틀러 외교정책은 비록 역사적 사건이지만 민족이익과 세계이익 간의 충돌이 각 대륙별로 전개되고 있는 작금의 상황에서 우리가 침략자에 대해 어떻게 대처해야 하는가에 대한 기본적인 의문에 대한 해답을 제공해주고 있다. 나아가 침략자의 외교정책의 특징과 전략에 대해서도 이해할 수 있는 기초를 제공해주고 있다.

셋째, 제2차 세계대전의 발발과 히틀러외교정책 간의 관계를 통해 우리는 히틀러외교의 치밀성과 영·불외교의 조잡성을 알 수 있게 한다. 외교의 잘못은 한 국가의 운명은 물론이고 나아가 세계의 운명을 송두리째 바꿀 수 있다는 사실을 분명히 각인시켜주고 있는 것이 히틀러와 영불의 외교정책이다.

우리는 목표를 향해 나아가는 히틀러의 철두철미한 외교전략과 이에 반해 순진무구한 영·불외교의 차이점을 통해 많은 역사적 교훈을 얻게 된다. 제2차 세계대전 발발은 보다 냉정하고 객관적으로 분석하면 히틀러의 동방계획의 실천을 위한 일환이라기 보다는 영·불외교의 실패에서 그 단초를 발견할 수 있다.

4. 제2차 세계대전 직전의 국제관계사 연구의 교훈

제2차 세계대전의 발발과정을 매우 구체적으로 살펴보았다. 과연 제2차 세계대전은 어떻게 일어나게 되었는가? 제2차 세계대전을 히틀러의 오랜 숙원인 '동방계획'의 실천을 위한 침략전쟁으로 단순화시킬 수 있는가? 모든 사건과 문제는 일원적인 원인으로 발생하지 않는다. 다양한 요인들이 중첩해서 발생하는 것이 일반적인 경향이다. 필자는 제2차 세계대전은 히틀러의 동방계획의 실천을 위한 제국주의정책과 사태를 안이하게 판단한 영·불외교의 실패가 합쳐져서 발생했다고 확신하고 있다. 그러면 제2차 세계대전의 발발과정에 대한 연구를 통해 우리가 얻을 수 있는 의미와 교훈에 대해 구체적으로 알아보도록 하자.

첫째, 평화라는 것은 이상적인 사고와 인식 그리고 희구에서만 성취할 수 있는 것이 아님을 우리는 제2차 세계대전의 국제관계사를 통해 확인할 수 있다. 평화란 원한다고 해서 현실화될 수 있는 것이 아니다. 국제사회에서 평화체제의 구축은 힘에 의한 국익추구라는 차원에서 전개되는 것이 일반적이다.

둘째, 영국과 프랑스는 독일과 히틀러에 대해 너무 무지하였다는 사실이다. 국제사회에서 상대에 대한 무지와 몰이해는 비싼 대가를 치른다는 사실을 제2차 세계대전은 우리에게 말해주고 있다. 제1차 세계대전을 일으켰던 전범국인 독일의 제국주의적 침략성을 잊어버린 채 전쟁혐오증으로 전쟁만을 피하려고 했던 영국과 프랑스의 행동은 너무나 패배주의적 행태라고 비판하지 않을 수 없다.

히틀러는 전쟁준비를 착착 계획대로 진행시키고 있었던 것에 반해 영국은 독일의 이러한 행동을 애써 무시하고 독일에 양보를 거듭하였다. 히틀러는 침략에 대한 확고한 계획을 현실에서 외교를 통해 진행하고 있었는데, 영국과 프랑스는 "설마" "혹시나"라는 생각으로 대독 유화정책으로 일관하였다. 침략자에 대해서는 침략의 의도를 간파하고 이를 분쇄하는 것이 가장 확실한 침략의 제어방법이다. 그러나 이처럼 너무나 당연한 방법은 도외시하고 양보정책으로만 일관한 영국과 프랑스는 인류의 역사에 지울 수 없는 죄를 저질렀다고 비판하지 않을 수 없다.

셋째, 침략에 대한 분명한 의지를 지니고 있는 인물과 국가에 대해서 지나친 양보정책은 그 상대로 하여금 오판을 야기시키는 계기가 된다는 역사적 교훈을 체득할 수 있다. 침략자에 대해서는 침략의 의도를 철저히 인식하고 이를 분쇄할 수 있는 보다 전략적인 정책과 전술을 구사해야 한다. 침략자에 대해 대화와 타협은 하되 평화를 지키겠다는 심지어 최후의 순간에는 전쟁을 할 수 있다는 확고한 각오가 되어있다는 의지를 분명히 보여야 한다. 침략성을 지니고 있는 인물과 국가에 대해서는 보다 적극적인 대응자세가 요청된다.

넷째, 적전분열현상은 일시적인 위안은 될 수 있으나 궁극적으로 사태해결책이 될 수 없다는 사실이다. 영국과 프랑스는 자신들의 얄팍한 국가이익 때문에 즉, 자신만 살기 위해 얕은 꾀를 쓰다가 결국 "함께 죽는" 결과를 초래하고 말았다. 적이 엄습할 때에는 적의 공격 대상국은 기존의 갈등을 완전히 청산하고 적을 물리치기 위한 공동전선을 구축하여야 한다. 영국과 프랑스는 제2차 세계대전을 막을 수 있는 공동전선을 형성할 기회가 수없이 많았으나 자국의 이익만을 위하다가 결국은 제2차 세계대전을 초래하고 말았다는 사실을 망각해서는 안 될 것이다.

5. 제2차 세계대전의 성격과 그 의미

제2차 세계대전은 이미 살펴본 것처럼 1935년 3월 16일 히틀러가 베르사이유조약의 군사조항을 폐기하고 재무장을 선언함으로서 이미 시작된 것이라고 할 수 있다. 히틀러는 독일민족의 위대한 제국건설이라는 자신의 동방계획에 따라서 1939년 9월 1일 전격적으로 폴란드를 침공함으로써 제2차 세계대전은 개전되었다. 제1차 세계대전이 끝난 지 21년만에 다시 유럽은 전쟁터로 변모하고 말았다. 9월 3일 영국과 프랑스가 나치스의 침략행위에 전면전을 선포함으로서 제2차 세계대전은 본격적인 전개가 시작되었다.[63] 그러면 제2차 세계대전의 성격과 그 의미에 대해 구체적으로 알아보도록 하자.

63) 제2차 세계대전의 전개과정은 이번 책의 초판에서는 생략되었다. 다음 판에서는 연구를 진행하여 제2차 세계대전의 전개과정을 보다 구체적으로 서술할 생각이다.

제1차 세계대전(1914-1918)의 성격

제1차 세계대전과 제2차 세계대전의 성격은 매우 다르다. 제1차 세계대전은 영토분할을 둘러싼 제국주의 국가 간의 모순구조가 극대화된 전쟁이라고 할 수 있다. 서구제국은 산업혁명의 여파로 자본주의적 경제질서가 고도로 발전되자 경제자원과 상품시장 등을 독점적으로 획득하기 위한 식민지쟁탈전을 치열하게 전개하고 있었다. 제국주의는 그 스스로 팽창력 때문에 이를 규율할 그 어떠한 힘도 삼켜버리고 말았다. 인류의 역사는 제국주의라는 문명구조에 짓눌러 질식하였다. 이러한 제국주의의 충돌이 현실에서 나타난 것이 제1차 세계대전이다. 제1차 세계대전의 표면적인 이유는 1914년 6월 28일 오스트리아 황제 페르디난트(F. Ferdinand)의 암살사건으로 알려져 있지만 본질적인 원인은 제국주의의 영토분할을 위한 갈등에 있다.

첫째, 제2차 세계대전은 전체주의에 대한 민주체제의 승리라고 규정지을 수 있다. 제2차 세계대전은 민주주의와 파시즘 간의 결전이라는 성격을 지니고 있다. 1933년 1월 히틀러의 나치체제의 등장은 민주체제에 대한 엄청난 위협이었다. 라스키(H. Laski)는 파시즘을 '문명의 적'(enemy of civilization)이라고 규정하였다. 문명은 이성에 의존하는데 파시즘은 이성을 부정하기 때문에 이성의 적이라는 것이다. 이성에 대한 불신은 전체주의의 가장 중요한 특징이다. 파시즘은 동의에 의한 통치(government by consent)를 부인하고 획일성의 지배(government by uniformity)를 강조하고 있다. 또한 반자유주의적 성향을 노골화하고 있고 여기에다 자본주의와 사회주의를 반대하고 있다.[64]

64) 파시즘의 내용과 비판에 대해서는 정경환, 앞의 책, pp.112-143참조.

나치즘은 민주주의의 기본원칙을 파괴하고 있는 사상이다. 나치즘의 반민주성을 확연하게 알 수 있는 사상은 지도자 원리이다. 나치즘의 지도자원리는 지도자와 국민 간의 동의를 기본으로 하는 민주주의의 기본원칙과 질서를 파괴하고 유린하는 사상이다. 나치즘에서 강조하고 있는 지도자의 절대성은 국민으로부터 자발적으로 부여된 권력의 양태가 아니라 바로 국민의 희생과 추종을 전제로 한 것이다. 지도자는 결코 절대화 내지 신격화되어서는 안 된다. 지도자의 권력은 반드시 국민의 지지를 전제로 할 때 그 정당성을 가질 수 있다. 권력의 정당성을 국민에 뿌리를 두어야지 국민에 대한 의무와 책임이 명확해질 수 있다.[65]

제2차 세계대전은 지금까지 인류가 경험한 최대규모의 전쟁으로 교전국가만 61개국에 이른다. 파시스트의 침략에 대해 49개국이 뭉쳐서 전쟁을 치렀다. 이념과 체제가 다른 국가들이 연합국을 형성하여 민주주의의 깃발 아래 투쟁했고 그리고 희생했다.

지도자원리

히틀러 개인의 절대성을 강조하기 위한 나치즘의 대표적인 정치사상 나치즘에서 지도자는 민족전체의지의 운반자이자 민족의지의 구현자이다. 즉 지도자는 민족공동체의지를 구체화하는 유일한 매개체로서 민족, 운동 및 국가 3자를 그 일신에 통합하고 있다. 지도자원리에서 지도자의 권한은 절대성을 갖는다. 지도자원리의 지도형식은 하부에 대한 권위와 상부에 대한 책임의 형식으로 되어 있다. 이처럼 지도자원리는 히틀러에 대한 절대적 충성심을 이끌어내기 위한 원리이자 지도자에 대한 일체의 비판과 반대를 봉쇄하기 위한 논리성을 가지고 있다.[66]

65) 위의 책, pp.79-81('나치즘에 대한 비판' 중).

둘째, 제2차 세계대전은 자본주의의 모순구조가 적나라하게 드러나는 계기가 되었다. 이는 제2차 세계대전의 원인적 성격이라고 할 수 있다. 제1차 세계대전 후 자본주의는 전반적인 위기(general crisis)라 불리는 새로운 단계로 접어들었다. 1929년부터 1933년 사이의 대공황은 세계자본주의 체제를 뿌리 채 흔들어 놓았다. 경제대공황은 순수한 경제적 문제의 차원을 넘어 정치적·사회적·사상적인 역사현실을 잉태하였다. 미국의 경제공황은 세계공황으로 연결되어 각국의 정치질서는 일대위기를 초래하였다.

당시 세계경제의 견인차 역할을 하던 미국경제가 1929년 10월 29일 뉴욕의 주식시장에서 주가가 대폭락하여 일대 공황상태에 돌입하는 사건이 발생하게 되었다. 미국 증권시장에서의 증권폭락은 예상외로 악화되어 불황이 전 세계로 파급되어 즉시 2,500만 명의 실업자가 가두로 나오게 되는 결과를 가져왔다. 미국, 기타 각국의 투자가들은 공채·주식을 방매하기 시작하고, 미국은 유럽의 정부와 사기업에 대한 융자를 거절했다. 이리하여 세계의 금의 60%가 미국의 금고 속에 사장되었고 공업제품과 식료품이 시장에 넘쳐흘렀다. 미국은 목화밭을 갈아엎고 캐나다는 밀을 불사르고 브라질은 커피를 바닷물에 처넣었다. 1929년에서 1932년에 이르기까지 세계의 물가는 약 3분의 1로 전락하고 세계무역은 60% 이상 감소했다.[67]

경제대공황은 19세기 이후부터 반복된 일반적인 경기변동의 한 예로 보기에는 그 공황의 규모가 너무나 큰 것이었다. 경제대공황이라는 자본주의적 위기 속에서 발생한 것이 파시즘이다. 경제위

66) 나치즘의 지도자원리의 내용과 비판에 대해서는 위의 책, pp.69-83 참조.

67) 조좌호, 『세계문화사』(서울: 박영사, 1980), p.521.

기를 자본주의경제의 필연적 결과라고 주장하는 사회주의 세력에 대한 반항으로 대두된 것이 파시즘인데, 파시즘은 민주정치의 기반을 완전히 붕괴하고 경제군사화 조치를 강화함으로써 민주주의와는 완전히 정반대되는 길을 걸었다. 제2차 세계대전의 발발 배경이 자본주의경제체제와 연계시켜서 설명할 때 우리가 분명히 인식해야 할 것은 자본주의가 지니고 있는 문제점에 대한 경계심을 가지고 문제점을 방치하여 확산할 경우 또 다른 파시즘이 등장할 개연성이 높다는 것이다.

셋째, 제2차 세계대전은 세계의 기존구조를 붕괴시키는 결과를 가져왔다. 제2차 세계대전의 종결을 기점으로 해서 파쇼세력은 역사의 무대에서 사라지고 세계의 민주적·진보적 세력이 비약적으로 발전되는 계기를 조성하였다. 민주주의라는 기치 하에 뭉쳤던 자유민주주의와 사회주의 간의 양극구도를 가속화하는 상황이 조성되었다. 자유민주주의와 사회주의의 공동의 적이었던 파쇼세력이 붕괴되자 자본주의경제를 기초로 하는 자유민주주의세력과 사회주의경제를 기초로 하는 사회주의 세력 간에 대립이 표면화되었다. 이제 세계정치는 이념적 대결(ideological showdown) 구도로 전환되는 중요한 계기가 되었다.

넷째, 제2차 세계대전이 종결됨으로서 미국의 존재가치를 극대화시키는 결과를 가져왔다. 미국은 제2차 세계대전에 병력을 직접 투입하는 방식보다는 무기를 대여하고 물자를 제공하는 방식의 참전방식을 취하였다. 그러나 1941년 12월 7일 일본이 진주만을 기습하고, 독일과 이태리가 미국에 대해 12월 11일 선전포고를 하자, 미국은 전통적인 고립주의에서 벗어나서 태평양과 유럽전쟁에 적극적으로 대응하기 시작하였다. 즉, 당시 미국의 대외정책은 고립주의로 일관하고 있었지만 진주만기습사건 이후 미국은 적극적으로 제2차 세계대전에 참전하게 되었다.

> **고립주의(isolationalism)**
>
> 고립주의는 미국의 제5대 대통령인 먼로(Monroe)가 1823년 제창한 미국의 대외정책의 한 종류이다. 이는 유럽과 미대륙 간의 상호불간섭을 골자로 하는 것이다. 고립주의 하에서 미국의 국력은 크게 신장되었고 미국의 대외적 안전과 미국사회의 순수성을 지켜준다고 생각한 것이 고립주의의 중요한 기본 골자이다.

다섯째, 제2차 세계대전은 아시아·아프리카·라틴 아메리카의 식민지국가들의 탈식민지화(decolonization) 현상을 촉발시키게 하였다. 제3세계(the third world)라 불리우는 비동맹세력권이 등장함으로서 세계질서구축에 변수요인이 되었다. 이러한 비동맹세력이 국제무대에서 본격적으로 등장하게 된 시초는 1955년 4월 18일부터 24일까지 개최된 반둥회의이다. 제2차 세계대전에서 민주주의가 승리함으로서 식민주의적 제국주의 국가들의 국력이 약화됨과 동시에 정치적 지배의 배제와 빈곤으로부터의 해방을 주요 목표로 한 식민지의 민족해방운동은 활성화되었다.

여섯째, 소련은 제2차 세계대전 때 연합국의 일원 중 가장 많은 피해를 입었지만 대전으로 인해 소련의 정치·경제·군사적 지위는 완전히 고조되었다. 그래서 소련을 위시한 동구권을 포괄한 사회주의 세력권이 확대되는 결과를 가져왔다. 인민민주주의가 세계적 규모로 확산되어 소련을 중심으로 하는 하나의 새로운 블록이 형성되는 결정적 요인을 제2차 세계대전은 제공하였다.

참고문헌

강정인, "니콜라 마키아벨리-서양 근대정치사상의 탄생," 강정인외(엮음), 『서양 근대정치사상사 : 마키아벨리에서 니체까지』,서울: 책세상, 2007.

교육도서편집부(편), 『대세계역사』, 서울: 교육도서, 1989.

김순규, 『신국제정치론』, 서울: 박영사, 1988.

김용구, 『세계외교사(하) : 제1차대전에서 냉전질서의 형성까지』, 서울: 서울대학교출판부, 1990.

김학준, 『소련정치론』, 서울: 일지사, 1984.

대학국민윤리교육연구회(편), 『국민윤리』, 서울: 대왕사, 1978.

박상식, 『국제정치학』, 서울: 집문당, 1985.

박웅진, 『구주외교사』, 서울: 형설출판사, 1981.

성황용, 『근대동양외교사』, 서울: 2005, 명지사.

오기평, 『세계외교사 : 비엔나에서 진주만까지』, 서울: 박영사, 1994.

이기택, 『현대국제정치이론』, 서울: 박영사, 1997.

이상우, 『국제정치학강의』, 서울: 박영사, 2005.

이상우, "21세기의 도전과 한국의 대응," 박광희(편), 『21세기의 세계질서 : 변혁시대의 적응논리』,도서출판 오름, 2003.

이용희, 『미래의 세계정치』, 서울: 민음사, 1994.

정경환, 『21세기 정치와 현대이데올로기』, 부산: 신지서원, 2000.

조좌호, 『세계문화사』, 서울: 박영사, 1980.

주시후, 『전쟁사』, 파주: 한국학술정보, 2007.

최재인, 『조국통일을 위한 승공철학』, 서울: 미래문화사, 1981.

마키아벨리(저)·한상범(역), 『군주론』, 서울: 대양서적, 1980.

아돌프 히틀러(저)·서석연(옮김), 『완역판 나의 투쟁』,서울: 범우사, 1998.

Forsyth, Murray and Maurice Keens-Soper, *A Guide to The Political Classics* (New York: Oxford University Press,

1988), 부남철(옮김), 『서양정치사상입문 : 플라토에서 루소까지』, 서울: 한울, 2003.

Morgenthau, Hans J., *Politics among Nations,* New York: Alfred A. Knope, 1985.

Thomson, Kenneth W., · Roy C. Macridis, "The Comparative Study of Foreign Policy," Roy C. Macridis(ed.), *Foreign Policy in World Politics,* New Jersey: Prentice-Hall, Inc. Englewood Cliffs, 1976.

5

냉전의 발단과 기원

현대국제관계사를 연구해보면 겉으로 드러나는 현상만으로 사건의 진면을 추적하기가 어려운 경우가 많이 있다. 모든 대상이나 문제 그리고 사건은 반드시 현상과 본질로 구성되어 있다. 현상이란 경험적 인식의 기초로서 감각기관에 의해 경험적 양식으로 인식할 수 있는 범위로 한정되어 있다. 반면 본질은 사물을 규정하고 있는 본래적 성격을 말한다.[1] 흔히 "열길 물속은 알아도 한길 사람 속은 모른다."는 말이 있다. 한 개인도 이러하거늘 복잡한 원인과 발생과정을 함유하고 있는 국제관계사의 제반 사건의 경우 겉으로 드러나는 현상과 그 현상 속에 내재된 본질 간에는 깊은 차이점을 발견할 수 있다.

냉전이 이루어진 발단배경을 보면 단순히 어떤 시기에 냉전이 형성된 것이 아니라 다양한 요인들이 결합되어 냉전이 형성되었음을 알 수 있다. 여기서는 냉전의 발단배경을 심리학적인 측면과 현상에 깊이 들어 있는 본질적인 측면에서 다루어 보고자 한다. 국제관계는 다양한 민족이익이 충돌하는 현장이다. 그리고 세계이익과 민족이익은 접점을 찾지 못하고 항상 지역별로 갈등을 심화

1) 정경환, 『사회현실의 인식』(부산: 이경, 2008), pp.34-35.

시키고 있다. 세계의 보편적인 가치는 민족이익 앞에 제대로 힘을 발휘하지 못하는 경우가 국제관계에서는 흔하게 발견되고 있다. 복잡미묘한 현장인 국제관계를 분석하고 조망할 때에는 보다 냉철한 분석력과 판단력이 요청된다.

1. 연구의 목적

냉전의 발발배경과 기원을 공부하고 연구하는 목적은 과연 무엇인가? 모든 연구에는 반드시 그에 합당한 연구의 지향점이 있어야 한다. 냉전의 기원에 대한 연구는 단순히 과거 역사에 대한 지적 욕구의 결과물이 되어서는 안 된다. 냉전의 기원은 그 시점에서 형성된 것이 아니라 과거사의 결과물이다. 그렇기 때문에 냉전의 기원은 과거사와 직접적으로 연결되어 있을 뿐더러 이어지는 이후의 역사에도 깊은 연계성을 지니고 있다. 냉전의 기원에 대한 연구는 오늘의 문제와도 바로 직결되어 있음을 분명히 인식해야 한다.

첫째, 냉전시대를 보다 정확히 이해하기 위해서는 냉전이 발달된 배경과 원인에 대한 정확한 분석이 이루어져야 한다. 냉전시대는 전후 약 반세기 가까이 우리 인류의 역사를 지배했다. 비록 1989년을 계기로 해서 냉전이 종식되었다고 하지만 여전히 이념에 의한 대결구도를 그 기본적 특징으로 하고 있는 냉전구조는 부분적으로 남아 있다. 냉전은 우연히 자연발생적으로 시대의 흐름에 의해 이루어진 것이 아니라 내재화된 원인으로 인한 것이다. 그래서 냉전시대를 정확히 이해하기 위해서는 냉전을 유발하게 한 냉전의 기원과 원인에 대한 설명이 전제되어야 한다.

둘째, 냉전의 기원에 대한 학습을 통해 우리는 다시는 이념의 굴레에 메이지 않고 자유를 얻기 위해서는 보다 열린 의식이 필요함을 절감하게 된다. 냉전이라는 것은 타방(他邦)에 대한 일체의 인정과 공존의식의 부재를 의미한다. 이념투쟁의 최후의 결론은 전쟁이다. 이념투쟁을 기본적인 성격으로 하는 냉전시대는 타협이나 화해의 분위기는 존재하지 않고 존재하는 것은 오직 증오와 미움의 상승곡선 뿐이다. 진정한 자유를 얻기 위해서는 부당한 상대방에 대한 징계나 응징의 자세도 필요하지만 다른 한편으로는 상대와의 공존의식을 가지고 지속적인 대화의 분위기 조성이라는 열린 자세도 필요함을 느끼게 된다.

셋째, 냉전의 기원을 통해 우리는 국제질서를 움직이는 기본속성은 자국의 국가이익임을 알 수 있다. 인간 자체는 주로 이기주의적 속성을 가지고 있다. 자기를 중심으로 해서 사회와 세상을 보려고 하는 것은 너무나 당연하다고 말할 정도로 일반화되어 있다. 이러한 인간의 속성이 국가와 국제사회에도 그대로 전이되어 냉전시대에는 국가적 이기주의가 폭 넓게 발산되었다. 각국들은 블록정치와 동맹정치라는 냉전의 구조를 통해 자기 블록 이외의 국가에 대해서는 철저히 배격하는 불신의 풍조를 확산하였다. 이러한 국가 간의 이기적 욕구는 냉전시대 내내 시대를 움직인 중요한 동력이 되었음을 냉전의 기원을 통해 알 수 있다.

2. 냉전의 발단배경 : 독·소전쟁과 제2전선형성문제

제2차 세계대전은 미국, 영국 및 소련의 대연합(Grand Alliance)으로 히틀러의 세계제패야욕을 물리친 상징적 사건이다. 미국을 중심으로 하는 자본주의국가들과 소련을 중심으로 하는 사회주의국가들은 이념적 차이에도 불구하고 파시즘 타도를 위해 협력하였다. 특히 독·소전쟁의 발발은 미·소관계의 급속한 진전을 가져왔다. 독일은 1941년 6월 22일 새벽 3시경 소련에 대해 침공을 개시하였다. 서부유럽에 대한 공략 시 배후로부터의 위협을 제거하고자 독·소불가침조약을 맺었던 독일은 세계사에 있어서 가장 큰 규모의 공격으로 평가되는 독·소전쟁을 감행하였다.

히틀러는 일찍부터 소련의 광대한 영토와 무진장한 자원을 탐내왔다. 그의 저서 『나의 투쟁』에서는 우크라이나의 곡창, 우랄의 지하자원, 코오카서스의 유전, 시베리아의 삼림자원 등에 대한 열병과도 같은 욕망이 표현되어 있으며, 이것이 이른바 '생활권'(Lebensraum)이라는 환상이다.[2] 그는 아리안인종의 세계사 창조에 러시아를 방해되는 존재로 인식하고 있었고, 또한 영국과 소련이 유럽의 안정을 해치고 있다고 판단하고 있었다. 그래서 히틀러는 동방계획의 제1차적 목표인 소련에 대한 침공을 감행하였다. 이후 일본이 1941년 12월 7일 미국의 진주만을 기습공격함으로써 유럽의 전쟁은 세계의 전쟁으로 발전하게 되었다. 이후 12월 11일 독일과 이태리가 미국에 선전포고함으로 해서 독일, 이태리, 일본을 중심으로 하는 침략국과 연합국의 대결구도가 형성되었다.

당시 루즈벨트는 소련은 비록 독재국가이지만 미국의 국익에 결코 위험스러운 존재가 아니고 나치독일에 비해 훨씬 덜 위험한 존재로 판단하고 있었다. 뿐만 아니라 독일에 대한 성공적인 공격을 위해서라도 미국은 소련의 대독전선을 강화시켜주어야 한다고 생각하고 있었다. 그래서 미국은 1941년 가을 '무기대여법'을 소련에도 적용하여 100억 불 이상을 무기대여비로 지출하였다. 미국은 전체 방위비의 14%인 436억 불을 무기대여비로 지출하였는

2) 육군사관학교전사학과, 『세계전쟁사』(서울: 일신사, 1993), pp.358-359.

데, 그 가운데 111억 불을 소련에 할당하였다. 소련의 경우, 그 내용을 보면 1945년 5월말까지 비행기 1만 5천 대, 전차 1만 3천 대, 트럭 42만 7천 대, 지프 5만 대, 철강 2백만 톤, 알리미늄 42만 톤이었다.[3)]

소련은 이러한 미국의 무기원조가 없었다면 파죽지세로 몰려오던 독일의 침략을 막기 어려웠을 것으로 생각된다. 미국의 군사원조가 없었다면 설사 소련이 독일의 침략을 물리쳤다고 하더라도 상상하기 어려운 대참변을 당했을 것으로 판단된다. 그래서 1943년 11월에 개최되었던 테헤란회담에서 스탈린이 루즈벨트에게 "만약 미국이 보내주는 비행기가 없었더라면 전쟁에 지고 말았을 것이다."라고 솔직하게 감사의 뜻을 표시하였던 것이다.[4)]

그러나 이러한 표면적인 소련에 대한 협조분위기에도 불구하고 미국과 영국 특히 영국은 전쟁 내내 공산주의에 대한 반대입장(Anti-Bolshevism)을 버리지 않았다. 이러한 반공주의가 가장 여실히 드러난 사건이 바로 '제2전선(the second front)의 형성 문제'였다. 영국은 전후 유럽에서 소련의 지배적 지위에 대해 심히 우려를 표명하고 있었다. 향후 거대한 소련의 군사력에 대항할 수 있는 국가는 존재하지 않는다고 판단하였다. 소련은 411만의 현역군(붉은 군대)과 304만의 예비군을 포함해 합 715만 명의 막강한 군사력을 보유하고 있었다. 과거 국제관계사에서 전개된 수많은 사건에서 소련과 사사건건 대립했던 영국으로서는 공산주의 팽창에 대해 위협을 느끼고 있었다.

당시 영국은 1940년 5월 10일 챔벌린이 병세의 악화로[5)] 사임

3) 교육도서편집부(편), 『대세계역사』(서울: 교육도서, 1989), pp.327-328.
4) 위의 책, p.328.
5) 챔벌린은 췌장암으로 1940년 11월 9일 사망하였다.

하자 "개인적 용기를 가지고 역사를 만든"6) 반공주의자 처칠(Winston Churchill, 1874-1965)이 수상으로 재임하고 있었다. 처칠은 제2차 세계대전을 연합군의 승리로 이끌어 이른바 '대영제국의 영광'과 세계의 자유를 지킨 위대한 정치가로 "살아있는 역사"라고 해도 과언이 아니다. 즉 그는 유럽에서 히틀러의 패권주의를 패배시키고 민주주의를 회복시키는 데 결정적인 역할을 한 장본인으로 평가할 수 있다. 그는 히틀러에 대한 영국의 저항의 상징으로 그동안 히틀러에 대한 영국의 챔벌린 정권의 유화정책에 대해 끊임없이 비판해왔다.

그래서는 그는 수상으로 취임(5월 10일)한 후 열린 영국의회에서의 연설(5월 13일)에서 다음과 같이 침략자에 대한 결연한 의지를 표명하였다.

> 내가 여러분에게 제공할 수 있는 것은 피와 노력과 눈물과 땀 이외엔 아무 것도 없습니다. 우리의 정책이 무엇이냐고 여러분은 물을 것입니다. 그에 대해 본인은 이렇게 대답하겠습니다. 바다와 물과 하늘에 있어서 우리 고유의 힘과 신이 주실 수 있는 모든 힘을 들여서 싸우는 일이며, 암담하고 통탄할 만한 인류의 극악목록에 있어서 지금껏 아직 그 유(類)를 볼 수 없었던 극악의 악계(惡計)와 싸우는 일입니다.7)

처칠의 항전의지를 가장 극명하게 보여주는 대표적인 사례를 '덩케르크철수작전'이라고 할 수 있다. 덩케르크(Dunkirk)는 도버해협에 있는 프랑스북부의 항구도시이다. 독일군에 포위가 된 연합

6) 토인비의 언급.
7) Winston Churchill, *The Second War*, 정명진(역), 『처어칠(Ⅰ)』(서울: 한림출판사, 1975), p.187.

군을 철수시키는 과정에서 처칠은 전쟁지도자로서의 탁월한 리더십을 발휘하였다. 당시 덩케르크에는 영국군과 프랑스군이 주축이 된(폴란드군 및 벨기에군도 포함) 연합군이 독일군을 피해 교두보를 형성하고 있었다. 당시 연합군은 벨기에를 점령한 독일 C집단군(보그 장군)과 남쪽의 A군(룬트슈데트 장군)의 협공작전에 걸리게 되어 항복이냐? 전멸이냐? 아니면 탈출이냐? 라는 기로에 놓이게 되었다.

이러한 선택의 기로에 선 연합군을 구하기 위해서는 반드시 남쪽에 있는 항구 칼레를 사수할 필요가 있었다. 처칠은 비장한 각오로 칼레를 수비하고 있는 니콜슨 여단장에게 "정부는 귀군(貴軍)을 철퇴하지 않기로 결정했다. 귀하들의 한 시간 한 시간은 영국원정군에게 가장 큰 도움이 된다. 귀하들의 장렬한 분전에 대해서 찬사를 바치지 않을 수 없다."라면서 눈물의 메시지를 보냈다. 처칠의 이 메시지는 우군을 구출하기 위해서 희생이 되어달라는 것으로 니콜슨 여단은 3일 동안 영웅적인 투쟁 끝에 전원 옥쇄했다. 처칠은 연합군을 구하기 위해서 요트·유람에 이르기까지 사람을 운반할 수 있는 배는 전부 동원하였는데, 860척에 이르렀다. 그 바닷가에서 병사들은 줄을 지어 배를 탈 차례를 기다리고 있었다. 이 때 수백 대의 독일 비행기가 폭격을 가하였으나 처칠의 명령에 의한 영국비행기가 활약을 하여 수백 대의 독일 비행기가 추락되었다. 이러한 사투 끝에 6월 4일 철수를 마감하였는데, 이 때 살아남은 연합군은 영국군 22만 4,580 명 주로 프랑스군으로 된 연합군 11만 2,546 명을 포함한 합 33만 7,130명이다.

철수가 완료된 당일 처칠은 의회에서 다음과 같이 자신의 견해를 강력하게 피력하였다.

> 우리는 결코 힘과 용기를 잃지는 않을 것입니다. 프랑스에서 싸우고 바다에서 싸우고 또 하늘에서 싸울 것입니다. 어떤 희생을 무릅쓰는 한이 있더라도 조국을 지킬 것입니다. 우리는 바닷가에서 싸우고 상륙한 지점에서 싸우고 들이나 도시에서 싸우겠습니다. 절대로 항복은 하지 않습니다. 항복이라는 것은 어떤 순간에도 생각할 수 없는 일입니다. 가령 이 섬의 대부분이 점령을 당하게 된다 하더라도 그때에는 해외에 있는 우리 제국이 영국해군을 무기로 해서 세계의 구제와 해방을 위하여 일어설 때까지 이 투쟁을 계속하겠습니다.[8)]

이러한 역사적인 덩케르크의 철수작전에도[9)] 불구하고 독일은 파죽지세로 밀어붙여 6월 15일 프랑스를 함락시켰다. 이때 프랑스의 지도자인 드골은 영국으로 탈출하여 대독항전의지를 강력하게 표출하였다. 6월 18일 BBC 방송을 통해 드골은 다음과 같이 역사적인 발언을 하였다.

> 희망은 사라질 수밖에 없는 것이겠습니까? 패배는 결정적인 것이겠습니까? 아닙니다. 내가 말하는 것을 믿어주십시오. 나는 깊이 생각한 끝에 프랑스는 아무 것도 잃지 않고 있다고 여러분에게 알리는 것입니다. … 나 드골은 지금 런던에 있습니다. 무기를 들고 혹은 빈손으로 영국 영토에 있는 또는 영국으로 탈출해 온 모든 프랑스 장교와 병사에게 호소합니다. … 무슨 일이 생길지라도 프랑스의 저항의 불길은 꺼져선 안 되며 또 꺼지지도 않을 것

8) Winston Churchill, *Their Finest Hour*, 황성수외(역), 『자랑스러운 영국민(Ⅰ)』(서울: 중앙서관, 1982), pp.155-156.

9) 처칠은 덩케르크철수작전에 대해 "그것은 영국의 전사(戰史)에 찬연한 광휘(光輝)를 나타내는 한 삽화로서 오래오래 기억될 것이다."라고 언급하였다. Winston Churchill, *The Second War*, 정명진(역), 앞의 책, pp.208-209.

입니다. 내일도 오늘과 마찬가지로 런던방송을 통해 나는 이야기 하겠습니다.

그는 6월 19일에도 BBC방송을 통해 다음과 같이 말했다.

> … 프랑스 사람으로서 아직도 무기를 지니고 있는 자는 모두 저항을 계속할 절대적 의무를 갖게 됩니다. … 일어서라! 프랑스의 병사들이여! 제군이 지금 어디에 있을지라도 지금 그 자리에서 일어서라!

이러한 드골의 항전에 대한 호소는 프랑스의 레지스탕스의 불꽃을 지피는 계기가 되어 6월 22일 패탱과 히틀러 간의 휴전협정조인식을 전면 거부하기에 이르렀다. 당시 히틀러는 프랑스만 함락한다면 영국은 대독항전의지가 꺾일 것으로 생각하였다. 영국과 더불어 연합군을 구성하고 있는 양대 축인 프랑스가 정복당한 뒤 영국 단독으로 독일에 전쟁을 한다는 것은 상상하기 어려운 일이었다. 당시 미국은 고립주의외교정책을 고수하고 있었기 때문에 프랑스와의 전쟁종결로 자본주의진영과의 전쟁은 종결될 것으로 히틀러는 판단하고 있었다. 그러나 이러한 판단은 히틀러의 오산에 불과하였다.

만약 프랑스가 함락될 당시 영국의 수상이 유화적이고 병약한 챔벌린이었다고 한다면 제2차 세계대전의 양상은 완전히 다르게 전개되었을 것이 분명하다. 그러나 영국의 수상은 챔벌린이 아니고 철저한 항독의지를 지니고 있던 처칠이었다. 처칠은 독일의 침략행위가 서부지역에 대해 전면전 양상을 띠자 전시내각을 조직하고 독일에 대한 투쟁의지를 강력히 표명하였다. 히틀러는 영국이 고립된 상황에서 화평에 응할 것으로 판단하고 스웨덴, 교황청 및 미국을 통해 교섭하였으나 처칠은 "우리는 최후까지, 최후의 1인까지 싸운다."면서 결코 굴복하지 않았다.

이제 히틀러가 선택할 수 있는 길은 영국에 대한 전면적인 공격뿐이었다. 영국에 대한 효율적인 공격을 위해 가장 시급한 것은 제공권을 장악하는 것이었다. 그래서 히틀러는 1940년 7월 16일 영국에 대해 "8월 말까지 공격준비를 완료해야 한다."는 비밀지령을 독일국방군에게 하달하였다. 그러나 모든 것이 히틀러의 뜻대로 되지는 않았다. 당시 영국해군은 1천 척 이상의 경계정을 가지고 엄격히 바다를 경계하고 있었고 하늘에서는 정찰기가 항상 감시상태에 있었다.

독일공군은 영국의 공군력을 파괴하기 위해 8월에 들어서면서부터 대규모의 공습을 전개하기 시작했다.[10] 8월 15일 900대의 독일전투기·폭격기가 영국을 무차별 공격하였다. 영국은 결사항전하여, 독일전투기 76대가 격추되었고 영국전투기는 34대가 격추되었다. 9월부터는 영국의 수도 런던에 융단폭격을 감행하였다. 6일에는 68대의 전투기가 나타나 야간폭격을 감행하였고, 7일에는 3백대의 독일비행기가 나타나 폭격을 하였다. 9월부터 11월 3일까지 2달 간 매일 밤 평균 200대의 폭격기가 런던을 습격하여 런던은 완전히 초토화되었다. 그러나 런던시민은 동요하지 않았다. 독일은 영국의 강한 저항으로 인해 '하늘의 벽'을 깨뜨리지 못했다. 지도자 처칠의 용기는 영국 국민들이 단결하는 결정적인 계기가 되었다.

처칠이 집무를 하는 수상관저도 파괴가 되고 10월 15일 밤에는 480대의 대규모 폭격기가 나타나 추정치 386t의 폭탄과 7만 개

10) 교육도서편집부(편), 앞의 책, p.284.

의 소이탄을 투하하였다. 영국국민들은 상처투성이가 될수록 더욱 더 강해졌다. 11월 중순부터는 코벤트리, 버밍엄, 리버풀, 만체스터 등 지방공업도시에 집중포격을 가하여 런던의 경우 150만의 가옥이 파괴되었고, 코벤트리의 경우 가옥이 거의 전소되는 지경에까지 이르렀고, 포츠마우드의 경우 7만 호 가운데 5백 호만 성할 정도로 폭격의 강도는 강했다. 1941년 말까지 독일비행기는 적어도 19만 발의 폭탄을 투하한 것으로 알려지고 있다. 이로써 영국국민 4만여 명이 사망하였고 5만여 명이 중상을 입는 결과를 낳았다.

이같이 예상치 못한 영국의 저항으로 인해 서부전선을 완전히 평정치 못한 상태에서 히틀러는 소련침략을 강행했다. 독일은 1941년 6월 22일 153개 사단(300만 명, 독일육군의 75%), 전차 3,580대, 항공기 2,740대(독일공군의 61%)를 동원하여 발트해에서 흑해사이의 2천마일 전선을 기준으로 해서 레닌그라드, 모스크바, 우크라이나를 목표로 하여 세 갈래로 일시에 소련을 침략했다. 양 측은 죽느냐? 사느냐? 라는 기로에서 완전히 사투를 벌였다. 스탈린은 "마지막 피의 한 방울까지 싸우지 않으면 안 된다."고 인민들에 항전을 호소하였다.

스탈린은 '초토화작전'에 입각하여 "소군이 철퇴할 때에는 우리의 귀중한 물자가 적의 손에 들어가지 않도록 모두 파괴해라"는 명령을 소련군에게 하달하였다. 이로써 경제성장으로 어렵게 구축한 산업화의 결과가 모두 파괴되는 비운을 소련은 삼켜야만 했다. 10월에 이르러 독일군은 모스크바 시내 30마일까지 진격하였다. 스탈린은 수도고수를 천명하면서 최후의 일각까지 싸울 것으로 요구하였다. 이러한 스탈린의 항독의지는 러시아인에게 단결할 수 있고 독일에 저항할 수 있는 힘을 안겨주었다. 수백만 명의 러시아병사들은 “조국을 위하여!” “스탈린을 위하여!”라고 외치면서 전선에서 죽어갔다.

이처럼 독일과 혈전을 벌이고 있던 스탈린은 연합군에게 제2전선을 강력히 요구하였다. 제2전선의 형성문제는 당시 소련외교정책의 핵심이었다. 매우 절박한 상황 하에서 소련은 독일군의 전력분산을 위해 제2전선의 필요성을 강조하였다. 그러나 영국과 미국은 독일의 직접적인 지상공격을 받지 않고 있는 형편이어서 소련의 입장보다 훨씬 여유가 있는 처지였다. 이러한 양측 간의 의견대립으로 인해 상호불신은 매우 증폭되고 있었다.

스탈린은 미·영이 제2전선의 실시를 연기하는 것은 소련에 대한 배반행위라고 생각하고 있었다. 미·영은 스탈린에 대해 깊은 불신감과 의혹을 표하고 있었는데, 히틀러가 자신의 침략야욕을 세계적 규모로 전개해준 이는 다름이 아니라 스탈린이라고 믿고 있었다. 즉 스탈린은 자신의 국익을 위해 침략자 히틀러의 독일과 독·소불가침조약을 체결함으로써 독일로 하여금 침략의 의지를 북돋아 주었다는 것이다. 독·소불가침조약에 의해서 양국은 폴란드를 분할하였고, 동 조약으로 인해 1939년부터 1940년까지 독·소관계는 매우 긴밀하였는데, 대표적인 사례가 1940년 2월 11일 독·소경제협정의 체결이다. 이 협정을 통해 소련은 독일에 대해 1년 간 90만 톤의 석유와 500만 톤의 철광석을 수출하였다. 독일은 소련의 이러한 지원덕분으로 서방과 전쟁을 진행하고 있는 것으로 영·미는 판단하고 있었다. 그래서 당시 소련은 자본주의국가와의 전쟁을 부추기는 존재로 연합국 측에 의해 파악됐기 때문에 제2전선 문제도 이러한 불신의 맥락에서 지연되고 있다고 소련은 판단하고 있었다.

그러면 독·소전쟁과 제2전선문제가 지니는 국제관계사적 의미를 지적하도록 하자. 첫째, 제2전선 형성문제로 인한 소련과 연합국 간의 의혹과 불신은 냉전구도를 앞당기는 계기가 되었다고 분석할 수 있다. 둘째, 영・미와 소련 간의 이념적 불상용(不相容)은 서로 화해할 수 없는 관계임을 보다 확실하게 해주는 요인이 되었다. 이러한 요소들이 냉전의 결정적 씨앗이 된 것으로 볼 수 있다. 셋째, 독·소전쟁을 통해 우리가 느끼는 사항은 여러 측면에서 고찰할 수 있는데, 우선 독·소전쟁은 독일의 동방계획의 정점화라는 사실이다. 그리고 독·소전쟁은 신뢰구축이 없는 가운데에서의 불가침조약은 결코 안정보장의 수단이 될 수 없다는 사실이다. 다음으로 독·소전쟁을 통해 히틀러의 치밀한 전략과 스탈린의 치밀치 못한 전략의 차별성을 확실하게 절감할 수 있다. 그러나 히틀러는 종심이 길고 추위가 심하여 제대로 된 지구적(持久的)인 군사전략을 펴기에 많은 문제점을 지니고 있는 소련을 너무 과소평가했음을 독·소전쟁을 통해 다시 한번 확인할 수 있다.

3. 냉전의 기원

냉전의 기원에 대해서는 여러 학설이 있으나 여기서는 모두를 소개하여 종합적으로 고려해서 그 의미를 고찰하고자 한다. 냉전의 기원이 된 사건으로서는 첫째, 얄타회담 둘째, 동유럽의 공산화와 봉쇄정책 셋째, 트루먼독트린 등을 들 수 있다.

1 얄타회담(The Yalta Conference, 1945.2.4-11)

얄타회담은 전후질서를 처리하기 위한 전시 하 연합국회담 중에서 가장 중요한 회담으로 평가되고 있다. 흑해에 면한 지금의 우크라이나의 특급휴양지 얄타에서 열린 얄타회담은 전후 세계질서를 개편하는 중요한 조치를 내려다는 점에서 그 회담의 중요성을 아무리 강조해도 지나치지 않는다. 미국의 루즈벨트(Franklin D. Roosevelt), 영국의 처칠(Winston L. S. Churchill) 및 소련의 스탈린(Joseph V. Stalin) 3거두가 모인 얄타회담은 독일붕괴가 거의 확실해지는 상황에서 열렸다. 1944년 6월 6일 노르망디(Normandie)상륙작전을 성공적으로 진행한 연합군은 8월 24일 파리를 해방시킴으로써 결정적인 승기를 잡았다. 이제 독일의 패배는 기정사실화되었다. 이런 상황에서 전후문제를 처리하기 위해 미·영·소의 정상들이 모인 것이다.

이 자리에서 전후처리문제를 둘러싸고 미·소 간에는 현저한 이해관계의 대립이 초래되었다. 이런 점에서 얄타회담은 전후 세계에 새로운 세력균형을 만들어 놓은 획기적인 회의로 평가할 수 있다. 얄타회담은 국제정치의 각종 문제를 해결하였다기보다는 오히려 전후의 각종 국제문제를 야기시키는 요인을 만들었다는 비판이 많았다.[11] 과연 얄타회담에서 어떠한 일이 일어났고 미·영·소 간에 무엇이 합의되었기에 얄타협정에 대한 대논쟁(great discussion)이 지속되고 있는가? 얄타회담이 유럽의 전후질서를 완전히 구획하고 자유주의진영과 공산주의진영 간의 대립적 양상이라는 냉전의 씨앗을 뿌린 회담으로 평가되고 있는 이유는 무엇인가? 과연 얄타회담에서는 어떤 일이 일어났고 무슨 내용들이 열강들 간에 합의되었는가? 흔히 냉전체제를 얄타체제(the Yalta system)라고 명명하는 이유는 무엇인가? 그러면 얄타회담에서 결정된 제반 사항에 대해 알아보도록 하자.

11) 박무성, 『격동의 서양 20세기사』(서울: 한울, 2002), pp.234-235.

냉전(cold war)

냉전의 개념은 무엇인가? 개념이란 다양성 속에서 하나의 통일성을 추구하는 것이다. 그렇기 때문에 개념은 모든 연구의 출발점이라고 할 수 있다. 냉전이란 월트 리프만(Walter Lipman)이 최초로 사용한 말로 전쟁도 아니고(no war) 평화도 아닌(no peace) 일종의 신경전(nervous war)을 말한다.

(1) 합의 내용

1) 국제연합의 창설에 합의

얄타회담에서 결정된 사항은 매우 광범위하지만 여기서는 네 가지로 축약해서 언급하도록 한다. 얄타회담에서 열강들은 세계평화를 유지하기 위한 국제연합의 창설에 합의하였다. 루즈벨트는 자신의 평화체제를 위한 집단안전보장기구의 구성이라는 대구상의 실천을 위해서 스탈린에 대한 적극적 언사를 삼가했다. 그래서 스탈린에 대해 양보에 양보를 거듭하면서 스탈린의 무리한 요구도 수용하였다. 또한 당시 루즈벨트는 병색이 짙어가고 있던 상황이었기 때문에[12] 판단력의 행사에 일정한 범위 내에서 많은 제약을 받고 있었던 것으로 분석된다. 소련은 이러한 미국의 입장을 간파하고 자신의 이념의 확산을 위해 승부수를 던지는 전술을 폈다.

새로운 국제기구의 형성에 대한 출발선은 1941년 8월 14일 루즈벨트와 처칠의 '대서양헌장'(Atlantic Charter)을 기초로 하고 있다. 영국의 대서양 함선인 프린스 오브 웨일즈(The Prince of Wales) 선상에서 루즈벨트와 처칠은 8개항으로 된 공동선언을 발

12) 루즈벨트는 1945년 4월 12일 사망하였다.

표하였다. 이를 대서양헌장이라고 부르는데, 윌슨의 14개 조항을 토대로 하고 있다. 그 내용은 다음과 같다.

① 영토의 불확대
② 관계국민의 자유로이 표명한 희망과 일치하지 않는 영토불변경
③ 일체의 국민이 그 정체를 선택할 수 있는 권리의 존중
④ 모든 국민이 그 경제적 번영에 필요한 세계의 통상 및 원료의 균등조건 하에 있어서 이용촉진에의 노력
⑤ 모든 나라 사이의 경제적 분야에 있어서의 완전한 합의
⑥ 나치패망 후 모든 국민에게 대하여 그 국경 내에서 안전히 거주할 수 있는 수단을 공여하고 또 모든 나라의 국민이 공포 및 결핍으로부터 해방되고 그 생을 보전할 수 있는 평화의 확립
⑦ 모든 인류의 공해 및 대양에 있어서의 자유여행
⑧ 침략국의 무장해제, 평화우호국가의 군비축소, 광범하고 **항구적인 일반적 안전보장제도의 확립**[13)]

알타회담에서는 대서양헌장 제8항의 "항구적인 일반적 안전보장제도의 확립"이라는 내용에 근거하여 세계적인 집단안전보장기구에 대해 결정하였고 나아가 그 기구의 구성상의 문제에까지 합의하였는데, 즉 안전보장이사회의 5대 상임이사국의 거부권 소유문제와 4월에 샌프란시스코에서 UN창립 총회를 갖는다는 사실을 결정하였다.

13) 박웅진, 『구주외교사』(서울: 형설출판사, 1981), pp.361-362(진한글씨는 필자의 강조내용임).

유엔(UN)의 목적

얄타회담의 결정에 의거해 1945년 4월 25일 '국제기구에 관한 국가연합회의'로 알려진 샌프란시스코회의가 개최되었다. 여기서 연합국 50개국이 참여하여 합동으로 UN헌장을 채택하였다. 이후 10월 24일 정식으로 UN은 성립되었고 1946년 1월 10일 제1차 UN총회가 개최되었다. 전문과 19장 111조로 되어있는 UN헌장 제1조에 명기된 UN의 목적을 보면 다음과 같다. 유엔의 목적은 국제적인 평화와 안전을 유지하는 것이다.14)

2) 전후 독일문제의 처리

열강들은 "독일이 다시는 세계평화를 교란시켜서는 안 된다."는 기본 정신에 입각하여 침략국 독일문제를 처리하였다. 연합국의 수뇌들은 독일분할에 대해 원칙적으로 합의를 보았다. 독일문제는 그의 법적 지위가 최종적으로 결정될 때까지는 소련, 미국, 영국 간에 나누어 점령지역으로 점령한다는 것이었다. 추후에 서방 측 점령지역의 일부를 프랑스도 점령한다는 것이었다.15)

그리고 연합국들은 독일군국주의와 나치즘을 완전히 파괴해야 한다는 데 일치점을 보였을 뿐만 아니라 독일의 군대를 무장해제하여 완전히 해산시킨다는 것에 대해서도 합의를 보았다. 그리고 자연스럽게 독일참모본부를 영구히 파괴하고 군수산업을 제거해야

14) The purpose of the United Nations are to maintain international peace and security. UN의 창설에 대해서는 오기평, 『현대국제기구정치론 : 국제정치의 과업체계』(서울: 법문사, 1988), pp.53-63 참조.

15) 이기택, 『현대국제정치이론』(서울: 박영사, 1997), p.424.

한다는 데 대해서도 의견 일치를 보았다.

3) 극동문제에 대한 합의

당시 미국은 일본군의 전력을 과대평가하고 있었다. 미국이 일본의 본토를 공격했을 경우 적어도 100만 명의 병력 이상이 희생될 것으로 미참모본부는 판단하고 있었다. 그래서 루즈벨트는 태평양전쟁을 조기에 종식시키기 위해서는 반드시 소련군의 참전이 필요하다는 정세분석을 하고 있었다. 그래서 소련의 대일전 참여에 관한 전제조건을 거의 대부분 수용하는 자세를 취했다. 당시 소련이 대일전의 참전을 위해 내세운 조건은 다음과 같다.

> ① 외몽고에 있어서의 현상을 유지할 것
> ② 1904년의 일본국의 배신적 공격에 의해 침해된 러시아의 구권리가 다음과 같이 회복될 것.
> 가) 남사할린 및 인접도서를 소련에 환부(還付)할 것.
> 나) 상업항 대련을 국제항으로 하고 동항에 있어서의 소련권익의 특수지위를 보장하고 또 여순항의 소련군기지로서의 조차를 부활할 것.
> 다) 대련에의 연결선인 동청철도 및 남만주철도는 소중앙병합회에 의해 운영할 것.
> 라) 천도열도(天島列島, Kuri islands)는 소련에 인도할 것이다.[16]

미국은 이러한 소련의 주장을 그대로 수용하고 유럽에서 전쟁이 끝난 후 2,3개월 후에 소련이 연합국의 일원으로서 대일전에 참전한다는 것에 대해 합의하였다. 이러한 합의는 전시 하 연합국회담에서 미국이 취한 정책 중 가장 큰 오류로 지적되고 있다. 왜냐하

16) 박웅진, 앞의 책, pp.372-373.

면 미국은 일본의 전력을 과대평가했을 뿐만 아니라 TNT 2만 톤의 위력으로 예상보다 40배 이상의 폭발력을 발휘한 원자탄의 실용성을 제대로 인식하지 못했기 때문이었다. 그래서 미국은 대일전의 수행에서 부족한 힘을 소련의 참전으로 보충하고자 했는데 막상 전쟁을 치러보니 일본의 전력은 '종이호랑이'에 불과했다.

미국이 일본의 전력을 과대평가하여 대일전에 소련을 유도한 것은 한국의 비극적 상황인 분단을 낳게 하는 중대한 오류로 지적되고 있다. 이로써 미국은 전후 한국의 질서재편에 소련이 참여할 수 있는 합법적인 길을 열어주었다는 점에서 루즈벨트외교의 단견적 모습을 그대로 반영하고 있다고 하겠다.

4) 동유럽재편문제

이미 소련에 의해 해방된 핀란드, 불가리아, 헝가리 및 루마니아에 대한 소련의 기득권을 인정하기로 합의하였다. 문제는 폴란드였다. 폴란드문제는 얄타회담에서 심의된 문제 가운데 가장 논쟁을 거듭하고 곤란한 문제였다.[17] 영·미는 이태리상륙작전 전에 폴란드군 15만을 참가시키면서 약속한 폴란드에 대한 독립 약속을 잊을 수 없는 것이었다. 그러나 반면 소련은 폴란드를 점령하고 기정사실화한 입장에서 1915년, 1941년 2차에 걸쳐서 독일이 소련을 침략할 때에 폴란드는 폴란드 지도자들의 우호적인 조치에 기대해야겠다는 폴란드 할양을 강하게 주장한 것이다.[18]

이처럼 견해차가 컸던 폴란드문제는 동부국경의 커즌선(Curzon line)을 국경선으로 하는 것으로 합의를 보았다. 커즌선은 당초

17) 위의 책, p.372.
18) 이기택, 앞의 책, p.425.

스탈린이 주장한 것으로 루즈벨트는 소련을 대일전에 끌어들이기 위해 어쩔 수 없이 스탈린의 주장을 그대로 수용하였다.[19] 그리고 영국의 폴란드망명정부와 소련이 지지하고 있던 루블린 정부 간의 정통성문제로 인해 미·영과 소련 간의 주장이 팽팽한 긴장감을 보이는 가운데 폴란드문제에 대해 "해방된 국가의 인민은 자유로운 선거를 통해서 자기네의 정부의 형태와 구성을 한다."고 되었으나 실제에 있어서 폴란드는 소련군의 지배 하에 있었으므로 새로이 구성되는 폴란드 임시정부 인사는 친소련파로 채워지게 된 것이다.[20]

(2) 얄타회담의 의미

제2차 세계대전이 끝난 후 미·소는 공동의 적이었던 독일과 일본이 패배하자 전후처리문제를 둘러싸고 이해관계의 대립이 표출되었다. 이는 얄타회담 때 전후의 질서재편을 예견하지 못한 루즈벨트의 졸속외교의 결과라고 비판하지 않을 수 없다. 어떻게 보면 공산주의 역시 파시즘과 같은 전체주의의 성격을 지니고 있음을 간과하여 전후에도 소련과 협조체제가 지속될 것으로 인식한 서방진영의 너무나 낙관적이고 감상적인 대소 인식의 오류에서 냉전은 발생하였다고 할 수 있다. 이렇게 보면 얄타회담은 결과론적인 측면에서 볼 때 스탈린에게 승리의 축배를 안겨준 회담인 반면 루즈벨트와 처칠에게는 패배의 쓴잔을 안겨주었다고 평가할 수 있다.

얄타회담이 지니는 국제관계사적 의미는 다음과 같다. 첫째, 루

19) 당초 루즈벨트는 스탈린에 고도(古都)인 르보프(Lvov)와 석유지대 일부를 폴란드에 넘겨주어야 한다고 주장했으나 수용되지 못했다.
20) 위의 책, p.426.

즈벨트가 소련을 대일전에 끌어들인 것은 결론적으로 동북아에서의 세력균형을 소련에 결정적으로 유리하게 하는 요인이 되었다는 점을 지적할 수 있다. 미국의 수많은 외교정책의 시행 중 얄타회담에서 미국이 소련을 대일전에 참전하게 한 것은 가장 대표적인 실패 내지 오류로 평가할 수 있다. 둘째, 얄타회담을 통해 동구라파에 대한 소련의 기득권을 인정한 것은 대서양헌장에도 위반되는 도저히 이해하기 힘든 행위라고 아니할 수 없다. 특히 전략적 요충지로서 소련의 동구라파에 대한 전반적 지배를 위한 전진 기지로 이용될 수 있는 폴란드를 소련에 할양한 것은 대서양헌장의 주권회복의 원칙을 완전히 위배하는 것으로 비판하지 않을 수 없다. 이러한 폴란드의 양보는 공산주의적 전체주의의[21] 확산의 결정적 계기를 조성하였다는 점에서 얄타회담은 그 정당성을 잃고 있다고 평가할 수 있다.

셋째, UN의 결성을 흔히 얄타회담의 성과로 말하는 이가 많으나 거부권행사의 남발로 당초 예상했던 세계적 평화질서의 구축에는 실패한 것으로 결론 나고 말았다. 넷째, 얄타회담은 오히려 전후 냉전적인 불행의 씨앗을 배태한 회담으로 평가할 수 있다. 미국과 소련은 파쇼체제의 척결이라는 공동의 목적 하에 대연합을 구성하여 독일을 비롯한 파쇼세력에 대해 치열하게 싸웠으나 얄타회담을 계기로 해서 상대방에 불신과 의혹이 증대됨으로서 도저히 서로 타협하기 어려운 냉전상황으로 치닫게 했다. 이렇게 볼 때 얄타회담은 루즈벨트외교의 대소 저자세적 인식구조와 전략부재를

21) 전체주의에는 공산주의적 전체주의와 비공산주의적 전체주의가 있다. 비공산주의적 전체주의 정치체제의 대표적인 모형은 이탈리아의 파시즘과 독일의 나치즘체제를 들 수 있다. 이에 대해서는 김창희, 『비교정치론』(서울: 삼우사, 2005), pp.341-343 참조.

여실히 보여준 회담으로서 전후의 이념적 대결을 양극화하는 결정적인 요인이 된 회담이라고 할 수 있다.

2 동유럽공산화와 봉쇄정책

냉전의 기원에는 다양한 계기와 사건들이 있으나 얄타회담과 더불어 가장 중요한 요인으로서 동유럽의 공산화와 이에 대한 미국의 봉쇄정책을 지적할 수 있다. 제2차 세계대전이 종결된 후 1945년을 기점으로 하여 형성된 동서 간의 이념분쟁은 그 이후 40여년 간 우리에게 공포의 균형 속에서 끊임없는 긴장과 대립을 초래하였다. 냉전의 붕괴가 동구제국(the Eastern European bloc)의 민주화로 탈이데올로기(post-ideology)에 의해서 이루어졌듯이 냉전은 동구권의 공산화로 시작되었다. 얄타회담에서 동구권의 소련에의 편입에 대한 합의는 전후 유럽의 정치질서 재편에 결정적인 요인이 되었다.

폴란드, 루마니아, 불가리아, 체코, 헝가리, 알바니아 등 동유럽 및 발칸제국은 파시즘의 해방 대신 소련군의 점령으로 공산화되었는다[22), 이러한 동구권의 공산화의 현상을 미국은 소련의 기득권으로 인정하고 얄타회담에서 합의해 주었다. 이로써 동유럽의 공산화는 서구민주진영에 대한 소련의 완충역할을 하였다. 이후 유럽의 질서는 동서로 완전히 갈라지게 되는 계기가 되었다. 미국으로서도 당시의 객관적 상황을 완전히 무시할 수는 없는 상황이었다. 이를테면 동유럽 문제에 관해서도, 나치스 독일의 지배 밑에

22) 동유럽의 공산화과정에 대해서는 김달중, "동구공산정권의 수립과정," 김달중외(공저), 『동구의 정치 · 경제』(서울: 법문사, 1992), pp.14-30 참조.

있는 그 지역을 탈환하고 있었던 것은 소련의 군대였다. 동유럽 각국의 망명정부들은 대개 런던에 자리를 두고 있었지만, 실제로 독일군을 추격하여 그 지역에 진출하고 있는 것은 소련군이었으므로, 그 사실을 무시할 수 없었다.23)

전후 동구의 공산화과정

스탈린은 동구를 공산화하는 과정에서 직접적인 무력행사를 자제하고 인민민주주의노선에 따라 정권을 수립하였다. 왜냐하면 우선 붉은 군대의 대외적 이미지를 제고해야 하고 서방민주국가와의 충돌을 피하기 위해서였다. 여기서 인민민주주의(people's democracy)란 완전한 공산주의가 도래하기까지의 과도기적인 정치체제로서 비공산계급을 포함한 연립정권의 형태의 국가권력을 말하는 것으로 진정한 민주주의는 아니다. 시트 와트슨(Seton-Watson)의 동유럽 공산화 3단계설은 매우 현실성이 있는 주장으로 알려지고 있는데, 첫째가 순수연립의 단계(genuine coalition), 둘째가 사이비연립의 단계(bogus coalition) 셋째가 단일정권의 단계(monolithic regime)로 나누어지고 있다. 이러한 과정을 거쳐 유고를 제외하고 1940년대 후반까지 동유럽의 전 지역을 소련은 위성국(satellite state)으로 만들었다.

티토이즘

동구공산화에서 예외적인 존재가 바로 유고슬로비아이다. 유고는 티토(Josip B. Tito, 1893-1980)에 의해서 지도되고 있었다. 그는 제2차 세계대전 중의 빨치산 투쟁으로 유명하였다. 그는 소련의 일방적인 소비에트식 사회

23) 교육도서편집부(편), 앞의 책, p.352.

주의노선을 거부하고 유고 특유의 독자적인 사회주의를 건설하였는데, 이를 티토이즘(Titoism)이라고 명명하고 있다. 그는 마르크스의 국제주의를 배격하고 민족의 특수성에 입각한 사회주의 건설을 주장하였다. 그래서 결론적으로 공산주의의 국제적 연대성을 약화시키고 소련의 공산주의운동에 대한 지도력을 약화시켰다고 소련을 인식하였다. 티토이즘을 보다 구체적으로 설명하면, 국제주의라는 이름으로 소련의 "괴뢰"가 되는 것을 배격하고 독자적인 발전의 길을 걷겠다는 것이다. 즉, 모스크바에 의한 지령에 의해 국가를 운영하기보다는 자신의 문제는 자신의 계획에 따라 처리하겠다는 자주권의 표현이 바로 티토이즘이다. 소련의 맹목적인 추종을 하지 않겠다는 것이라는 점에서 티토이즘은 민족주의의 일환으로 이른바 민족주의적 공산주의라고 할 수 있다. 이에 대해 소련은 티토이즘과 티토에 의한 유고의 국가운영에 대해 "부르주아의 앞잡이" "사회주의의 배신자" "제국주의의 주구(走狗)" 등의 이름으로 맹렬하게 비난하였다. 그래서 1948년 6월 28일 티토의 유고는 국제공산주의를 배반했다는 이유로 코민포름(Cominform)에서[24] 제명당했다.

공산주의와 민족주의

티토이즘을 공부하면 자연스럽게 공산주의와 민족주의와의 관계성에 대한 이해가 필요하다. 사실 공산주의와 민족주의는 그 이념의 개념이나 성격상 결코 조화될 수 없는 불상용의 관계에 있다. 공산주의는 한 지역에 국한된 운동이 아니라 국제성을 띤 계급주의에 입각한 운동이다. 그래서 공산주의에서 민족이란 자본주의의 발전과정

24) 코민포름은 1947년 9월 8일 결성된 조직으로 공산주의정보국으로 번역할 수 있는데, 원문은 Communist Information Bureau이다. 코민포름은 소련이 동구에 대한 지배를 강화하기 위해 만들어진 기관이다.

에서 부르조아계급이 조작해낸 관념으로 인식되고 있다. 그렇기 때문에 민족주의에서 말하는 민족의식과 공산주의에서 말하는 계급의식은 적대관계에 있다. 공산주의에서 민족주의자는 부르조아의 근성과 잔재를 청산치 못한 소부르조아 또는 부르조아의 앞잡이 내지 기회주의자라고 숙청되는 것이 다반사이다. 레닌(Lenin)이 "부르조아민족주의와 프롤레타리아국제주의는 비화해적·적대적인 슬로건이다"라고 말한 것에서 알 수 있듯이 민족주의와 공산주의는 적대관계에 있음을 확인할 수 있다. 그러면 공산주의에서 말하는 "민족해방전선" "민족통일전선"은 어떻게 된 말인가? 이는 공산혁명을 위한 전술 즉, 전략적 전술개념이라고 할 수 있다. 원래 전략과 전술은 군사용어로서 전략은 싸우는 방침 혹은 지도원칙을 말하고 전술은 싸우는 방법 혹은 기술을 말한다. 전술은 전투에 있어서 승리하기 위한 전투진행의 방법이자 전략목적을 달성하기 위한 하나의 수단이라고 할 수 있다. 이렇게 보면 전략과 전술의 관계는 목적과 수단의 관계라고 할 수 있다. 전략은 전술의 상위개념이고 전술은 주변상황에 따라 바뀌는 것이 보통이다. 공산주의에 있어서 전략은 국제혁명성이라면 민족주의는 전략의 달성을 위한 수단 즉 전술에 불과하다.

소련이 동유럽에서 확고한 세력기반을 조성하자 처칠은 1946년 3월 5일 미국 미주리주 풀턴(Fulton) 소재 웨스트민스터대학(Westminster College)에서 행한 연설을 통해 "발틱해의 시테틴(Stettin)에서 아드리아해의 트리에스테(Trieste)까지 유럽대륙을 가로질러 철의 장막(the iron of curtain)이 드리워져있다."라고 하여 소련팽창주의의 심각성을 역설하였다. 처칠의 풀턴연설은 미국민에게 큰 충격을 주어 공산주의에 대한 경각심을 제고시켜주는 계기를 조성하였다.

이러한 소련의 동유럽공산화에 대해 미국은 대소련외교정책을 기존의 협조정책에서 봉쇄정책(containment policy)으로 전환하기에 이르렀다. 이 봉쇄정책은 제2차 세계대전 후 미국의 대외정책의 방향을 의미하는 것으로 이를 좀 더 구체적으로 설명하면 소련의 팽창주의에 대해 단호히 대처하자는 것이다. 이러한 봉쇄정책은 미소협조체제에 대한 모든 기대를 버리고 서구에 대한 경제지원과 방위조약 및 동맹체제를 발전시키는 중요한 출발점이 되었다.[25)]

동유럽공산화와 봉쇄정책은 냉전의 중요한 기원으로 널리 인정되고 있는데, 그 의미를 설명하면 다음과 같다. 첫째, 동유럽공산화의 과정을 통해 우리는 소련의 팽창주의적 의도를 명확하게 확인할 수 있다. 소련이 국제공산주의혁명 노선을 국가의 최고의 목표로 삼고 있었다고 하는 사실은 동구의 공산화과정에서 그대로 노정되었다고 할 수 있다. 둘째, 미국 역시 이러한 소련의 의도를 파악하고 강력한 대응책을 마련했는데, 그것이 바로 봉쇄정책이다. 이런 점에서 봉쇄정책은 소련의 동구공산화과정에 대한 대응의 일환이자 미국의 세계전략의 차원에서 고찰할 수 있다. 셋째, 소련의 동구공산화과정과 미국의 봉쇄정책은 향후의 국제질서가 미·소대결정치로 나아갈 것임을 예고해주는 것이라고 할 수 있다. 그래서 동구의 공산화와 봉쇄정책을 냉전의 중요한 출발점으로 보고 있는 것이다.

25) 봉쇄정책을 전후 최초로 공개한 이는 미국무성 정책기획실장이었던 조지 케난이다. 그는 "X"라는 필명으로 *Foreign Affairs*, 1947, Vol.25에 기고한 글(The Sources of Soviet Conduct)에서 미국의 대소봉쇄정책에 대해 언급하였다.

3 트루먼독트린(Truman Doctrine, 1947년 3월 12일)

냉전의 기원을 언제부터 보느냐? 는 학자들마다 그 견해가 천차만별이다. 이 책에서 냉전의 기원이 된 사건을 얄타회담, 동구의 공산화와 봉쇄정책 그리고 트루먼독트린 등 세 가지로 나누어서 고찰하고 있는 것도 그만큼 냉전의 출발점을 명확히 분리해서 설명하기가 어렵다는 것을 뜻한다. 그러나 이 중에서 트루먼독트린은 다른 어떤 사건보다도 냉전이 가장 명확하게 표출된 사건임에는 틀림이 없다. 단 트루먼독트린이 냉전의 기원이라고 단언적으로 말할 수 없으나 트루먼독트린을 통해서 분명히 냉전은 시작되었다고 확인할 수 있다. 어떤 사건의 기원을 고찰하는 작업은 결코 용이한 작업이 아니다. 여러 가지의 원인들이 복합적으로 작용해서 기원이 형성되는 것이 일반적이기 때문이다.

냉전의 상황이 가장 명확하게 드러난 출발점이라고 확신할 수 있는 트루먼독트린이란 과연 무엇인가? 트루먼독트린을 한 마디로 표현하면 제2차 세계대전 중 파시즘에 대항하여 연합국을 형성하여 협조했던 소련에 대해 미국이 공식적으로 최대의 적으로 표명한 날이라고 할 수 있다. 당시 영국은 전후 그리스와 터어키의 중동지역 방위를 책임지고 있었으나 국내의 경제위기가 악화되자 이 지역에서의 공산화의 위협을 막기 위해 미국에 원조를 제의하였다. 이에 대해 미국의 트루먼 대통령은 1947년 3월 12일 상하원 합동회의에서 역사적인 연설을 하였는데, 이 연설은 혁명적인 사건으로 국제관계사에서 기록되고 있다.

트루먼은 이 연설에서 세계를 자유진영과 억압진영으로 구분하고 자유를 위해 투쟁하는 모든 지역에 미국이 지원할 것임을 천명하였다. 즉, 그는 자유제국(諸國) 국민에 대하여 전체주의적인 정체(政體)를 강요하는 침략주의적인 움직임에 대항하여 싸울 필요가 있으며, 그를 위해서는 자유제국에 경제적·군사적 원조를 적극적으로 제공해야 한다고 강조하면서, 오늘날 전체주의와 동일시되고 있는 공산주의에 대한 반대(즉, 반공)가 모든 정책에 최우선하는 것이라고 선언했던 것이다.[26] 그래서 그는 그리스와 터어키에 대한 4억 불의 군사원조 제공과 군사사절단의 파견을 의회가 승인해줄 것을 공식적으로 요청하였다. 이러한 트루먼의 반공노선의 천명은 모든 수단을 동원해 소련의 팽창정책을 저지하겠다는 것이다. 트루먼이 요청한 원조법안은 의회에 의하여 승인되었고, 이로부터 '트루먼독트린'은 실행되어 갔다.[27]

이렇게 볼 때 트루먼독트린은 미국이 세계적 규모의 반공산주의의 선봉에 서겠다는 것을 공식적으로 내외에 천명한 것으로 공산주의의 위협과 침략에 항거하는 모든 자유세계 국민들을 미국이 전면적으로 지원할 것을 밝히는 기본정책이라고 평가할 수 있다. 트루먼독트린은 강력한 반공노선의 천명으로 세계적인 반공동맹(anti-communist alliance)을 형성하는 계기가 되었다. 그리고 이를 출발점으로 하여 세계 각국에 미국의 군사기지가 건설되게 되었다.

트루먼독트린이 현대국제관계사에서 차지하는 비중과 역할 및 의미는 분명하다. 첫째, 트루먼독트린이 발표된 1947년 3월 12일은 미·소가 공식적으로 분열된 날로서의 의미가 있다. 미국이 그동안 파쇼세력의 척결이라는 인류공동의 염원을 위해 협조했던 소련과 공식적으로 결별을 선언한 것이 바로 트루먼독트린이다.

26) 신순기, 『일반정치사』(서울: 대왕사, 1978), p.523.
27) 위의 책, pp.523-524.

냉전의 기원을 설명할 때 전통주의학파와 수정주의학파 간의 다양한 시각과 시점의 불일치로 인해 혼선이 있는 것은 분명한 사실이다. 그러나 트루먼독트린은 실질적인 냉전의 시작을 알리는 신호탄이라는 점에 대해서는 그 어느 누구도 부인하지 못할 정도로 냉전의 출발선으로 널리 인정되고 있다.

둘째, 트루먼독트린을 계기로 해서 미국과 소련을 중심으로 하는 새로운 국제질서가 형성되게 되었다는 점을 지적할 수 있다. 미국과 소련을 중심으로 하는 국제질서가 바로 냉전질서이다. 냉전질서는 미국을 하나의 축으로 하는 극과 소련을 다른 하나의 축으로 하는 극으로 구성된 양극구조를 기초로 하고 있다. 이후 이 양극구조를 중심으로 하는 냉전질서는 오직 상대에 대한 미움과 증오만을 발산하여 인류전체에 더할 수 없는 긴장감을 안겨주었다.

셋째, 트루먼독트린의 내용에서도 알 수 있는 것처럼 미국과 소련은 어떤 경우라도 상호화해와 타협이 어려운 관계임을 알 수 있다. 트르먼독트린은 이러한 점을 명확히 해주었다고 할 수 있다. 인민을 억압하고 물리적 강제력으로 자의적(恣意的) 판단에 의해 국제규범이나 도덕을 무시하고 타국을 침략하는 공산독재와는 어떤 경우라도 타협과 화해는 불가능하다는 것이 트루먼독트린의 기본적 성격의 골자이다.

냉전의 기원론

냉전의 기원에 대해 국제정치학자들 사이에 심각한 논쟁이 전개된 바 있는데, 이를 크게 전통주의학파와 수정주의학파의 견해로 양분해서 설명할 수 있다. 전통주의학파(Traditional school)는 냉전의 책임을 소련의 팽창주의 정책에 두고 있다. 전통주의학파의 견해에 따르면 동구권의 형성은 스탈린의 대외침략적 본성을 표출시킨 대표적인 사건으로 소련의 세계적·국제적인 혁명야욕이 노골화한 것으로 인식하고 있다. 전통주의자에게 있어서 소련국제공산당은 세계적화를 완수하기 위한 패권주의의 본산으로 보고 있다. 그래서 공산주의에 대항해서 자유민주체제를 지키기 위해서 미국은 적극적으로 대응해야 하는데, 여기서 냉전구조가 형성되었다고 보고 있다. 그렇기 때문에 미국의 입장에서 냉전구조의 형성은 방어적인 의미(defensive meaning)를 지니는 것이라고 할 수 있다. 수정주의학파(Revisionist school)는 주로 플레밍(D. F. Fleming) 교수 등에 의해서 제기된 것이다. 수정주의자에 의하면 미국은 세계적 규모의 경제질서인 자본주의적 경제체제를 확산하고 세계정치질서에서의 주도권을 장악하기 위해서 공세적인 대외정책(offensive foreign policy)을 전개하는 국가로 규정하고 있다. 즉, 미국이 제국주의적 정책(imperialist policy)으로 소련에 대한 압박행위(pressing policy)를 강화하여 소련을 자극하자 이에 대해 소련이 대응함으로써 미소 간에 냉전이 초래했다는 것이 수정주의자들의 대체적인 주장이다.

4 냉전의 기원이 갖는 현대국제관사적 의미

지금까지 냉전의 기원에 관계되는 제반 사건들에 대해 언급하였다. 그러면 과연 이러한 냉전의 기원이 갖는 국제관계사적 의미는 무엇인지에 대한 설명이 요청된다. 냉전의 기원에 대해 밝히는 것은 단순히 과거사에 대한 지식이나 정보를 얻기 위함이 아니다. 냉전의 기원에 대한 연구는 이후 전개되는 전후질서 전반을 규율하는 중요한 원천이 되고 있다는 점에서 매우 중요한 의미를 갖는다. 냉전의 기원을 통해 전후질서의 성격과 특징을 보다 명확하게 파악할 수 있다.

첫째, 냉전의 기원에 대한 구체적인 사건의 과정과 그 의미를 통해 우리는 냉전시대는 이념의 시대가 될 것임을 예고해주고 있음을 인식할 수 있다. 소련은 사회주의를 기초로 하는 공산주의이념을 고수하고 있고 미국은 이에 대척되는 자유민주주의를 지향하고 있기 때문에 현실적으로 도저히 융합할 수 없는 상황이 전개될 것임을 냉전의 기원을 통해 분명히 알 수 있다.[28] 그렇기 때문에 이념의 대결이 종식되지 않는 한 결코 냉전구도는 붕괴되지 않는다 는 사실을 우리는 냉전의 기원에 대한 연구를 통해 명확히 알 수 있다.

둘째, 냉전의 기원에 관계되는 첫 번째의 사건으로 언급된 얄타회담은 냉전발단과 출발의 결정적인 계기를 마련했다고 할 수 있다. 얄타회담에서 미국과 소련은 그동안의 협조관계에서 벗어나 극단적인 국가이익에 의한 새로운 관계설정을 모색하였다. 이제 미국과 소련은 인류의 공동의 적에 대한 공동보조의 움직임에서 벗어나 자신들이 설정한 세계전략과 국가이익에 의해 각각 별도로 행동하는 방향전환을 모색하기 시작하였다. 얄타회담을 출발점으로 하여 미·소는 전후 이념적 확산과 국가이익의 실현을 위해 모든 국가역량을 경주하는 방향으로 나아가게 되었다.

셋째, 동구권의 공산화와 봉쇄정책은 미국과 소련 간의 전후 최초의 갈등현장이라는 점에서 매우 주목할 만한 의미를 지니고 있다고 여겨진다. 동구권이 파쇼세력으로부터 해방되자마자 또 다른 전체주의 국가인 소련에 의해 합병되는 것을 목도한 미국은 소련

28) 이념의 유형과 그 내용에 대해서는 정경환, 앞의 책, pp.113-131 참조. 여기서는 우리와 직접적으로 관계있는 이념을 크게 자유민주주의, 사회주의 및 공산주의를 설정하고 이에 대해 구체적으로 설명하고 있다.

에 대한 "결정적인" 의혹의 눈초리를 보내게 된다. 소련의 입장에서도 안정적인 국가발전과 국제공산주의혁명이라는 당면한 목표를 성취하기 위해서는 반드시 소련과 지리적인 인접성을 지니고 있는 동구권의 공산화가 필수적인 사항이었다. 동구권이 미국에 의해 장악될 경우 국제혁명은 고사하고 체제의 보존마저도 어려운 상황에 봉착할 것은 불문가지의 일이었던 것이다.

넷째, 트루먼독트린은 냉전이 더 이상 흑막 속에 가려있는 존재가 아니라 돌이키기 힘든 현실적인 결과임을 표출하였다. 트루먼독트린을 계기로 해서 미·소는 화해와 협력의 분위기를 넘어서 서로 증오와 타도의 대상으로 인식하는 상황으로 치닫게 되었다. 냉전이라는 말에서 알 수 있듯이 트루먼독트린을 출발선으로 하여 미국과 소련은 도저히 융합하기 어려운 관계로 설정되게 되었다. 냉전은 이상과 같은 제반 사건들이 중첩해서 이후 1989년 12월 미국과 소련의 양 정상에 의해 냉전의 공식적인 종언이 선언되기까지 지속되었다.

참고문헌

교육도서편집부(편), 『대세계역사』, 서울: 교육도서, 1989.

김달중, "동구공산정권의 수립과정," 김달중외(공저), 『동구의 정치·경제』, 서울: 법문사, 1992.

김창희, 『비교정치론』, 서울: 삼우사, 2005.

박무성, 『격동의 서양 20세기사』, 서울: 한울, 2002.

박웅진, 『구주외교사』, 서울: 형설출판사, 1981.

신순기, 『일반정치사』, 서울: 대왕사, 1978.

오기평, 『현대국제기구정치론 : 국제정치의 과업체계』, 서울: 법문사, 1988.

육군사관학교전사학과, 『세계전쟁사』, 서울: 일신사, 1993.

이기택, 『현대국제정치이론』, 서울: 박영사, 1997.

정경환, 『사회현실의 인식』, 부산: 이경, 2008.

Churchill, Winston, *Their Finest Hour*, 황성수외(역), 『자랑스러운 영국민(Ⅰ)』(서울: 중앙서관, 1982

Churchill, Winston, *The Second War*, 정명진(역), 『처어칠(Ⅰ)』(서울: 한림출판사, 1975)

6

냉전의 확산

지난 20세기 우리는 일찍이 역사에서 경험하지 못했던 냉전시대라는 새로운 시대를 겪게 되었다. 냉전시대의 가장 중요한 특징은 이념에 의해 세계가 양분되었다는 사실이다. 냉전은 얄타회담, 동구권의 공산화와 이에 대한 대응의 차원에서 나온 봉쇄정책 그리고 트루먼독트린 등의 사건들이 중첩이 되어 복합적 요인이 결합하여 형성되었다. 이러한 냉전은 또 많은 사건들과 결합하여 유럽전역으로 나아가 세계로 확산되어갔다. 이후 우리 인류는 역사에서 오로지 상대에 대한 증오의 기록들을 새겨나갔다. 국제질서를 규율하는 행동원칙은 블록의 이익에 기초한 것 뿐이었다. 국제문제에 대한 개별국가의 모든 결정은 블록의 수장국의 지시와 간섭 속에서 이루어질 수밖에 없었다. 당시의 국제질서는 미국을 중심으로 하는 하나의 블록과 소련을 중심으로 하는 또 다른 하나의 블록으로 양분되어 있었다.

이 블록은 마치 철옹성과 같이 블록 내의 국가들은 그 어떤 경우라도 블록이 쳐놓은 울타리를 벗어날 수 없었다. 만약 블록에 소속된 국가가 블록을 벗어나 자주적인 행동을 취할 경우 블록의 중심국가로부터 군사적인 제재를 포함하여 노골적인 간섭과 개입을 당해야만 했다. 블록 내의 국가 간에는 소통과 협조의 분위기가 조성되었지만 적대적인 상대블록에 소속된 국가와는 그 어떤 소통이나 협력도 부정되었다. 이것이 바로 냉전체제이다. 이렇게 볼 때 냉전체제는 우리 인류 역사상 일찍이 유례가 없었던 상호증오의 국제질서였다고 할 수 있다.

1. 연구의 목적

냉전의 확산을 연구하는 목적은 너무나 명확하다. 오늘날의 국제질서는 냉전체제의 연장선상에서 이루어진 것이다. 냉전체제에 대한 올바른 이해 없이는 현재의 국제질서를 제대로 이해하기 힘들다. 냉전의 기원에 이어 냉전의 확산과정에 대한 연구는 여러 가지의 목적을 전제로 하고 있다. 첫째, 냉전의 확산과정에 대한 구체적인 연구를 통해 우리는 냉전체제의 보다 정확한 성격과 특징을 추출할 수 있다. 그렇기 때문에 냉전의 확산에 대한 연구는 냉전체제의 구조적 성격을 명확히 이해하기 위함이다. 냉전체제를 [1] 이해하기 위해서는 냉전이 형성되고 확산된 과정에 대한 정확하고 명확한 파악이 전제되어야 한다.

둘째, 냉전의 확산과정을 통해 우리는 우리 스스로를 성찰할 수 있어야 한다는 점을 지적할 수 있다. 참다운 미래는 과거의 사실에 대한 이해도 중요하지만 잘못된 부분에 대한 반성과 성찰이 있었을 때 이루어진다. 과거의 역사 속에 분명한 오류와 실패가 있

1) 여기서 '냉전체제'란 냉전구조, 냉전질서와는 다른 "포괄적"의미를 담고 있다. 원래 체제(system)이란 용어는 행위의 상호관계 전체를 뜻하는 것이다. 냉전체제라고 하면 냉전상황이 구조화되어 냉전적 사고와 구조가 질서 전체를 규율하고 있는 경우를 의미한다.

음에도 불구하고 이를 은폐하거나 심지어 그것을 인식하지 못하는 경우 과거의 불행했던 역사는 현재와 미래에 되풀이될 가능성이 농후하다. 냉전이 확산되는 과정을 면밀히 연구하면 냉전의 확산은 어느 특정한 국가, 지역, 대륙의 잘못이 아니라 국제질서를 형성하고 있는 모든 국가들에게 그 책임이 있음을 알 수 있다. 유럽의 냉전구도가 세계적인 냉전구도로 확산되는데 있어서는 6·25전쟁이 결정적인 역할을 하였다. 세계는 횡적으로나 종적으로 연쇄구조 속에 얽혀있다고 할 수 있다. 냉전의 확산과정에 대한 연구를 통해 우리는 우리 스스로의 잘못에 대해 성찰하여 보다 미래발전적인 가치와 동력이 무엇인지를 인식해야 할 것이다.

셋째, 냉전의 확산과정에 대한 연구를 통해 우리는 인류의 보편적 가치를 지구촌에 정착한다는 것이 얼마나 지난(至難)한 것임을 깨닫게 된다. 그래서 냉전의 확산과정에 대한 심도 깊은 연구과정을 통해 우리는 인류의 보편적 가치에 대한 굳은 신념체계를 형성하여야 할 것이다. 어떻게 보면 냉전의 확산과정은 자유민주주의를 중심으로 하는 인류의 보편적 가치와 이를 파괴하려는 공산주의 간의 이원적 대결구도라고 할 수 있다. 냉전의 붕괴과정은 전체주의적 가치가 무너지고 보편적 가치에의 수렴과정이라고 할 수 있다.

2. 냉전의 확산과정

1 베를린봉쇄와 독일의 분단

독일이 드디어 1945년 5월 8일 무조건 항복(unconditional surrender)하였다. 1939년 9월 1일 폴란드를 전격적으로 침략한 후 5년 8개월만에 독일은 연합국의 공세에 중과부적으로 항복하고 말았다.

히틀러의 세계지배에 대한 터무니없는 야욕으로 독일에 남긴 것이라고는 죽음, 굶주림, 빈곤 그리고 혼란 뿐이었다. 전후 독일은 포츠담회담에서 결정한 바와 같이 미국・영국・프랑스・소련의 연합국이 참여하는 연합국통제위원회(Allied Control Council)에 의해 점령되었다. 즉, 연합국에 의해 군사통치가 실시되었던 것이다.

그러면 독일의 분단이 결정된 포츠담회담에 대해 구체적으로 알아보도록 하자. 포츠담회담(The Potzdam Conference)은 전쟁 중 최후의 연합국회담으로 1945년 7월 17일에서 8월 2일까지 베를린 교외의 포츠담의 세실리안성에서 트루먼(Truman), 스탈린(Stalin), 애틀리(Attlee)[2] 등 연합국의 영수가 참여한 가운데 개최되었다. 여기서는 주로 전후처리문제와 대일전 수행문제를 논의하였는데, 동 회담에서의 의제는 얄타회담에서의 합의수준을 넘지 않는 것이었다.

우선 일본군국주의의 전멸을 위한 기본 방침을 7월 26일 밝혔다. 열강의 수뇌들은 일본에게 다음과 같은 최후의 조건들을 제시하였다. 첫째, 일본의 완전한 무장해제 둘째, 전쟁범죄자의 처벌 셋째, 민주적 원칙의 합의 넷째, 연합국에 의한 일본본토의 점령 등이다. 이러한 조건들을 일본의 무조건 항복을 위해 연합국이 제시하는 마지막 조건이자 기회였다. 이러한 포츠담회담을 통한 연합국의 대일 조건에 대해 일제는 포츠담선언을 거부하고 최후의 1인까지 항전할 것을 결의하였다. 일제는 무조건 항복을 요구하는

2) 애틀리는 7월 26일 영국총선에서 노동당이 압도적인 승리를 하자 수상으로 선출되었다. 그래서 영국은 당초 참석한 처칠(처음에 포츠담회담에 영국대표로 참석했다가 영국총선거 결과를 보기 위해 영국으로 귀국함) 대신 애틀리를 영국의 대표로 교체하였다. 정한출판사편집부(편), 『대세계사 권14 : 기로에 선 인류』(서울: 정한출판사, 1980), p.58.

연합국에 대해 천황의 지위보장, 자주적인 무장해제, 일본인에 의한 전범자의 처벌, 연합군의 일본점령에 대한 제한 등의 조건을 제시하였으나 연합국 측에 의해 거부당하자 포츠담선언의 대일조건을 부정하고 항전을 다짐했던 것이다. 그러나 히로시마와 나가사끼에 연이은 원자탄의 투하로[3] 상상하지 못했던 인명피해를 목도한 일제는 8월 14일 어전회의에서 무조건 항복을 하고 말았다.

또한 포츠담에 모인 각국 수뇌는 얄타협정을 즉각 실행에 옮겼다. 독일은 4개의 점령지역으로 나뉘어져 미국이 남부 독일을, 프랑스가 독일의 남부 동부를, 영국이 북서부를, 그리고 소련이 중부 및 동부 독일을 각각 차지하게 되었다. 그러나 점령기간 중에는 독일은 하나의 단위체로 취급되어야 한다는 것이 명문화되었다.[4] 포츠담회담에서 연합국의 수뇌들의 전후의 세계질서에 대한 견해의 차이는 독일문제에서 극명하게 드러났다. 동 회담에서 프랑스는 독일의 해체론을 강력히 주장하였다. 나치군국주의가 다시는 부활해서는 안 된다는 인식 하에 독일국가의 전면적인 해체론을 주장하였으나 타 연합국에 의해 거절되었다.

이로써 독일문제는 독일에 대한 4대국분할점령에 합의하는 방향으로 결론이 났고, 동시에 독일의 비나치화, 비무장화, 비중앙집권화, 비산업화를 중심으로 하는 코뮤니케가 8월 1일 발표되었다. 이러한 연합국의 독일문제에 대한 해결책은 독일이 다시는 전쟁을 일으키지 못하도록 즉, 세계평화에 위협적인 존재가 되지 못하도록 독일의 군사주의와 나치주의를 제거하자는 기본인식을 기초로

3) 7월 16일 뉴멕시코의 알타마고다(Altamagoda)에서 행해진 원자탄은 성공적이었다. 그 폭발력은 당초 예정했던 것보다도 40배가 넘는 TNT 2만t에 해당하는 놀라운 위력을 발휘하였다.
4) 위의 책, p.58.

하고 있다. 포츠담회담에서 연합국의 수뇌들은 독일문제에 대해 “연합국이 의도하는 것은 독일 국민을 멸망시키거나 노예화시키는 것이 아니라 독일 국민이 민주적이고 평화적인 토대 위에서 새로운 생활을 준비하도록 기회를 주기 위한 것”이라고 밝히고 있다.

즉, 민주적 토대 위에서 새로운 독일을 세우자는 것이다. 그래서 그들은 군사적으로는 모든 군사적 요소의 제거와 군수품 생산에 이용될 수 있는 모든 산업시설을 철저히 통제·철거를 의미하는 완전한 무장해제를, 행정적으로는 4개의 점령지역으로 분할하는 것을, 경제적으로는 하나의 경제 단위로 취급한다는 사실을 확정지었다.[5] 냉전의 촉발로 인해 전후 세계질서가 미·소 권력정치의 양극화 현상이 촉발되었다는 것은 냉전의 기원편에서 구체적으로 설명하였다. 이러한 상황에 더해서 독일문제로 인해 더욱 더 첨예한 이해관계가 표출되어 냉전구조가 확대재생산되었다. 그러면 제2차 세계대전 후 긴박하게 돌아가고 있던 독일의 상황을 구체적으로 살펴보도록 하자.

포츠담회담에서 독일을 연합국의 통제 하에 두고, 독일을 하나의 경제단위로서 존재하게 한다는 “패전독일에 대한 두 가지 계획”에 3대 강국은 동의했다. 그러나 독일 점령지역 내에서의 경제정책 및 장래의 국가권력구조문제에 대해 전승국들은 서로 다른 견해를 드러내기 시작하였다. 독일의 정치구조 즉, 독일이 정치적으로 어떠한 진영에 속해야 하느냐? 하는 문제에 대해 열강들 간에 첨예한 이해대립이 조성되었던 것이다.

당시 소련의 구상은 독일과 관련된 다른 열강등과는 근본적인

5) 그러나 영토적인 차원에서 보면 독일은 1938년 이전의 영토 중에서 거의 1/4을 상실하였다. 대부분은 폴란드와 소련에 편입되었다.

의견의 차이가 있었다. 제2차 세계대전 때 소련은 1,800만 명의 고귀한 인명이 희생되었다. 소련의 경우 22명 중 1명꼴로 희생될 정도로 제2차 세계대전의 참전국 중 가장 많은 희생을 기록하였다. 이로 인해 소련은 점령지역 전체를 열강들이 공동으로 통치하는 것을 거부하였다. 대신 소련은 점령지역 내에 소련식 국가를 세우기 위한 준비를 은밀히 전개하고 있었다.

동유럽에서 이미 볼셰비즘의 깃발을 꼽은 소련은 그 여세를 몰아 확고부동한 지위를 구축하고 있던 독일 점령지역으로 공산주의를 확대하려는 생각을 가지고 있었다. 즉, 이러한 계획에 따라 소련은 동부독일의 점령지역에서 배급제도를 실시하고, 새로운 행정관청을 조직하고, 경찰권을 확립하는 등 확고한 점령정책을 전개하였다. 또한 소련은 독일의 소련 점령지역 내에 독자적으로 사회주의식 경제정책을 시행하고 있었다. 이러한 점령정책을 추진하고 있던 소련은 그 세력이 독일전체에 까지 미치는 정책을 추진하려고 하였다. 소련의 대독일구상을 요약하면 독일의 무질서와 혼돈의 기회를 이용하여 소련식 사회주의국가를 수립해야 한다는 것이다.[6]

이러한 소련의 무모하고 공격적인 대독일정책을 간파한 미국의 국무장관 번즈(James F. Byrnes)는 1946년 9월 6일 독일의 쉬튜트가르트(Stuttgart)에서 행한 연설을 통해 독일점령정책의 전환을 모색하였다. 소련이 공세적인 정책에 대해 독일의 약화보다는 독일을 보호해야 한다는 방향으로 선회하였다. 이로써 독일에 대한 미국의 새로운 정책(New Policy)은 수립되었다. 이러한

6) 소련은 동독에 대한 단독 공산정권을 수립하고자 이미 1946년에 독일 통일헌법을 마련해 놓은 상태였다. 박무성, 『격동의 서양 20세기사』 (서울: 한울, 2002), p.256.

새로운 대독정책에 입각하여 1946년 12월 2일 미국과 영국은 서독지역에 대한 서방 자본주의 진영의 연합국의 공동의 경제정책 실시에 합의하였다. 나아가 서방진영은 동독에 대항하기 위해 1947년 1월 1일 서독지역을 미·영경제통합지역(Bi-zone)으로 설정하였고 나아가 1949년 4월 8일에는 프랑스가 여기에 가담하여 미영불경제통합지역(Tri-zone)으로 확대하였다.

서방진영은 소련과의 대화가 불가능하다고 생각하였다. 즉 소련과 공동으로 독일문제를 해결한다는 것은 현실적으로 불가능하다고 판단하고는 1948년 3월 20일부터 6월 2일 사이에 런던에서 '서독처리6개국회담'을 개최하였다. 사실상 이 회담은 서독정부수립의 첫발이라고 평가되고 있다. 여기서 서독처리협정이 조인(이를 '런던 코뮤니케'라고 한다)되었는데, 주요 골자는 독일에 자유민주주의형태의 정부를 수립하도록 한다는 것이다.[7] 이 회담 직후인 6월 3일 서방 측은 서방 측 3지구에 대한 통화개혁을 6월 20일 밤중에 일제히 실시한다고 폭탄선언을 감행하였다. 이는 사실상 서독의 단독통화개혁 실시를 공포하는 것으로서의 의미를 지니고 있었다.

이러한 서방진영의 전격적인 화폐개혁에 대해 소련지역경제위원회는 서방진영의 화폐개혁은 독일분할을 촉진하는 조치라고 맹비난하면서 자체 준비 중이던 화폐개혁과 베를린봉쇄 조치를 취하였다. 그래서 6월 24-28일 소련은 동부독일지역과 베를린전체를 대상으로 화폐개혁을 단행함과 동시에 연합국관리위원회에서 탈퇴하고 6월 18일부터 베를린과 서부독일과의 교통(도로, 철도, 수도

7) 서독점령지역 내에 통화개혁을 결정하고 독일의회 개최와 헌법 준비를 결정하였다.

등)을 단절하는 '베를린 봉쇄조치'를 거의 전격적으로 감행하였다. 소련은 동베를린에서 서베를린으로 정기적으로 공급하던 식량, 전기, 가스 및 기타 생필품을 공급중지함으로써 250만 명의 인구가 건주하고 있던 서베를린의 운명은 하루아침에 암담한 처지에 처하게 되었다. 소련은 서방세계의 최전선이었던 서베를린의 포기를 유도하는 전략에 입각하여 베를린을 봉쇄했던 것이다.

그러나 서방 측은 이러한 소련의 베를린봉쇄에 대항해서 굴복하지 않고 대규모의 베를린공수(Berlin transportation)를 단행하였다. 1948년 6월 26일부터 1949년 5월 11일까지 계속된 공수작전에서 장거리폭격기를 이용하여 150만 톤에 달하는 식량·연료 및 기타 물품을 베를린에 공수했는데, 서방 측은 하루에 1만 2천 톤에 달하는 물자를 공급하는 기록을 세우기도 했다.[8] 이러한 서방 측의 강인한 베를린수호의지와 눈물겨운 수송작전에 힘입어 소련은 어찌할 수 없이 1949년 5월 12일 319일만에 베를린봉쇄를 해제하게 된다.

이러한 과정을 거쳐 1949년 9월 7일 본을 수도로 하여 독일연방공화국(Federal Republic of Germany/서독)이 성립이 되고 1949년 10월 7일 베를린을 수도로 하는 독일민주공화국(German Democratic Republic/동독)이 성립됨으로써 독일은 분단되었다.

베를린봉쇄와 독일분단은 냉전을 확산시키는데 매우 중요한 의미를 던져주었다. 첫째, 전후의 독일분단은 국제적인 역학관계의 결과라고 하는 사실이다.[9] 독일분단은 얄타회담과 트루먼독트린 및 소련의 동유럽공산화를 통해 형성된 냉전의 출발과 그 맥을 같

8) 정한출판사편집부(편), 앞의 책, p.76.
9) 독일분단이 갖는 성격에 대해서는 정경환, 『민족분단과 통일문제』 (부산: 신지서원, 2002), pp.88-94 참조.

이하고 있다. 당시의 국제사회는 미국과 소련의 권력정치가 각 대륙에서 충돌하고 있던 상황이었는데, 독일분단 역시 국제질서의 전체적 국제질서의 영향을 받는 가운데 열강들의 역학관계의 충돌에서 오는 파생물이었다고 할 수 있다. 둘째, 독일분단은 단순히 독일이라는 한 나라의 분단으로 그치는 것이 아니라 유럽의 분단이라는 결과를 낳았다고 할 수 있다. 이렇게 볼 때 독일의 분단은 국제정치의 양극화를 도출하는 계기를 조성하였다고 평가된다. 셋째, 독일분단은 그 동안 형성되어 착근하지 못한 냉전을 격화 내지 확산시키는 결과를 초래하였다는 점에서 독일의 분단은 냉전확산의 상징으로서의 의미를 지니고 있다고 하겠다.

2 마샬플랜과 몰로토프플랜

1945년 전쟁 종결 후 서구의 제반 국가들은 전쟁의 후유증으로 인해 엄청난 경제적 혼란에 직면하고 있었다. 이에 트루먼은 반공전선을 강화하기 위해 유럽의 경제부흥에 원조하는 것이 시급한 정책과제로 판단하기에 이르렀다. 이러한 트루먼의 정책구상은 현실에서 구체화되어 나타났다. 당시 미국의 재무장관이었던 마샬(G. C. Marshall)은 1947년 6월 5일 행한 하버드 대학 연설에서 경제적 파국에 직면하고 있는 유럽각국을 구제키 위해 유럽경제부흥계획(European Recovering Program, ERP)을 제창하였다. 이것이 바로 '마샬플랜'(Marshall Plan)으로 이 계획을 통해 1948년부터 1951년까지 125억 3,490만 불의 원조가 이루어지게 되었다. 이후 이러한 마샬플랜의 원조에 힘입어 어느 정도 위기를 극복하게 된 서구 유럽국가 16개국은 '유럽경제협력기구'(Organization for European Economic Cooperation, OEEC)를 만들어 본격적으로 유럽경제부흥계획을 실시하였다.

서독이 1949년 10월 정식으로 가입할 때까지 미국·영국·프랑스의 점령군 사령관이 이 기구에 참석했다. 1950년에는 미국과 캐나다가 업저버로 참가하게 되었고, 이후 유고슬라비아와 스페인과의 협력으로까지 전개되었다. 그리고 미국에서 유럽부흥 계획을 관장한 경제협력국(經濟協力局)이 1948년의 외원법(外援法)에 의해 발족됨으로써 OEEC는 미국의 자금으로 서구를 전시체제에서 평시체제로 이행시키는 주요 기구의 역할을 떠맡게 되었다. 더욱이 OEEC는 정부와 정부 간의 기구였지 초국가적인 기구가 아니었음에도 불구하고 그것은 국가 간의 협력태도를 가르쳐 주었고, 유럽부흥 계획이 끝난 후에도 국제협력의 관습을 남겨주었다.[10]

이러한 마샬플랜과 OEEC의 결성에 대해 소련은, 이는 유럽의 자주권침해로서, 제국주의적인 내정간섭으로 규정하면서 강력히 비난하였다. 나아가 마샬플랜과 OEEC는 유럽을 분할하는 조치이며 유럽을 미국제국주의의 종속 하에 두려는 조치로 비난하였다. 그래서 소련은 유럽경제부흥계획에 동유럽의 참가를 억제하고 대항조치를 취하기 위해 '몰로토프계획'(Molotov Plan)을 발표하였는데, 이는 상호원조체제로 공산권의 독자적인 경제부흥과 공동방어조치라고 할 수 있다. 이를 기초로 1947년 9월에 만들어진 것이 코민포름(Communist Information Bureau, Cominform)이다.[11] 코민포름의 실제적인 목적은 미국의 대소 경제정책에 대한 대항기구로서의 의미를 담고 있었다.

마샬플랜과 몰로토프플랜이 지니는 국제관계사적 의미를 살펴보

10) 정한출판사편집부(편), 앞의 책, pp.117-118.

11) 코민포름은 1956년에 열렸던 소련공산당 제20차 전당대회에서 해체되었다.

면 첫째, 양 플랜은 냉전을 격화시키는 중요한 요인이 되었다는 점이다. 양 플랜이 시행되었다는 것은 그만큼 미국과 소련 간에 감정의 골이 깊다는 의미이고 이는 냉전구조가 확산되었다는 것이기도 하다. 둘째, 마샬플랜을 통해 분명히 알 수 있는 것은 이를 통해 미국은 서유럽 제국에 대한 경제적 통제(economic control)를 확고하게 하는 계기가 되어 유럽에서의 미국의 자위권을 확인하게 되었다는 점이다. 셋째, 미국의 엄청난 재정적 지원은 서유럽의 공산주의세력에 대한 제어의 역할을 하는 중요한 토대가 되었다는 점이다. 넷째, 몰로토프플랜을 통해 소련은 이미 확보한 동구권의 제국을 방어할 수 있는 기초를 마련했다는 점에서 양 플랜은 미·소냉전이 보다 현실에서 확산되는 역할을 하였다고 할 수 있다.

3 6·25전쟁

6·25전쟁은[12] 1950년 6월 25일 북한 김일성 정권의 기습남침으로 발발되어 3년 1개월 동안 계속된 참혹한 전쟁이었다. 전쟁의 쓰라린 상처는 포성이 멎은 지 반세기를 지난 지 오래되었지만 아물지 않고 지금도 계속되고 있다. 6·25전생은 승자와 패자도 가리지 못한 채 임진강-철원-거진(고성)까지 폭 4km의 비무장지대를 설치하는 것으로 해서 종결되었다. 1953년 7월 27일 10시 판문점에서 열린 제159차 휴전 본회담에서 쌍방 대표들이 휴전협정서에 서명하고 이날 밤 10시에 전선에서 포성이 멎음으로써 전

12) 6·25전쟁을 한국전쟁으로 표기하는 것은 잘못된 표현이다. 6·25전쟁을 한국전쟁으로 표기했을 경우 대한민국의 역사성을 제대로 내포하지 않다는 점에서 비주체적인 표현이라고 할 수 있다.

쟁은 막을 내리게 되었다.

6·25전쟁은 단순히 남북한관계에서 발생한 전쟁이 아니라 국제정치사적인 측면에서 볼 때 역사적 의미가 크다. 6·25전쟁은 미·소양군이 한반도에 진주함으로써 촉발된 전쟁으로 표면상으로는 김일성 단독 남침의 성격을 띠고 있지만 실질적으로는 소련과 중국이 직접 개입한 국제적인 전쟁이었다. 기존의 냉전이 더욱 냉전화되는 계기를 마련해준 것이 바로 6·25전쟁이다.[13] 즉 6·25전쟁은 유럽의 냉전이 아시아로 전파되어 세계적 규모로 확산되는 가장 중요한 사건이라고 평가할 수 있다. 이런 점에서 38선으로 시작되어 6·25전쟁으로 고착화된 휴전선은 남북분단선을 넘어서서 동서냉전의 전초기지로서의 뜻이 담겨있다고 할 수 있다.

둘째, 6·25전쟁을 통해 집단안전보장의 중요성을 인식하게 되었다는 점이다. 6·25전쟁은 유엔에 의한 최초의 다국적군이 파견되어 북한 공산군의 침략을 저지시켰다는 점에서 국제기구에 의한 집단안전보장이 얼마만큼 중요한가를 실질적으로 보여주었다고 할 수 있다. 셋째, 6·25전쟁에 미국과 소련 그리고 중국이 국가의 명운을 걸고 개입하였다는 점에서 6·25전쟁은 국내문제임과 동시에 중대한 국제문제로서의 위상을 점하고 있다는 사실이다. 이로써 한반도문제는 국제관계의 주요현안으로 대두하게 되었다.

이처럼 6·25전쟁은 국제관계사에서 중요한 분수령을 이루는 사건으로 아시아를 넘어서 유럽의 역학관계에 지대한 영향을 미쳤다고 있다. 즉 공산주의에 대한 서방동맹이 강화되고 반소동맹의 일환으로 일본과 서독의 재무장을 촉진하게 되는 역할을 하였다. 6·

13) Michael Nicholson, *International Relations : A Concise Introduction* (London: Macimilan Press Ltd., 1988), p.54(The Cold War remained cold even in the Korean War).

25전쟁을 통해서 구소련과 중국의 국제공산주의적 혁명성이 여실히 표출됨으로 해서 서방의 공산주의에 대한 경각심을 고취시키는 결정적인 계기를 조성하였다. 이로써 국제사회는 신무기의 급속한 개발과 보급이 이루어졌고 각 국가들은 냉전시대에서 생존할 수 있는 유일한 진리는 바로 힘이라는 사실을 보다 절실히 인식하게 되었다. 이에 따라 각 국가들은 그 힘을 보장해주는 메커니즘인 진영정치에 보다 적극적으로 빠져들게 되었다.

국가의 안위를 보장하기 위해서 한편으로는 자국의 군사력 강화에 모든 국가들이 예외 없이 "혈안이 되었고" 다른 한편으로는 진영의 슈퍼 파워국에게 의지해서 자국의 국가안위를 보장받으려고 하였다. 이렇게 볼 때 6·25전쟁은 냉전시대 국제질서에서 힘의 중요성을 새삼스럽게 인식하게 하게 하였고, 또한 양 진영이 서로 경계와 불신감이 극도로 증대하는 역할도 하였다. 미국을 중심으로 하는 자유진영의 경우 공산세력의 침략성을 확인하게 되어 내부의 결속을 더욱 더 공고히 하였고, 소련을 중심으로 하는 공산주의 진영의 경우 미국과 자유진영의 단합된 힘과 결속력을 느끼게 되어 균형과 견제라는 냉전시대의 작동원리에 편입하게 하는 기회를 제공해주었다.[14]

4 나토와 바르샤바조약기구의 성립

마샬플랜이 1947년 6월에 제기된 후 서방진영을 또 다시 자극하는 중대한 역사적인 사건이 전개되었다. 그것은 체코의 2월공산쿠데타와 베를린봉쇄였다. 체코는 동구의 우등국가로 공산정권이 들어서기 전만 하더라도 동구에서도 비교적 서구적 정치형태를 가

14) 정경환, 앞의 책, p.73.

지고 있었다. 제2차 세계대전에서 소련의 압도적인 군사력에 의해 영향권에 들어가게 된 체코는 전쟁 후에는 완전히 다른 운명에 봉착하게 되었다. 체코슬로바키아의 공산주의자들은 소련군에 의해 해방된 지역에서 다른 정치세력보다 한발 앞서 정치활동을 시작했고, 소비에트 정치조직의 일종인 지방인민위원회(Local National Committees)를 창설하여 그 조직을 독점함으로써 지방정부를 주도하게 된다. 이는 전후 혼란된 체코정국의 정권을 장악하기 위한 권력쟁탈전에서 유리한 고지를 공산주의자들이 점령한 것으로 볼 수 있다.15)

이처럼 유리한 고지를 점령한 체코공산주의자들은 소련의 적극적인 비호 하에 1948년 2월 쿠데타를 일으켜 정치권력을 완전히 장악하기에 이르렀던 것이다. 이후 주요 직책은 공산당이 독점했으며 잔류된 좌파 사회민주당과 공산당이 선택한 몇몇 다른 정당 출신들이 들러리로 참여한다. 이후의 모든 과정은 공산체제를 보다 완전히 구축하기 위한 작업으로 추진된다.16) 서구적 제도와 정치환경을 지니고 있던 체코가 불과 몇 년 사이에 소련의 지도 하에 공산화가 전격적으로 단행되는 상황을 보면서 유럽인들은 엄청난 위협을 느끼지 않을 수 없었다.

다음으로 중요한 사건은 이미 언급한 1948년 6월 18일부터 1949년 5월 12일까지 있었던 베를린봉쇄를 지적할 수 있다. 이러한 사건들은 미·소관계에 지대한 영향을 미쳤다. 미국은 더 이상 소련에 대한 일말의 기대를 완전히 버려야 한다는 확신감을 가지게 되었다. 미국은 소련의 공산주의팽창정책에 대해 강력한 대

15) 金達中, "東歐共産政權의 樹立過程," 金達中·鄭甲泳·成百南(共著), 『東歐의 政治·經濟』(서울: 法文社, 1992), p.24.

16) 위의 글, pp.25-26.

응체제의 구축이 시급하다고 생각하였다. 서구와의 동맹은 단순히 우호협력관계를 다지는 것이 아니라 군사적인 동맹으로 발전시켜야 한다는 결심을 굳히게 된 것이다. 이러한 배경 하에서 1949년 4월 4일 성립된 것이 바로 북대서양조약기구(North Atlantic Treaty Organization, NATO)이다. 나토의 군사동맹적 성격은 제5항을 보면 명확하게 알 수 있는데, 5항에는 "조약국 중의 한 국가에 대한 공격은 조약국 전체에 대한 공격으로 간주한다. 만약 무력공격이 발생하면 각 조약국은 필요한 경우에는 무력으로써 공격당한 국가를 돕는다."라고 규정되어 있다. 나토의 창설은 제2차 세계대전 중 연합국을 형성했던 서구와 소련과의 동맹관계의 해체를 공식적으로 선언한 의미를 지니고 있다.

이러한 서구진영의 동맹관계에 의한 결속이라는 현실에 직면한 소련은 나토에 대한 대응하는 군사동맹체제를 구축하였는데, 이것이 1955년 5월에 성립된 바르샤바조약기구(Warsaw Treaty Organization, WTO)이다. 소련은 유고를 제외한 동유럽의 7개국 즉, 폴란드, 헝가리, 루마니아, 불가리아, 알바니아, 체코를 규합하여 20년 간의 바르샤바조약을 체결하였다. 동 조약은 총 11개조로 되어 있는데, 가맹국은 유럽에 있어서 가맹국이 어느 한 나라나 혹은 그룹으로부터 무력 공격을 받을 때는 국제연합 헌장 51조에 따라서 개별 혹은 집단적 자위권으로서 공격을 받은 국가 혹은 제국가에 대하여서 합의 위에 무력을 포함하는 필요하다고 사료되는 모든 수단을 동원하여 즉각 원조를 제공한다는 것이 그 내용이었다.[17]

나토와 바르샤바기구의 조직은 유럽이 공식적으로 양단되었음을

17) 이기택, 『현대국제정치이론』(서울: 박영사, 1997), pp.483-484.

표시하는 산 증거이다. 모든 사건에는 다양한 유발 배경이 있지만 직접적인 사건이 늘 있게 마련이다. 이런 점에서 나토와 바르샤바 기구의 성립은 유럽의 국가들이 서구와 동구권으로 공식적으로 구분되는 직접적인 계기가 되었다. 둘째, 이로써 미·소 양극구도가 본격적으로 시작되었다. 상호 군사적 동맹체제가 형성되었다는 것은 상대방에 대한 최소한의 신뢰구조 마저도 붕괴되었음을 의미한다. 이는 이제 냉전의 초보적 단계를 넘어 냉전체제가 구축되어 국제질서의 기본적 성격이 되었음을 뜻하는 것을 의미한다. 셋째, 나토의 성립은 자유민주세력이 대소방어기지를 구축했음을 뜻하고 바르샤바조약기구의 성립은 공산주의세력이 대미동맹체제를 형성했음을 뜻하는 것으로 양 기구는 언제든지 전쟁으로 갈 수 있는 일촉즉발의 군사체제라고 할 수 있다.

매카시즘(MaCarthyism)

1950년 2월 미국의 상원의원인 매카시(MaCathy)가 국무성의 진보적 사상을 가진 100여 명의 추방을 요구함으로써 촉발된 극단적 반공주의의 상징이다. 1950년대 공산주의 세력이 팽창하자 이에 대한 극단적 대응의 차원에서 이루어진 것이 매카시즘이다. 일종의 red-hunting campaign 이라고 할 수 있다. 6·25전쟁을 세계정복하려는 공산주의자의 음모로 규정하고 있다. 1953년 3월 스탈린의 사망으로 국제관계가 긴장완화의 분위기가 조성되자 Neo-Fascism으로 비난받게 되었다.

지금까지 냉전의 확산과정에 대해 제반 사건을 통해 보다 구체적으로 살펴보았다. 냉전이 확산되는 과정은 미·소 간의 이념적 대결이 매우 상승해가는 과정이라고 할 수 있다. 그 동안 미·소는 냉전이 시작되기 전만 하더라도 반파시즘의 기치 하에 대연합을 형성했던 연합국의 일원이었다. 이후 파시즘 타도라는 인류의 여망이 실현되자 이제 공동의 목표가 사라진 상태에서 서로 체제와 이념이 극단적으로 차이를 보이고 있는 현실이 노정되어, 제반 사건을 통해 미·소 간에 돌이키기 힘든 갈등이 증폭하게 된 것이다. 냉전의 확산과정을 통해 이제 미·소는 서로 대립이 본격화되는 중요한 상황을 유발했다.

둘째, 이제 냉전의 확산과정을 통해 미국과 소련을 중심으로 하는 양대 축의 성립이 기정사실화 되게 되었다는 점을 지적할 수 있다. 냉전의 확산과정을 통해 인류는 제2차 세계대전이라는 미증유의 참상을 겪은 후, 인류 앞에 존재하게 된 이념과 체제의 차이로 인한 상호대립과 증오의 일상화현상이라고 할 수 있다. 셋째, 전쟁과 평화의 이중적 쌍곡선은 우리 인류가 당면한 숙명임을 새삼 절감하게 되는 계기가 바로 냉전의 확산과정이다. 제2차 세계대전은 유럽의 전역을 피로 물들이고 동북아와 동남아 전체에 형언하기 어려운 깊은 전쟁의 참상을 안겨주었다. 이러한 제2차 세계대전의 기억이 채 가시기 전인 전쟁 직후 벌써 상호 불신으로 냉전을 확산시키는 인류의 양태를 보면서 전쟁은 결코 피할 수 없는 우리 인류의 운명임을 알 수 있게 해준다고 하겠다.

참고문헌

金達中, "東歐共産政權의 樹立過程," 金達中·鄭甲泳·成百南(共著), 『東歐의 政治·經濟』(서울: 法文社, 1992)

박무성, 『격동의 서양 20세기사』(서울: 한울, 2002)

이기택, 『현대국제정치이론』(서울: 박영사, 1997),

정경환, 『민족분단과 통일문제』(부산: 신지서원, 2002)

정한출판사편집부(편), 『대세계사 권14 : 기로에 선 인류』(서울: 정한출판사, 1980)

Nicholson, Michael, *International Relations : A Concise Introduction* (London: Macimilan Press Ltd., 1988)

7

베를린위기와 냉전의 고착화

냉전은 그 전개과정상 발단, 기원, 확산의 과정을 거쳐 고착화의 과정을 거쳤다. 냉전은 이러한 단계별 과정을 통해 더욱 심화되고 구조화되어 갔다. 냉전은 동시에 일직선상으로 확대되어 간 것이 아니다. 수많은 사건들이 중첩적으로 응집되어 냉전은 고착화되고 뿌리 내리게 되었다. 그 과정을 특정한 몇몇 사건들을 중심으로 논의를 전개하는 것은 논리적 비약이 따를 수 있음을 부인하기 어렵다. 하나의 문제나 현상이 우리의 눈에 보이는 경우 사건을 중심으로 그 특정한 사건으로 인해 그 문제와 사건이 이루어졌다고 단정적으로 규정짓는 것은 완전무결한 인식이 아니다.

그러나 역사적 관점에서 문제나 현상을 다룰 때 사건이 지니는 의미는 간단하지 않다. 하나의 문제나 현상을 사건과 연관 짓지 않고 인물이나 시대적 정신 혹은 지배사상을 중심으로 해서 논의를 전개하는 경우도 많이 있다. 그러나 역사적 접근법에서 사건을 중심으로 문제의 척도를 밝히는 것은 역사 속의 사건은 결코 나열된 제반 사건들의 모자이크가 아니라 사람들의 생각과 번민 그리고 아픔들이 "응집"된 결과물로 보기 때문이다. 뿐만 아니라 그 사건들은 단순히 그 시간과 공간 속에 돌발적으로 이루어진 것이 아니라 시대를 관통하는 사상과 정신의 표출로 볼 수 있다. 냉전의 기원, 확산 및 고착화도 그 이면의 정신사적·사상적 배경에 주안점을 두기 보다는 그러한 결과를 가져온 사건들을 중심으로 해서 설명함으로써 역사가 갖는 명확성을 기해야 한다는 것이 필자가 현대국제관계사(史)에 임하는 기본적 생각이자 구상이다. 이러한 기본적 사고에 의해 냉전의 고착화를 가져온 사건을 재구성해보면 그것은 당연히 '베를린위기'라고 할 수 있다. 그러면 본 장에서는 베를린위기의 배경, 과정 및 현대국제관계사적 의미에 대해 살펴보도록 하자.

1. 베를린위기의 배경

[1] 흐루시초프의 등장과 체제정비

1953년 3월 5일 무소불위의 독재권력을 행사하던 스탈린(Joseph V. Stalin, 1879-1953)이 36년 간의 통치를 마감하고 74세의 나이로 사망하였다. 스탈린은 수천만 명의 인민을 유배시켰고 수백 수천만 명의 무고한 인민을 처형하였다. 정적들을 무자비하게 숙청하고 개인숭배는 극에 다다랐다. 대숙청은 1934년 정치국원이며 레닌그라드당서기인 키로프(S. Kirov)의 암살로 시작되었다.[1] 대숙청은 1940년 8월 20일 멕시코에 망명 중이던 트로츠키의 암살로 종결되었다.[2] 스탈린 사후 말렌코프(Malenkov)와 베리야(Beriya) 및 흐루시초프(Khruschev) 간에 3년에 걸친 치열한

1) 金學俊, 『蘇聯政治論』(서울: 一志社, 1984), p.139.

2) 위의 책, p.139. 트로츠키 암살의 과정과 진상에 대해서는 김학준, 『붉은 영웅들의 삶과 이상』(서울: 동아일보사, 1997), pp.111-117 참조. 트로츠키의 삶과 생애에 대해서는 I. Deutcher, *Trotsky, The Prophet Armed(1879-1921)*, 愼洪範(譯), 『트로츠키 : 한 혁명가의 생애와 사상』(서울: 두레, 1985) 참조.

권력투쟁이 전개되었다.

베리야는 스탈린의 공포정치를 뒷받침해주는 상징적 인물로서[3] 150만의 경찰과 30만의 민병대를 지배하고 있었다. 그래서 그는 스탈린의 가장 유력한 계승자로 널리 인식되고 있었다. 그러나 스탈린 사후 소련과 동유럽의 정세는 격변하였다. 베리야가 의도한 대로 정세는 돌아가지 않았다. 스탈린의 죽음은 동구의 개혁주의에 새로운 활력소를 마련해주었다. 동구라파에서 자연발생적으로 봉기가 발생하는 전대미문의 사태가 일어나게 되었다. 스탈린시대에는 상상도 못하던 사태진전으로 동구라파에서의 초기의 봉기는 주로 노동자에 의해 이루어졌다. 노동계급의 전위대임을 자처하는 공산당과 노동자 간의 괴리는 체제위기적 현상으로 인식하기에 충분하였다.

이러한 현상은 1953년 6월 동독에서의 노동자봉기로 우선 촉발되었다. 스탈린의 교조적 권위에 억눌려있던 동구위성국에서의 민족주의가 발흥하게 된 것이다. 동구의 여러 나라에서 소련지배로부터의 해방과 민족이익을 내세웠다는 점에서 민족주의의 전형으로 평가할 수 있다. 1953년 6월 16일을 기해 건축노동자의 대규모시위가 발생하여 17일에는 거의 폭동화되어 마그데부르크(Magdeburg), 예나(Yena), 라이프찌히(Leipzig) 등 동독 각지에까지 파급되어 비상사태가 선언되기에 이르렀다. 경제개혁, 자유선거 및 정치범석방을 요구하는 동독의 봉기는 동독 전 지역으

3) Amy Knight, *Beria : Stalin's First Lieutenant*(Ptinceton: Princeton University Press, 1993), p.3(Associated as he was with the dreaded police and labeled a traitor by his Kremlin opponents, he came to symbolize all that was evil in this period, haunting the public imagination to this day).

로 확대되었지만 소련군에 의해 진압되고 말았다. 베리야가 관할하는 지역에서 봉기가 발생한 것은 정적들에게 호재가 되었다.

삼두체제 중 나머지 두 사람은 베리야를 1953년 6월 27일 긴급히 구속조치를 취하였다. 스탈린 사망 시 정권장악에 있어서 가장 확실한 물리적 강제기구를[4] 가지고 있었던 인물은 베리야로서 사실상의 친위대 역할을 하는 비밀경찰을 장악하고 있었기 때문에 스탈린에 이어 베리야가 절대적 권력을 쟁취할 가능성이 그 어느 누구보다도 컸다. 이런 상황에서 흐루시초프와 말렌코프를 중심으로 하는 반대파는 평소 평판이 좋지 않는 베리야에 대해 주변의 세력을 모아 협공작전을 전개해서 7월 10일 권력탈취음모와 인민의 적 그리고 미국제국주의의 앞잡이라는 이름으로 처형하였다.

이로써 말렌코프와 흐루시초프 간에 치열한 권력투쟁이 전개되었다. 양자 간에는 추구하는 정책의 차이가 매우 심각하였다. 말렌코프는 중공업과 군수산업을 억제하고 소비재생산 즉 소비재공업에 역점을 두고 있던 것에 반해 흐루시초프는 소비재공업에 대한 관심보다는 농업정책에 지대한 관심을 지니고 있었다. 권력은 이분화되어 말렌코프가 정부대표인 수상의 자리를 차지하고 있고 흐루시초프는 당대표인 당제1서기의 자리를 차지하게 되었다. 말렌코프의 소비재우선정책은 자연히 국방비의 삭감을 가져올 수밖에 없기 때문에 군부의 반감을 초래하였다. 그래서 말렌코프에 대해 "우익편향주의"라는 비판이 폭넓게 가해지기 시작하였다.

4) 위의 책, p.3(Indeed Beriya, who **oversaw the Soviet police apparatus** and had been a key member of Stalin's government for years, was at Stalin's side during some of the most dramatic crises of his leadership/진한 글씨는 필자의 강조내용임).

말렌코프와 호루시초프 간의 적대 관계는 양자가 대치한 채 계속되다가 1955년 호루시초프가 승리하게 되었다. 호루시초프는 말렌코프가 1948년의 즈다노프 암살과 즈다노프의 숙청에 관계했다는 소문을 퍼뜨리고, 또 말렌코프가 베리야와 제휴하여 집단지도체제 대신 개인적인 지배를 행하려 음모하고 있다고 비난하는 한편, 전쟁이 임박했다고 주장, 군부와 손을 잡음으로써 말렌코프를 축출하는 데에 성공했던 것이다.[5] 이로써 말렌코프는 1955년 2월 권력투쟁에서 패해 수상직을 사임하였다. 이후 1957년 당중앙위원회에 의해 말렌코프는 반당분자로 지칭되어 실각되고 1964년에는 당원직까지 박탈당하는 비운의 인물이 되고 말았다. 그리고 말렌코프가 축출된 후, 호루시초프는 당시 국방상이었던 불가닌(Nikolai A. Bulganin)을 수상직에 앉히고, 주코프(Georgii K. Zhukov) 원수를 국방상에 오르게 했다. 이외에도 정부 요직의 개편이 단행되어 각 요직은 고참 정치인 대신 그 분야의 전문가로서 채워지는 개혁이 이루어졌다.[6]

베리야가 체포되는 1953년 6월부터 소련공산당 제20차 정당대회가 열리는 1956년 2월까지 호루시초프로서는 운명을 좌우하는 중대한 시기였다.[7] 호루시초프의 권력장악은 우연의 산물이 아니라 치밀한 권력투쟁의 결과물이다. 이때의 사정을 호루시초프는 다음과 같이 회고하고 있다.

5) 정한출판사편집부(편), 『대세계사 권14 : 기로에 선 인류』(서울: 정한출판사, 1980), p.240.

6) 위의 책, pp.240-241.

7) N. Khruschev, *Nikita Khruschev Remembers*, 鄭洪鎭(譯), 『世界의 大回顧錄全集 24 : 호루시초프』(서울: 翰林出版社, 1983), p.327.

> 스탈린이 죽고 그 시체가 땅에 묻혔는데도 베리야가 체포될 때까지 소련 내에서는 스탈린의 정책이 계속 실행되고 있었다. 만사는 조금도 변화가 없이 이루어지고 있었다. '인민의 적'이라는 딱지를 붙여 처형된 자의 명예를 복구시킨다거나 강제수용소에 머물고 있는 사람들을 풀어놓으려는 생각을 가진 사람은 아무도 없었다. 이러한 상태는 스탈린이 죽은 3년 뒤에 열린 제20차 전당대회 때까지 계속되었다. 이 3년 동안 우리는 과거가 지닌 갖가지 의문을 풀지 못했다. 스탈린 치하에서 자행된 체포, 재판, 처형 등의 배후에 숨어 있는 사실을 파헤치기 위해 과거와 현재를 연결한 커어튼을 걷어 올릴 용기와 결의가 없었던 탓이었다. 이것은 마치 스탈린 지도 체제 아래서 행한 우리들의 행적에 스스로 발이 묶여 스탈린이 죽고 난 후에도 그의 손아귀에서 벗어나지 못하는 것만 같았다. 이른바 '인민의 적'을 색출하는 과정에서 우리를 에워싸고 있던 히스테리의 심리적 후유증은 1956년경 까지 헤어날 수가 없었다. 우리는 적에 둘러싸여 있어서 항상 그 적들을 상대로 싸워야 한다고 주장한 스탈린의 망집(妄執)에 자기도 모르게 미쳐버린 채 스탈린에 의해 확립된 이론과 방법에 따라 계급투쟁을 강화하고 혁명의 소산을 더욱 굳건히 하겠다고 덤벙대고 있었다.[8]

이러한 과정을 거쳐 3년 간의 치열한 암투 끝에 소련의 실질적인 제1인자가 된 흐루시초프는 1956년 2월(14-25일) 역사적인 소련공산당 제20차 전당대회를 개최하게 된다. 20차 전당대회는 스탈린 사후 처음 열린 전당대회로서 전 세계의 이목이 집중되고 있었다. 당시 제1부수상인 미코얀(Mikoyan)이 "이번 대회는 당의 역사상 가장 중요한 대회"라고 말한 데서 알 수 있듯이 이 당대회는 "새 시대의 시작을 상징하는 것"이었다.[9]

8) 위의 책, pp.328-329.
9) 金學俊, 앞의 책, p.156.

이 자리에서 소련의 새로운 지도자인 흐루시초프는 지금까지 금기시되어 왔던 스탈린의 개인숭배(cult of personality)에 대해 통렬히 비판을 가하면서 새로운 시대의 포문을 열었다. 이러한 징후는 이미 당대회 셋째 날에 있었던 미코얀의 연설에서 예고된 바 있다. 미코얀은 스탈린을 공공연히 비판함으로써 청중을 흥분시켰다. 그때까지 스탈린에 대한 찬양의 정도가 현저하게 줄어든 것은 사실이지만, 그리고 그가 통치하던 시기의 일부 사건에 대해 완곡한 비판이 있었던 것도 사실이었지만 아직까지는 아무도 죽은 지도자의 완벽성에 대해 공개적으로 의문을 제기한 일이 없었던 것이었다. 미코얀은 지난 20년 간 "실제로 우리에게는 집단지도체제가 없었으며 마르크스 자신도 비난했던 개인숭배 하에서 살아왔다."고 솔직히 주장했다.10)

흐루시초프는 당대회 마지막 날인 2월 25일 '개인숭배와 그 결과에 대하여'라는 제목으로 된 비밀연설에서 스탈린의 지도방식과는 완전한 결별을 선언하고 개인숭배를 전면 부정하였다. 그는 이 자리에서 스탈린의 잔인성과 비인간성을 비판하였다. 그래서 그는 "스탈린은 권력을 지나치게 남용했고 당을 손상시켰으며 폭력과 테러에 의존했고 레닌의 통치방식을 포기했을 뿐만 아니라 소비에트의 법체제를 무시했고 장기간에 걸쳐 계획적으로 당대회를 소집하지 않았으며 레닌의 집단지도원리를 위반했고 선량한 공산주의자들을 인민의 적이라는 누명을 씌워 살해했다."고 비난하였다.

장장 2만 6천 단어에 달하는 연설에서 흐루시초프는 스탈린 시대의 개인숭배에 관해서 조목조목 비판을 가해 나갔다. 흐루시초

10) Leonard Schapiro, *The Communist Party of The Soviet Union* , 梁興模(譯), 『蘇聯共產黨史』(서울: 文學藝術社, 1982), p.517.

프는 스탈린을 "그림자만 보면 누구나 적으로 생각했고, 무슨 일이 있더라도 그것을 처치해버리고야 마는 신경과민증에 걸린 백정 같은 자였다."고 혹평하고, 이의 예증(例證)으로서 스탈린은 1937년 및 1938년에 제 17차 전당대회에서 선출된 공산당 중앙위원회의 위원 및 후보자 139명 가운데 98명을 체포, 처형하도록 명령한 바 있다고 통격(痛擊)했다. 그리고 스탈린은 자기의 처 나데스타 아릭루에바를 사살했다는 사실도 폭로되었고, 스탈린의 제거를 종용한 레닌의 유서가 제시되기도 했다.11)

이 자리에서 흐루시초프는 국제정세의 기본을 흔드는 중요한 정책사항을 제기하였다. 그는 공개회의에서 행한 '현국제정세의 기본문제'에 관한 보고에서 스탈린의 '자본주의포위론'과 '전쟁불가피론'을 비판하고 획기적인 '평화공존'(peaceful coexistence)을 제창했다.12) 이는 흐루시초프 체제 하에서 소련외교정책의 기본방향이자 소련의 정치발전의 기본노선이라고 할 수 있다. 스탈린의 전쟁불가피론에서 볼 수 있는 것처럼 경직된 인식과 노선에서 벗어나 대외정책의 융통성을 시도한 조치라고 할 수 있다. 그는 이 보고에서 마지막으로 오늘의 인류에게는 소련식의 폭력혁명에 호소하지 않고 평화적 방법에 의해서도 사회주의로 이행할 수 있다는 이른바 '사회주의로의 평화로운 길'(Peaceful Road to Socialism)을 인정했다. 그는 특히, 10월혁명 당시의 레닌에게는 소비에트공화국을 수립할 길밖에 없었으나, 오늘날에는 사회주의 세력이 대거 성장하였을 뿐만 아니라 "공산주의 체제의 탁월한 장점은 전세계 노동자와 농민 및 지식층은 절대다수 국민의 신임을 얻어 의

11) 정한출판사편집부(편), 앞의 책, pp.241-242.
12) 金學俊, 앞의 책, p.159. 동보고서는 당중앙위원회에 제출하였다.

회의 실권을 장악하고 평화적 방법에 의해 생산수단의 사회화를 이룩할 수 있다."고 주장했다.13)

이러한 흐루시초프의 개혁노선은 체제정비로 인한 국내의 혼란의 위기가 증폭되는 결과를 초래했다. 흐루시초프는 형식적으로는 제1인자가 되었지만 혁명적 개혁작업에는 장애요소가 많았다. 그래서 그는 강력한 지위를 구축하지 못하고 있던 상황이었다. 개혁은 기존질서에 대한 전면적인 개편작업을 의미한다. 기존질서에 온갖 기득권을 누리고 있던 기성세력들은 새로운 개혁의 작업에 반발하는 것은 너무나 당연하다. 그래서 흔히들 개혁은 혁명보다 더 어렵다고 하는 것이다. 흐루시초프의 국내외적인 개혁 및 개방작업으로 인해 냉전적 사고를 지니고 있던 군부세력은 크게 반발하였다. 이로써 스탈린 사후 내부의 체제적 위기와 불안정성은 증대되고 있는 실정이었다. 이러한 국내적 위기상황을 일시에 돌파하기 위해서 시도한 것이 바로 '베를린위기'라는 것이 필자의 생각이다.

2 동유럽의 동요를 저지하기 위한 돌파구의 일환

1953년 스탈린의 사망은 동구제국의 민족주의를 발현시키는 결정적인 계기가 되었다. 동구제국들은 소련지배로 부터의 해방과 자신들의 민족이익을 주장하면서 민족주의의 경향을 노골적으로

13) 위의 책, pp.160-161. 1961년 10월에 있었던 소련공산당 제22차 당대회에서는 스탈린 비판이 재연되어 절정에 달했다. 흐루시초프는 스탈린과 그 일파의 죄상을 공공연히 고발하였다. 공산당은 스탈린의 유해를 붉은 광장에서 들어내어 다른 곳으로 옮기기로 결정하고 평등을 실현키 위해 보다 전진적인 새로운 계획들을 채택하였다. 박무성, 『격동의 서양20세기사』 (서울: 한울, 2002), p.374.

전개하였다. 소련공산당 제20차 전당대회에서 흐루시초프에 의한 스탈린의 격하는 동구제국의 민족주의 발산에 엄청난 도화선이 되었다. 지금까지 금과옥조처럼 지켜오던 스탈린 체제의 신화가 하루아침에 무너지게 된다. 스탈린의 사망은 동구지배의 상징이었던 스탈린주의적 이데올로기와 통치양식에 결정적 변화를 가져왔다. 이러한 스탈린 격하운동으로 공산권의 가는 곳마다 크게 걸려 있던 스탈린의 초상화는 제거되고, 또 스탈린주의자들이 숙청됨으로 해서 공산 세계에 일대 혼란을 야기시켰다. 이로 말미암아 소련의 인접 위성국 내부에서는 소련과의 관계를 개정하려는 움직임이 시작되었고 위성국 내부에 반소 감정을 불러 일으켰으며, 폴란드와 헝가리에서의 폭동을 야기시켰다.[14)]

이 충격파가 우랄산맥을 넘어 동구라파로 넘쳐흘러서 동구라파에 체제개혁을 주장하는 봉기가 자유화와 민주화의 이름으로 각처에서 발생하게 된 것이다.

자유화와 민주화

> 자유화(liberization)는 위로 부터의 변화를 말하며 탈스탈린화를 표방하되 공산주의 체제의 본질은 변화하지 않는 것을 말한다. 그리고 민주화(democratization)는 아래로 부터의 변화를 말하며, 급격한 변화를 수반하는 것을 말한다. 양자 간의 개념 규정에 대해서는 학자들마다 다양한 논의전개가 있다.

동구에서 주목할 만한 민중들의 봉기는 1956년 6월 28일 폴란드의 포즈난(Poznan)에서 일어났다. 폴란드의 대표적인 공업도시

14) 정한출판사편집부(편), 앞의 책, p.243.

인 포즈난시에서 임금인상을 요구하는 노동자의 데모가 발생하였다. 노동자들은 "빵을 달라" "임금인상" "물가인하" "독재매장" 등을 외치면서 파업을 단행하고 가두행진을 하였다. 이어 당본부와 경찰서를 습격하였다. 3만 노동자들은 비밀경찰 본부에 휘날리던 붉은 기를 끌어내려 불태우고 형무소를 습격하여 재감자들을 석방, 재감자 명부를 불살라 버렸다.[15] 군과 경찰이 출동하였지만 노동자들의 데모는 민중봉기로 확대되었다. 정부는 물리력을 동원하여 많은 사상자를 내면서 진압함으로써 봉기는 막을 내리게 되었다. 이러한 폴란드의 사태는 소련에게 엄청난 충격을 안겨주었다.

폴란드 사태에 이어 헝가리에서 자유화운동이 일어났다. 이것이 세계를 놀라게 한 혁명적인 사건인 부다페스트 봉기(의거)이다. 1956년 10월 23일부터 11월 1일 까지 계속된 부다페스트 봉기는 포즈난 데모와는 그 규모나 범위나 효과에 있어서 비교할 수 없을 정도로 큰 것이었다. 스탈린이 사망하고 흐루시초프의 스탈린 비판에 의해 자극 받아 자유화운동이 광범위하게 전개되었던 것이다. 1956년 10월 23일에 부다페스트 시에서 학생들이 정치적, 사회적, 민족적 자유를 위한 대시위를 벌였다. 곧 시민들이 여기에 합세하여 거리로 뛰쳐나왔다. 시위는 처음에는 평화적 성격을 띠었지만, 밤이 되어 경찰, 치안기관과의 무력 충돌로 발전하였다. 게레(Geré) 정부는 즉각 소련군의 출동을 요청한 다음 계엄령을 선포하고 군중에게 총격전을 벌였다. 이로 인해 군중은 스스로 무장하고 사태는 혁명적인 분위기로 번져가게 되었다.[16]

이러한 급변하는 사태에 직면한 헝가리 공산당 중앙위원회는 민

15) 위의 책, p.243.
16) 李貞姬, 『東유럽史』(서울: 大韓教科書株式會社, 1995), p.456.

중의 신망을 얻고 있는 나지를 수상으로 지명하여 사태를 수습하고자 했다. 나지(Nagy)는 수상으로 취임한 후 단일 정당제의 폐지를 주장하고 바르샤바기구로부터의 탈퇴를 선언하고 헝가리의 안전보장을 서방 측에 요청할 뿐 아니라 중립외교를 선언함과 동시에 소련군의 철수를 요구하여 과거와의 단절을 과감하게 요구하였다. 민중의 요구는 이에 더해 점증하여 소련으로서는 더 이상 묵과하기 어려운 상황으로까지 치닫게 되었다. 헝가리 수상 나지의 중립선언에 자극을 받은 소련군은 1956년 11월 1일 드디어 총공격을 개시, 부다페스트와 데브레첸(Debrecen)의 두 공항을 포위하고, 2일에는 2개 전차사단을 부다페스트시에 투입하여 무자비한 살육과 탄압을 자행했다.[17)]

포즈난데모나 부다페스트봉기는 사회주의 국제노선을 표방하고 있던 소련으로서는 혁명전략 수행에 큰 장애적 요소임에 틀림이 없었다. 이러한 사건들은 사회주의 진영 내부에 엄청난 동요를 야기하였다. 흐루시초프가 자신의 회고록에서 "헝가리에서의 우리 목표는 진보주의를 후원하고 자본주의에서 사회주의에로의 이행을 도와주는 것이다. 사회주의 적들은 정반대의 목표를 갖고 있다. 적들은 어디서이건 사회주의적인 생활양식이 성취되면 이를 박멸하고 노동계급을 억눌러 자본주의를 부활시키길 원하는 것이다.

17) 정한출판사편집부(편), 앞의 책, p.243. 6천대의 탱크와 20만 명의 군병력을 동원하여 2천 명을 처형하고 2만 명을 투옥하였다. 그러나 흐루시초프는 이러한 행위에 대한 언급 없이 진압상황에 대해 다음과 같이 변명하고 있다. "코네프 원수가 예견한 대로 부다페스트에서의 저항은 3일 안에 끝났다. 반란은 우리가 더 파괴적인 수단을 썼었다면 좀 더 일찍 분쇄되었을 것이지만, 그렇게 되면 희생자가 많았을 것이다. 그것은 우리에게 유리한 것이 못되었을 것이다." N. Khruschev, *Nikita Khruschev Remembers* , 鄭洪鎭(譯), 앞의 책, p.400.

… 우리는 헝가리가 억압을 풀고 재빨리 후유증을 없애는 것을 도와줌으로써 사회주의 진영의 다른 나라들도 도와준 것임을 알고 있다."고[18] 밝히고 있는 것도 그만큼 헝가리봉기가 지닌 여파가 컸음을 단적으로 말해주는 것이다. 소련은 사회주의 제국의 연대와 결속을 강화할 필요성이 강력히 제기되었는데, 그 계기가 베를린장벽의 구축인 것이다.

3 동독의 체제위기 상황의 극복을 위한 타개책

동독은 시장경제정책에서 공산주의 이론에 의한 사회주의경제정책으로 전환함으로써 계획경제에 따른 경제적 비효율성문제가 표출되기 시작하였다. 동독을 비롯한 동구권경제가 일반적으로 갖고 있는 체제적 특징을 살펴보면 다음과 같다. 첫째, 생산수단의 사회적 소유와 엄격한 중앙집권적 의사결정을 바탕으로 운용되는 명령형 또는 중앙계획형 경제(centrally planned economies)이며 둘째, 농업이나 소비재 산업보다는 광공업부문을 중시하고 계획목표의 달성을 위한 우선순위를 강조하는 경제(priority economies)이며 셋째, 생산성의 향상 보다는 투입요소를 증대시켜 산출량을 증대시키는 외연적 발전(extensive development)을 강조하고 넷째, 자급자족적인 폐쇄경제를 지향하는 점 등을 지적할 수 있다.[19]

이러한 국가가 모든 경제부문을 통제 내지 관리하는 사회주의경제체제는 자원배분의 비효율과 시장기능의 부재라는 근본적인 제

18) 위의 책, p.405.
19) 鄭甲泳, "東歐經濟의 比較分析," 金達中·鄭甲泳·成百南(共著), 『東歐의 政治·經濟』(서울: 法文社, 1992), p.179.

약점을 갖고 있다고 할 수 있다.[20] 이러한 한계성 속에서 발생한 것이 앞에서 말한 1953년 6월 노동자의 봉기다. 노동자들이 강제적 물리력을 지니고 있던 정치권력에 대해 생명을 걸고 "경제개혁"을 강조한 것은 그만큼 동독경제가 한계상황에 이르렀음을 예증해 주고 있다는 것을 말해주고 있다.

뿐만 아니라 수많은 동독인들이 끊임없이 서베를린으로 탈출하는 현상이 속출하였다. 고급노동인력의[21] 대거 유출은 경제적 위기 현상을 초래하고 사회적 기능을 마비시킬 정도였다. 특히 수많은 농민의 탈출로 식량생산에 까지 위험해져 동독경제 전체에 큰 타격을 주었다. 1953년 33만 명, 1954년에 18만여 명, 1955년 25만여 명, 1956년 약 28만여 명이 동독을 탈출했는데, 통계에 의하면 1949년부터 1961년 12월까지 273만 명이 동독을 탈출하여 연평균 23만 명에 이르렀다. 동구권 전체의 안보를 책임진 흐루시초프는 동독탈출사태에 대해 "그것은 일시적인 필요의 도피행위"라고[22] 했지만 그렇게 간단한 문제가 아니었다. 대거 탈출사태는 단순히 동독의 경제파탄 뿐 아니라 체제위기로까지 전이될 수 있는 상황을 초래하였다. 베를린위기는 이러한 동독탈출을 일거에 막기 위한 조치로 평가된다.

20) 위의 글, p.180.

21) 예를 들면 의사, 약사 및 교사 등을 들 수 있다.

22) N. Khruschev, *Nikita Khruschev Remembers*, 鄭洪鎭(譯), 앞의 책, p.429. 그는 동독탈출에 대해 다음과 같이 언급하고 있다. "어떤 사람들은 불법적으로 국경을 넘어 서방으로 탈출하려 함으로써 일대에는 이따금씩 사고가 발생했는데 그 중에는 언짢은 결과를 몰고 온 사람들도 있었다. 국경선 경비병들은 국경 수비를 위해 부여받은 수단을 사용할 수밖에 없었다." 위의 책, p.429.

2. 베를린장벽 구축과정

소련에 있어서 서베를린은 동유럽에 대한 확고한 지배체제를 구축하려는데 있어서 결정적인 장애요인이었다. 흐루시초프가 서베를린을 “소련의 목에 걸린 뼈”라고 한 것은 과장이 아니다. 베를린 전체를 소련의 지배권에 두기 위해 흐루시초프는 베를린위기(Berlin Crisis)를 유발시켰다. 이러한 베를린위기의 징조는 1958년 11월 6일 발생하였다. 1958년 11월 6일 모스크바에는 세계 각국으로부터 공산당의 수뇌들이 모여 들어 있었고, 서민들은 경축 기분에 들떠 있었다. 다음 날 11월 7일은 바로 러시아 혁명의 제42주년 기념 행사가 벌어지기로 되어 있었기 때문이다. 6일 화려한 스포츠 대궁전에서 소련・폴란드 친선 대회가 열렸고, 1만 5천 명의 군중 앞에서 흐루시초프 수상은 장문의 연설 원고를 낭독했다. 그 낭독 연설 속에 흐루시초프는 서방 세계 각국의 수뇌부를 뒤흔들고 전 인류의 일손을 멈추게 한 폭탄 선언을 예고 없이 발표했던 것이다.

> 때는 왔다. … 지금은 포츠담 협정에 조인한 강대국들이 독일 점령 지역 지배를 포기해야 할 때다. 소련 측으로는 베를린에 아직도 남아 있는 그 기능을 주권국가인 동독에 넘겨줄 것이다. 그러므로 미국・프랑스・영국은, 만일 아직도 베를린에 관한 문제를 가지고 있다면 동독과 외교 관계를 수립해야 할 것이다.

이리하여 1958년-1959년에 걸친 최대의 냉전극, 베를린위기가 연출되었던 것이다.[23]

23) 정한출판사편집부(편), 앞의 책, p.250. 그러나 11월 6일의 흐루시초프 연설에 앞서 미국 국무장관 덜레스(Dulles)는 기자회견을 석상에서

[1] 1958년 11월 10일 흐루시초프의 모스크바 연설

흐루시초프는 서베를린을 6개월 이내에 자유도시(자치적인 정치 단일체)로 전환시켜 어떤 나라도 간섭하지 못하게 하고 군대도 주둔시키지 말 것을 제의하는 연설을 1958년 11월 10일 행하였다. 이러한 흐루시초프의 연설은 서베를린을 노골적으로 소련에 편입시키려는 의도였다. 이어 소련은 11월 27일 미·영·불의 서방측 3대국에 공개서한을 보냈는데, 첫째, 서베를린을 자유도시로 할 것 둘째, 6개월 내에 4대국이 베를린문제의 토의를 개시하자는 것이 주요한 내용이었다. 그리고 서한에는 6개월 후가 되는 1959년 5월 27일까지 문제해결이 되지 않을 경우 베를린 관리권을 동독에 이양한다는 내용도 함께 담겨 있었다. 일종의 최후통첩(ultimatum)이었다.

당시 외상인 그로미코(A. Gromyko)는 연방최고회의 연설에서 "서베를린에 있어서 여하한 침략도 소련에 대한 여하한 도발적 행동도 대전쟁의 도화선이 될 것이다. 대전쟁이 발발하면 수백만 명의 인간이 사망하고 제2차 세계대전과 비교되지 않을 정도의 대규모의 황폐가 닥칠 것이다. 전화가 미 대륙에 미칠 것은 피할 수 없을 것이다."라고 언급하였다. 이처럼 흐루시초프를 비롯한 소련 수뇌부의 베를린위기 조성은 국제사회를 냉전의 회오리 속으로 몰아넣는 충격적인 것이었다. 반면 서방 측은 이러한 소련의 공갈과 위협에 절대로 응할 수 없다는 단호한 자세를 표명하였다.

"우리는 서베를린을 수호해야 하는 엄숙한 약속을 하고 있다 … 필요하다면 무력을 사용해서라도"라고 말하였으며, 흐루시초프의 폭탄선언이 발표되자, 미·영·불 3개국은 어떠한 수단 방법으로든지 서베를린을 수호할 결심이라는 성명서를 발표하였다. 위의 책, p.250.

2 1959년 5월 11일-8월 15일 제네바외상회의

베를린 문제의 해결을 논의하기 위해 미·소·영·불 4개국 외무장관과 동서독이 업저버로 해서 제네바회상회의가 개최되었다. 이 자리에서 서방 3개국은 베를린의 지위는 독일이 통일될 때까지 유지되어야 한다는 견해를 밝히고 있고, 소련은 이에 반해 서베를린을 비무장된 자유도시로 전환시켜야 한다고 주장하였다. 쌍방의 입장은 너무나 차이가 나 도저히 합일점을 찾기 어려웠다. 그러나 이 외상회의에서 미·소정상회담이 결정됨으로써 가느다란 희망을 남겼다.

3 1959년 9월 15일-27일 미·소정상회담

아이젠하워(Eisenhower, 1890-1969) 대통령과 흐루시초프 수상은 미국에서 미·소정상회담을 개최하였다. 메릴랜드주의 대통령 별장인 캠프 데이비드(Camp David)에서 회담을 개최하였다. 베를린문제에 대한 견해 차이가 있었던 것은 사실이지만 이 회담은 매우 우호적인 분위기 속에 열렸는데, 이 자리에서 양 정상은 베를린 문제를 해결하기 위한 양국 간의 교섭을 계속 진행하기로 결정하였다. 그래서 1960년 5월에 파리에서 정상회담이 개최되었다. 미국대통령 아이젠하워는 그의 임기 마지막 해에 평화의 중재자가 되고 싶었던 것이다. 그러나 미국정찰기(U_2)가 소련 상공에서 격추됨으로써, 회담은 결렬되고 말았다.[24]

24) 이주영 외(공저), 『제2차 세계대전에서 현재까지』(서울: 삼지원, 1997), p.161.

U_2기 격추사건

1960년 5월 1일에 U_2 미군정찰기가 소련상공에서 격추된 사건이다. 이를 좀 더 구체적으로 설명하면 U_2기 소련 영공을 1920km나 침범하여 소련의 샘미사일에 의해 격추되어 조종사인 파워즈(Powers)가 생포되었는데, 파워즈는 CIA요원으로 소련군사시설을 촬영하기 위한 목적으로 밝혀졌다. 이에 소련은 침략적 도발행위로 강력히 비난하였다. 당시 미국은 1956년 헝가리사건 이래 공산권 내의 군사시설에 관한 자료수집을 위해 고도로 비행설계된 정찰기를 비행 중이었다. 이 사건을 계기로 미·소 간에 심각한 갈등을 초래하였다.

4 케네디의 등장

당시 미국에서는 New Frontier의 기치를 내걸고 새로운 변화를 추구하는 케네디(John F. Kennedy, 1917-1963)가 닉슨과의 대통령 선거에서 11만 8천여 표의 차이로 1961년 1월 19일 제35대 대통령으로 취임하였다. 케네디는 취임 직후인 1961년 6월 오스트리아 비인에서 흐루시초프와 정상회담을 가졌다. 그러나 이 자리에서는 서로 자기 체제의 정당성을 강조하는 것에 그쳤다.[25] 당시 양국이 직면하고 있던 가장 긴장되고 곤란한 문제는 독일문제였다. 흐루시초프는 서베를린을 자유도시로 만들려고 혈안이었고 케네디에게 있어서 이러한 흐루시초프의 의사는 서방연합국의 군대를 서베를린에서 철수시키기 위한 의도로 받아들여졌다. 상호 간의 입장을 확인하는 데만 그치게 되었다. 결과적으로

25) 비인회담의 구체적인 내용은 Schlesinger, Jr., *A Thousand Days*, 金鐵容(譯), 『世界의 大回顧錄全集 16 : 케네디』(서울: 翰林出版社, 1983), pp.176-179.

비인회담은 베를린 문제의 해결에 아무런 대책을 내놓지 못했다.

5 1961년 8월 13일 서베를린 봉쇄

1961년 8월 13일 오전 2시 30분 경에 동독정부는 소련군과 합동으로 서베를린을 동서로 봉쇄하였다. 이것은 서베를린과 외부지역의 교통을 막기 위한 것이었다. 그리하여 공산주의 억압의 상징인 베를린장벽(the Berlin Wall)이 나타나게 된 것이다. 그것은 '철의 장막' 가운데서 가장 눈에 잘 띄는 실례였다. 장벽의 설치로 동독인들은 베를린을 통해 서방세계로 탈출하지 못하게 되었다. 1950년대에 계속되었던 탈출행렬로 동독의 정치적·경제적 안정은 심각하게 위협받아 왔던 것이다.[26)]

3. 베를린위기가 지니는 현대국제관계사적 의미

지금까지 베를린위기에 대해 구체적으로 살펴보았다. 베를린위기가 지니는 의미는 결코 간단하지 않다. 베를린위기가 지니고 있는 국제관계사적 의의는 첫째, 독일분단을 고착화시키는 계기가 되었다는 점이다. 베를린장벽의 설치라는 결과를 초래한 베를린위기로 만들어진 베를린장벽은 이후 1989년 11월 붕괴될 때까지 약 30년 간 설치됨으로써 독일분단 장기화의 중요한 출발점이 되었다. 이로써 독일분단은 구조적 모순으로 정착하기에 이르렀다.

둘째, 베를린장벽은 동서냉전의 상징적 의미를 지니고 있다는 점이다. 동서냉전은 베를린장벽의 구축으로 완전히 뿌리를 내렸다고 평가할 수 있다. 베를린장벽이 설치되었다는 사실 자체는 이제

26) 이주영 외(공저), 앞의 책, p.161.

냉전이 하나의 시대적 기우나 현상이 아니라 시대의 본질이 되었다는 사실을 명확히 하였다고 할 수 있다. 이로써 동서냉전은 베를린장벽이 보여주는 것처럼 동서 간에 도저히 융합되기 어려운 실질적인 '냉전'으로 자리 잡았음을 확실히 해주었다고 평가된다.

셋째, 냉엄한 국제관계의 현실을 표출시켰다는 사실을 언급할 수 있다. 소련의 경우 사회주의 국제노선 실현을 위해서는 가능한 모든 수단을 취하였고, 이에 반해 미국은 베를린장벽 구축에 대해 실질적인 조치를 취하지 않는 무저항적 태도로 일관했다는 점에서 국제관계의 냉엄한 현실을 실증해 주었다. 미국의 입장에서 볼 때 서베를린 문제로 인해 미·소 간에 군사적 분쟁이 일어나는 것을 피하겠다는 생각을 지니고 있었던 것으로 보인다. 이러한 미·소의 태도를 볼 때 국제사회의 동인은 자유, 인권과 같은 인류보편의 가치라기보다는 국가이익(national interest)이 중심임을 새삼 보여주었다.

마지막으로 소련의 비타협적 침략주의가 노골화된 대표적인 사건이 바로 베를린위기조성임을 알 수 있다. 냉전구도의 고착화는 이렇게 볼 때 소련에게 결정적인 책임이 있음을 알 수 있다. 이미 국제회담에서 기결정된 사항을 물리력으로 변경시키려고 한 소련의 행태는 전형적인 패권주의의 행태로, 이후 각 지역별로 미·소 간에 치열한 패권경쟁이 전개될 것임을 예고해 주었다고 할 수 있다.

참고문헌

김학준, 『붉은 영웅들의 삶과 이상』, 서울: 동아일보사, 1997.
金學俊, 『蘇聯政治論』, 서울: 一志社, 1984.
박무성, 『격동의 서양20세기사』, 서울: 한울, 2002.
李貞姬, 『東유럽史』, 서울: 大韓敎科書株式會社, 1995.
이주영 외(공저), 『제2차 세계대전에서 현재까지』, 서울: 삼지원, 1997.
鄭甲泳, "東歐經濟의 比較分析," 金達中·鄭甲泳·成百南(共著), 『東歐의 政治·經濟』, 서울: 法文社, 1992.
정한출판사편집부(편), 『대세계사 권14 : 기로에 선 인류』, 서울: 정한출판사, 1980.
Deutcher, I., *Trotsky, The Prophet Armed(1879-1921)*, 愼洪範(譯), 『트로츠키 : 한 혁명가의 생애와 사상』, 서울: 두레, 1985.
Khruschev, N., *Nikita Khruschev Remembers*, 鄭洪鎭(譯), 『世界의 大回顧錄全集 24 : 흐루시초프』, 서울: 翰林出版社, 1983.
Knight, Amy, *Beria : Stalin's First Lieutenant*, Ptinceton: Princeton University Press, 1993.
Schapiro, Leonard, *The Communist Party of The Soviet Union*, 梁興模(譯), 『蘇聯共産黨史』, 서울: 文學藝術社, 1982.
Schlesinger, Jr., *A Thousand Days*, 金鐵容(譯), 『世界의 大回顧錄全集 16 : 케네디』, 서울: 翰林出版社, 1983.

8

수에즈운하 국유화 사건과 중동문제

현재 중동지역은 냉전시대와 마찬가지로 세계의 화약고라고 칭해질 정도로 테러와 피의 보복이 계속되고 있다. 현재와 마찬가지로 아랍민족주의(Arab nationalism)와 유태민족의 국가재건운동인 시오니즘(Zionism) 간의 한 치의 양보도 없는 유혈투쟁이 계속되어 왔다. 1948년 5월 14일 이스라엘이 독립을 선포하여 건국된 후 4차례에 걸친 중동전쟁을 치루었다. 중동지역은 석유의 보고인 관계로 국제정치적 역학관계가 그 어떤 대륙보다도 치열하게 전개되고 있는 실정이다. 팔레스타인문제가 원활히 어떤 형식으로든지 해결되지 않으면 중동문제는 언제 터질지 모르는 화약고의 역할을 할 것이다.

지금까지 중동은 외세에 짓눌리고 제대로 아랍의 소리를 스스로 내지 못한 채 열강의 권력정치의 소용돌이 속에 휩싸여 왔다. 이러한 아랍의 역사에서 나세르의 등장은 아랍인의 각성을 깨우는 계기가 되었고 더구나 수에즈운하의 국유화 사건은 아랍인의 자존심을 일거에 회복한 아랍민족주의의 상징적 사건으로 기록되고 있다. 국제관계사에 있어서 수에즈운하 국유화 사건이 차지하는 비중은 결코 적지 않다. 수에즈운하는 그 동안 서구 열강의 지배의 상징물이었다. 아랍에 있지만 아랍인은 소외되고 있었던 것이 수에즈운하였다. 이러한 수에즈운하를 거의 전격적으로 국유화를 단행한 것은 아랍과 아랍인의 긍지와 자부심을 불러일으키게 했다. 그러면 수에즈운하 국유화의 배경과 그 의미에 대해 알아보도록 하자.

1. 수에즈운하 국유화의 배경

1 이집트 혁명과 나세르의 등장

1952년 7월 23일 나세르(Gamal Abdel Nasser, 1918-1970)는 89명의 청년장교단과[1] 함께 군사혁명을 단행하였다. 나세르는 피라미드 시대의 영광을 잊어버린 채 2천여 년 동안 외국인의 지배 하에 있던 이집트를 "이집트인의 이집트"를 위해 아랍민족주의(Arab nationalism)의 기치를 걸고 군사정변을 일으켰다. 외세의 비호 하에 있던 부패한 봉건왕조인[2] 파루크(Farouk) 왕을 국외로 추방한 후 대대적인 개혁을 단행하였다. 나세르는 혁명에 성공한 후 다음과 같은 성명서를 발표하였다.

> 이집트 국민여러분! 우리 나라는 역사상 가장 어두운 시대를 살고 있습니다. 부패의 요소는 군에서 조차 파고들어 팔레스티나 패전의 한 요인이 되었습니다. … 어리석고 무능하고 배반적인 무리들이 지휘하는 군은 이미 이집트를 방위할 수 없게 되었습니다. … 이제야 군은 그 능력과 청렴함과 애국심에 의문의 여지가 없는 사람들의 수중에 있습니다. 이집트는 환희와 희망을 갖고 우리의 행

1) 이들은 나세르가 만든 자유장교단(Free Officers)의 일원이다.
2) 파루크왕정의 부패에 대해서는 李相斗, 『나세르와 아랍혁명』(서울: 太陽文化社, 1979), pp.74-80 참조.

동을 맞을 것입니다. 군은 국가 권위의 보증인이라는 사실에 대해 확신을 갖고 있습니다.

나세르는 혁명 후 왕제를 전격적으로 폐지하고 공화제를 대내외에 선언하였다. 나아가 봉건적인 정치구조와 사회경제의 개혁을 강력히 추구하였다. 이집트의 군사정변은 이집트 사회혁명의 출발이자 아랍민족운동의 향방에 새로운 혁신의 바람을 일으키게 한 역사적인 중요한 사건이었다. 당시 이집트 사회와 아랍사회에서는 외세간섭에 대한 반발이 매우 심한 상태였다. 이런 상황에서 아랍의 자존심과 "이집트를 이집트인에게"라는 슬로건을 가지고 등장한 나세르는 이집트인은 물론이고 외세의 억압과 간섭에 찌들린 삶을 살고 있는 아랍인들에게 새로운 희망의 기수로 등장하게 되었다.

2 애스완 하이댐 건설을 위한 재원 마련

애스완 하이댐 건설은 이집트혁명의 숭고한 목표에 직결되는 혁명사업이었다. 애스완 하이댐은 "현대의 피라미드"라고 할 정도로 그 규모가 엄청나 세계적인 관심과 화제를 불러일으켰다. 이집트는 94%가 사막으로 되어 있는 국가로, 리비아 사막과 아라비아 사막으로 둘러싸여 있어 인간이 살 수 있는 곳은 약 3.5%에 불과할 정도로 척박한 자연환경을 지니고 있다. 나일강 유역의 녹지대와 오아시스 등을 제외하고는 인간이 거주하기가 매우 어려운 지역으로 구성되어 있다. 델타지역에 비가 오는 곳은 1년에 불과 이틀 뿐이고 국내의 모든 물은 나일로부터 흘러나온다. 이집트인은 이 강기슭에 매달려 허우적거리며 가난에 시달린다. 어떻게 해서든지 경지면적을 늘려야만 했던 것이다.[3] 이처럼 이집트는 만성적인 강수량부족 상황에 직면해 있었다. 그래서 이집트 정부가 당면한 가장 중요한 과제는 국토개발이고 용수확보였다. 나일강은 세계최장의 강으로 비가 오면 홍수가 나 주변지역을 황폐화시키는 주범이었다. 나세르는 산업화를 가속화시키고 개간지를 개척하고 홍수를 막아 전력을 공급하고 안정적인 용수를 확보하기 위해 나일강을 다스려야 한다는 생각을 하게 되었다. 나일강을 다스리지 못한다면 목숨을 걸고 단행한 군사혁명은 물거품이 될 것으로 확신하였다.

그러나 이 중차대한 사업의 재원확보가 문제였다. 나세르는 1955년 4월 반둥회의를 거치면서 제3세계의 지도자로 급부상하면서 반서구주의와 반제국주의의 기치를 내걸었다. 뿐만 아니라 공산권인 체코로 부터 무기를 구입함으로 해서 서구로부터 배척을 당하기 시작하였다. 1955년 9월 2일 이집트 정부는 체코와 무기협정에 조인했다고 발표했다. 미 국무장관 덜레스는 "중립은 부도덕하다."라면서 이집트에 대한 제재조치를 취했는데, 1956년 7월 19일 미국과 영국은 하이댐 1기 공사에 대한 원조 약속액 7천만 불과 IMF를 통한 2억 불 차관을 취소 시켜버렸다. 나세르에게 있어서 이러한 소식은 엄청난 타격으로, 이집트의 앞날을 막는 결정적인 장애로 생각하였다.

이러한 중대한 상황에 직면한 나세르는 이 위기를 타개할 수단으로 7월 26일 수에즈운하를 국유화하였다. 연간 1억 불에 가까운 운하 수입을 하이댐 공사에 사용키로 하였던 것이다. 당시 국력이 미약하고 열강들이 지배하고 있던 국제정세에서 이러한 조치는 일생을 두고 강행한 최대의 모험이었다.

3) 위의 책, p.197.

3 중동민족주의의 일환

중동은 오랜 세월 동안 열강의 간섭과 침략의 대상이었다. 중동에서 민족주의가 급부상한 계기는 1948년 5월 14일 이스라엘의 독립선언이었다. 제1차 중동전에서 이스라엘이 팔레스타인 영토의 70%를 차지함으로써 약 90만 명의 팔레스타인인들이 강제 축출되었다. 현대판 엑서더스(exodus)로 유랑길에 오른 팔레스타인들은 인접 아랍국에 분산되어 UN난민구제사업기관의 구제대상이 되었다.[4] 제1차 중동전의 패배는 아랍민족주의운동을 고양시키는 계기가 되었고 아랍민족의 단결과 통합운동을 제고하는 출발점이 되었다.

상실감과 좌절감 속에서 자기정체성을 확보하지 못하고 있던 아랍민족에게 수에즈운하 국유화 사건은 아랍민족의 자존심을 결정적으로 고양시키는 결과를 가져왔다. 수에즈운하는 아랍의 지역에 있으면서도 아랍인은 관여하지 못하고 그 운영과 관리가 서구열강들이 맡고 있는 현실은 아랍민족에게 있어서 서구지배의 대표적인 지배의 상징으로 인식되고 있었다. 아랍은 이러한 현실을 아무런 대응책도 내놓지 못하고 "속앓이"만 하고 있는 실정이었다. 아랍민족주의는 어떤 계기를 필요로 하였는데 나세르는 이에 부응하여 수에즈운하를 국유화하였던 것이다.

수에즈운하의 전략적·통상적 역할

수에즈운하는 1869년 개통되었는데, 이 운하는 유럽과 아시아의 교통을 단축하는 역할을 하였다. 운하길이는 지중해의 포트사이드로부터 남쪽 수에즈 만까지 168㎞이

4) 河璟根, 『現代中東政治論』(서울: 法文社, 1985), p.47.

다. 수에즈운하는 군사전략과 통상에 있어서 핵심적인 역할을 담당하고 있었다.

2. 수에즈운하 국유화 과정

서구 열강으로부터 애스완 하이댐에 대한 지원약속이 정면 중단되자 나세르는 그동안 깊이 고려하고 있던 수에즈운하카드를 사용해야 할 시기가 다가왔다고 생각했다. 영국과 미국을 중심으로 하는 서구 열강의 압력에 굴복하는 것은 자신의 혁명의 철학과 부합하지 않는다고 그는 굳게 믿고 있었다. 유고에서 있었던 티토, 네루와의 회담 이후 귀국한 1956년 7월 20일 나세르는 영국에 이어 미국이 애스완 하이댐에 대한 원조계획을 전면 철회한다는 소식을 듣고 매우 분개하였다. 그는 4일 동안 공식적인 태도 표명을 않고 있다가 카이로 교외의 정유 공장 낙성식을 기화로 그의 의사를 강력히 표출하였다. 그의 공격은 영국보다는 미국에 집중되었다.[5] 그의 언급은 다음과 같다.

> 우리 이집트 국민은 제국주의자나 박해자들에게 군사적이든 경제적이든 우리를 지배하도록 용납하지 않을 것이다. 우리는 결코 달러나 무력에 항복하지 않을 것이다. 당신들 미국인은 워싱턴에서 거짓 성명을 밥 먹듯 할 수 있을는지 모른다. 그러나 그 성명이 그릇된 정보에 입각하고 있다면 그것은 비극이 아닐 수 없다. 또한 그것이 세상을 오도하기 위한 것이라면, 미국이 세계 강대국이라는 의미에서도 더 큰 비극이 아닐 수 없다.[6]

5) Robert St. John, *The Boss : The Story of G. A. Nasser*, 鄭仁興(譯), 『世界의 大回顧錄全集 5 : 낫세르』(서울: 翰林出版社, 1983), p.254.

나세르는 더 이상 시일을 끄는 것은 무의미하다고 생각하였다. 그래서 그는 수에즈운하 국유화라는 결단을 마침내 내렸다.

1 1956년 7월 26일 수에즈운하 국유화 선언

나세르는 1956년 7월 26일 목요일 저녁 알렉산드리아의 해방 광장에서 25만의 이집트 민중들 앞에서 3시간에 걸친 열변을 토로하였다.

> 오늘 우리는 혁명 5년째에 접어든 것을 축하하고 있습니다. 우리들은 지금까지의 4년 간을 치욕스런 과거가 낳은 결과에서 이탈하기 위해, 또 수세기에 걸쳐 우리들이 그 밑에서 고역을 치룬 제국주의와 외국 및 국제적인 착취가 낳은 결과에서 벗어나기 위해 노력하고 고투하면서 지내왔습니다.[7]

나세르는 이렇게 전제하고 다음과 같은 폭탄발언을 하였다.

> 정부와 각료 회의는 수에즈 해운회사 및 수에즈운하와 관련이 있는 모든 외국 기관의 해체를 명령한다. 주주들은 카이로 증권 시장의 현 시가로 보상을 받을 것이다. 주권 국가인 이집트의 상무성이 운하의 운영권을 인수한다. 수에즈운하는 바로 우리 것이다. 앞으로 생기는 그 수입도 우리 것이다. 운하는 우리 이집트 국민이 건설했으며, 운하 건설 당시 12만 명의 우리 동포가 희생당했다. 새로운 수에즈운하 회사가 설립될 것이다. 이제부터 우리는 우리 자신의 자주적 노력으로 자립합시다. **수에즈운하는 우제 우리들 자신, 즉 이집트인들에 의해 운영됩니다.**

6) 위의 책, p.254.
7) 李相斗, 앞의 책, p.227.

> **동포 여러분! 제 말이 들립니까? 수에즈운하가 바로 우리들의 것이란 말입니다!**[8)]

이 연설을 듣던 민중들은 믿어지지 않는 현실에 흥분의 도가니에 빠지게 되었다. 듣고 있던 군중들은 날뛰기 시작했다. 그들은 쓰고 있던 모자를 하늘 높이 던지고, 서로 껴안고 키스했다. 어떤 사람들은 서로 팔을 끼고 춤을 추었다.[9)] 나세르의 수에즈운하의 국유화 선언은 연설을 듣던 이들에게 상상하기 어려운 충격을 주었다. 그는 그의 감동적인 연설을 이어갔다.

> 영국과 미국은 7천만 달러의 댐건설 원조를 제의했습니다. 수에즈운하회사의 연간 수입은 1억 달러입니다. 5년 내에 우리는 댐공사를 위한 5억 달러를 확보할 수 있습니다.[10)]

나세르의 이 연설은 중동의 역사를 새로 쓰게 하는 효과를 가져왔다. 나세르는 연설을 마치고 흥분의 도가니에 빠져있는 군중들을 뒤로 하고 이튿날 카이로로 귀환하였다. 그가 도착한 정류장에는 "나세르!"를 외치는 민중들로 인산인해를 이루었다. 그는 이전

---

8) Robert St. John, *The Boss : The Story of G. A. Nasser*, 鄭仁興(譯), 앞의 책, p.255(진한 글씨는 필자의 강조내용임).

9) 위의 책, p.255.

10) 위의 책, p.256. 그러나 그가 인용한 통계 숫자는 의문을 자아내는 것이었다. 공사 기간 중에 국적을 막론하고 사고로 희생당한 사람은 통틀어서 수백 명에 불과했는데, 사실상 10년의 공사 기간 중 평균 사망률은 1만 명 중 17명 꼴이었으며, 연간 동원 인원은 2만 명에 불과한 것이었다. 그리고 운하의 수입에 있어서도 연간 1억 달러라는 숫자는 순이익이 아니라 총수익고였다. 그러나 나세르의 이와 같은 숫자놀음에 이의를 제기하는 이는 아무도 없었다. 위의 책, p.256.

의 나세르가 이미 아니었다. 전 아랍인과 정부의 지도자로부터 전보를 받게 되었고 아랍인민의 새로운 지도자로 급부상하였다. 이제 문자 그대로 '나세르의 시대'가 개막된 것이다.

2 수에즈운하 국유화 선언에 대한 국내외의 반응

나세르의 선언은 이집트 국민 뿐아니라 강력한 전파를 타고 아랍세계 전역에 방송되었다. 운하 국유화는 민족주의에 눈 뜨기 시작해, 장기간에 걸친 영국과 프랑스 제국주의의 중동지배에서 벗어나려는 아랍 민중들을 크게 고무시켰다.11) 수에즈운하 국유화 선언에 대해 아랍인의 반응과 세계 열강의 반응은 완전 판이하였다. 이집트인을 포함한 아랍인의 반응은 열광 그 자체였다. 원래 중동과 지중해연안·사하라 아프리카는 역사적으로 문화적·종교적 공통성을 지니며 회교 문화권에 속한다. 중동은 근대에 와서는 동서문화의 교차점이지만, 그 이전은 중동은 그 자체가 하나의 문명 세계였다. 현존하는 3대종교인 유태교·기독교·회교는 중동에 지리적인 근원을 가진다. 뿐만 아니라 유럽의 과학기술은 근 3-4천년 전에 중동에서 시작된 수학(mathematics)과 과학의 발흥의 산물이다. 이들 과학과 수학은 오늘날에 있어서는 이집트 및 바빌로니아의 전통을 계승한 그리이스 사상가 및 아랍어로서 전달한 학자들에게 직접적으로 근원하는 것으로 알려지고 있다.12) 이처럼 중동지역은 자기 스스로의 사상과 정체성에 의해 고유한 문

11) 요미우리신문사(엮음)·이종주(옮김), 『20세기의 드라마 II : 20세기의 꿈과 현실』(서울: 새로운 사람들, 1996), P.150.

12) 金永俊, 『新生國政治論 : 比較政治의 研究의 研究』(서울: 一潮閣, 1986), pp.173-174.

명을 발전 시켜 왔다. 그래서 아랍인들은 자신의 역사와 문명에 대한 강한 자부심과 긍지를 지니고 있다.

아랍사회는 3개형의 통일성, 즉 언어적·사회적·종교적 및 정치적 통일성을 가져왔다.13) 아랍문화권은 언어와 종교의 동일성에 의하여 아랍민족에게 일체성을 부여했다. 그러므로 현재의 아랍민족주의가 동일한 언어를 사용하며, 동일한 종교를 신봉하는 아랍지역에서 발생하는 한 회교문화의 유산을 과거와는 그 형태에 있어 상이하다 하더라도 계승하는 것이라고 하지 않을 수 없다. 즉, 아랍민족에게 공통적인 정치적 기반과 문화가 고도화될 수 있는 환경이 부여되어 왔다.14) 이러한 정치적·문화적 전통을 지니고 있는 아랍인에게 그동안의 근현대사는 치욕이고 굴욕이었다. 그런데 나세르가 외세의 축출을 말하면서 수에즈운하 국유화를 전격적으로 선언하자 전 아랍인들은 한마디로 "광분"하였다. 마치 제2차 세계대전 시 히틀러만세를 외치던 독일인들 처럼 아랍인들은 나세르만세를 외치고 아랍의 영광을 새롭게 외쳤다.

반면에 서방의 반응은 정반대였다. 나세르를 아랍세계의 영웅으로 만든 수에즈운하 국유화선언은 서방세계에게는 더할 수 없는 모욕이요, 복수로 받아 들여졌다. 즉각적으로 빗발치는 비난의 소리가 곳곳에서 일어났고, 신경질적인 반응이 나타났다.15) 우선 이집트의 수에즈운하에 대한 기득권을 지니고 있던 영국과 프랑스는 나세르의 선언에 극렬한 비난과 반대의견을 표명하였다. 국유화선언 이튿날 영국은 카이로주재 대사관을 통해 정식항의를 전달했

13) Harold L. Hoskins, *The Middle East : Problem Area in World Politics* (New York: Macmillan, 1955), p.142.

14) 金永俊, 앞의 책, p.179.

15) 李相斗, 앞의 책, p.234.

다. 프랑스는 나세르를 반역자와 약탈자로 규탄하면서 군사개입의 움직임을 나타냈다. 가장 격렬하게 반대입장을 취한 이든 영국 수상은 긴급각의(閣議)를 소집, 응징책을 논의했다.[16)]

영국은 비상각의에서 결정한 바와 같이 영국은행과 각 상업은행에 대하여, 현재 런던에 보유되고 있는 이집트 계정잔액을 묶어둘 수 있는 권한을 부여하였다. 런던에 있는 수에즈운하 회사의 기금과 재산은 이집트에 몰수되지 않도록 보호하였다. 이집트에 무기와 군수물자를 수출하는 것이 금지되었다.[17)] 영국이 수에즈운하에 지니고 있던 생각은 나세르선언 당시 영국 수상이었던 이든의 언급에서 보다 명확하게 드러나 있다.

> 나세르가 국제협약을 무시하여 운하의 관리권을 강점하도록 구경만 할 수 없다는 결정을 내리게 됐다. 수에즈운하는 하나의 국제적인 재산이었으며, 1888년의 협정 이후로 국제적인 재산으로 간주되어 왔던 것이다. 근년에 들어와서 이 운하는 중동 유전의 개발로 말미암아, 그리고 서유럽이 그 석유공급의 커다란 부분을 이 유전에 의존하게 됨으로써 점차 그 중요성이 늘게 되었다. 이 유전 4분의 3이 NATO 가맹국에 소속되고 있었으며, 그중 약 3분의 1이 영국의 것이었다. 영국정부는 필요하다고 생각되는 경우에는, 무력에 의해서라도 이 지역에 있어서의 우리들의 필수적인 권익을 보호하여야 하며, 또한 불가결한 준비를 하여야 한다는 것을 결정하게 되었다. 이 운하의 국제적인 유지가 실패로 돌아가면, 중동에 있어서의 우리들의 권익과 재산은 하나 하나씩 상실될 것이며, 영국 정부가 단독으로 행동하지 않으면 안 된다 할지라도, 영국 정부의 입장을 옹호하기 위하여 실력행사를 그만 둘

16) 위의 책, p.234.

17) Anthony Eden, *The Memoirs*, 朴觀淑(譯), 『世界의 大回顧錄全集 21 : 이든』(서울: 翰林出版社, 1983), p.374.

수도 없었다. 이것이 우리들의 공공연한 견해였으며, 나는 아직도 이러한 입장을 지지하고 있다.[18]

이러한 수에즈운하가 지니는 중요성에 대한 이든의 발언은 그 어떤 경우라도 수에즈운하의 관리권을 이집트에 넘겨줄 수 없다는 의지의 표현이라고 할 수 있다.[19] 양 측은 도저히 타협할 수 있는 그 어떤 근거도 찾기 어려운 상황에 직면하였다. 프랑스는 국회에서 나세르를 "평화에 대한 위협"이라 낙인찍고 아랍세계의 주도권을 잡으려고 획책하고 있다는 결의안을 통과시켰다. 동시에 영국과 같이 예비역에 대한 소집명령을 내렸다. 영·불은 이외에도 이집트에 대해 갖가지 경제적 보복조치를 취했다. 영국에 있는 이집트의 파운드잔고를 동결시켰고, 수에즈운하회사의 자산을 이집트로 갖고 나가는 것을 금지시켰다.[20] 나세르는 이러한 서구열강의 조치에 굴복하지 않고 공세적 대응조치를 취하였다. 그는 운하지역에 계엄령을 선포하고 모든 보안 조치를 철저히 취하라고 명령하였다.[21] 국제사회는 향후 사태의 추이에 예의주시하고 있었다.

---

18) 위의 책, p.371.

19) 이든은 수에즈운하의 중요성에 대해 또한 다음과 같이 언급하고 있다. "이 운하는 국제적인 재산인 동시에 시설이며, 자유세계의 사활이 달려있는 것이다. 여러 해양국가는 나세르가 이 운하를 몰수하고 착취하여, 그 운하 자체와 운하 사용자의 이익을 무시한 자기 나라만의 숨겨진 목적을 위하여, 운하사용료를 이용하는 것은 도저히 용납할 수 없다." 위의 책, p.373.

20) 李相斗, 앞의 책, p.237.

21) Robert St. John, *The Boss : The Story of G. A. Nasser*, 鄭仁興(譯), 앞의 책, pp.256-258.

3 런던의 24개국회담과 사절단의 협상실패

나세르의 선언 직후 런던에서 열렸던 이든, 덜레스(미 국무장관), 피노(불 외상) 간의 3자회담에서 8월 16일 수에즈운하 주요 이용국을 중심으로 하여 런던에서 회의를 개최하기로 합의하였다. 또한 회의 참가국에 대해서도 합의를 보았는데, 소련을 포함한 콘스탄티노플 조약의 8개 서명국에 초청장을 보내자는 미국의 요구를 영국과 프랑스가 받아들였다. 미국은 중량과 무역에 의하여 선정된 주요한 운하 사용국인 16개국에도 초청장을 보내자는 안에 동의하였다. 이 24개국의 명단이 8월 2일 저녁, 토의가 끝날 무렵 발표된 성명서에 명시되었다.[22]

애초 참석하기로 했던 나세르는 여러 상황을 고려하여 불참하는 대신 관방장관 알리 사브리를 보내면서 대사관에 머물러 옵서버로서 행동하도록 지시했다.[23] 대신 나세르는 기자회견을 자처하여 수에즈운하 국유화선언의 당위성과 서구 열강의 제국주의적 조치에 대해 항거했다. 그는 "이집트 정부는 국제기구를 창설하자는 일부의 제안이 집단적인 식민주의 체제를 갖추자는 말 이외에는 아무 것도 아니라고 생각한다."고 말하고, 미국·영국·프랑스가 이집트 국민을 위협하고 아사(餓死)시키기 위한 공모를 하고 있다고 비난했다.[24]

---

22) Anthony Eden, *The Memoirs*, 朴觀淑(譯), 앞의 책, p.383. 콘스탄티노플條約은 1888년 10월 29일, 콘스탄티노플에서 英·佛·獨·露·伊·터키·스웨덴·오스트리아·헝가리·네덜란드의 9개국이 조인한 수에즈運河의 自由航行에 관한 조약이다. 戰時·평시에 관계없이 모든 나라의 商船 및 군함에 운하를 개방하고 절대로 봉쇄해서는 안 된다는 것을 규정하고 있다. 李相斗, 앞의 책, p.238.

23) 위의 책, p.239.

24) Robert St. John, *The Boss : The Story of G. A. Nasser*, 鄭

수에즈운하의 국유화선언이 가져다 준 국제적 파장을 논의하기 위해 관련국 24개국이 8월 16일 런던의 랭카스타 하우스에서 열렸다. 여기서는 덜레스가 제안한 안이 대체적으로 채택되었는데, 덜레스가 밝힌 내용을 보면 국제관리의 원칙을 주장하고, 이집트의 주권을 인정하며, 이집트에게 운하사용에 대한 공정한 보수를 보증한다는 것이다.[25] 이 회의에서 가장 중요한 골자는 나세르의 국유화선언을 인정할 수 없고 수에즈운하는 국제사회의 공동자산이기 때문에 국제기구에서 공동관리한다는 것이다.[26] 나세르로서는 도저히 받아들이기 어려운 제안이었다.

런던의 국제회의의 결정에 따라 이집트 정부에 동 제안을 설명하기 위해 호주 수상 로버트 멘지스가 단장으로 하는 사절단이[27] 회담 직후인 9월 3일 카이로에 도착하였다. 사절단의 임무는 막중했다. 만약 이 사절단과 이집트 정부 간에 조율이 되지 않는다면 종국으로 가야할 길은 전쟁 뿐이었다. 사절단은 최후의 담판이라는 각오로 카이로로 향했다. 전 세계가 이 사절단과 이집트 정부 간의 회담에 촉각을 곤두세웠다. 24개국회담에서 18개국이 합의 동의한 제안서를 가지고 나세르와 회담을 하였다.[28] 멘지스는 나

仁興(譯), 앞의 책, p.260.

25) 위의 책, p.295.

26) 이 제안에 대해 인도, 소련, 인도네시아, 실론은 반대하였다. 반면 같은 회교국인 이란, 파키스탄 및 터키는 찬성하였다.

27) 이 사절단에는 5대륙의 대표들이 참여하였는데, 오세아니아주를 대표하여 멘지스가, 아시아를 대표하여 이란대표가, 아프리카를 대표하여 이디오피아가, 유럽을 대표하여 스웨덴이, 미주를 대표하여 미국대표가 공동으로 참여하였다. 이는 그만큼 수에즈운하 국유화선언이 국제사회에 미친 파장이 엄청난 것임을 보여주는 것이다.

28) 당시 영국 정부는 멘지스위원회의 활동이 실패할 경우 즉각 국제연합에 제소할 것을 8월 28일 결정하고 있었다.

세르와 3차례 회담을 하면서 18개국이 합의한 각서의 내용을 자세히 설명하고 나세르의 이해를 구했다. 멘지스는 다음과 같은 요지의 각서를 전달했다.

> 우리들이 대표하고 있는 여러 국가는 운하가 모든 국가의 선박에 자유로이 이용될 수 있는 수로로서 유지되고 개발되려고 한다면, 이 운하가 정치로부터 분리되어야 하며, 또한 운하 운영의 관리가 최대한의 국제적 신뢰와 협력을 확보하게 하는 기초 위에 두어져야 한다는 명확한 신념을 가지고 있다. … 이집트와는 장구한 우호의 역사가 존재한다. … 우리들은 모두가 이집트의 완전한 자치달성을 환영했고, 우리들은 실행하고 있거나 또는 제안되고 있는 행위에 있어서도, 이집트의 주권과 국가적 존엄을 훼손하는 일은 전혀 없다는 것을 알아주기 바란다.[29]

나세르는 이러한 18개국이 공동으로 서명한 제안서에 대해 심사숙고한 후 단호하게 거절하였다. 그는 "운하를 정치로부터 절연시키려고 하는 생각은 비현실적이며, 운하를 이집트의 정치적 생명으로부터 분리시키는 것은 도저히 불가능하다."고 말하였고 동시에 "국제기관은 집단적 식민주의를 의미하는 것"이라고 수차에 걸쳐 언명하였다.[30] 멘지스는 이집트가 운하를 소유하는데 그치고, 그 대신 운하의 사용국들이 차용세를 내는 형식으로 그것을 운용할 수 있도록 해야 된다고 설득했다. 나세르는 외국인들이 차용자의 입장을 취하든 말든 이집트 영토 내에서는 아무 것도 할 수 없다고 말했다. 나세르는 사절단과 회담하는 중에 서방 측이 이집트에 적대행위를 취하고 있다고 통렬히 비난했다.[31] 이로써 사절단

29) Anthony Eden, *The Memoirs*, 朴觀淑(譯), 앞의 책, p.412.
30) 위의 책, p.413.

의 임무는 실패로 돌아가 버리고 말았다.[32)]

4 제2차 중동전쟁의 발발과 나세르의 승리

멘지스위원회의 카이로회담의 실패는 국제정세를 보다 극박하게 돌아가게 만들었다. 영국과 프랑스는 런던회의의 결과가 무산되자 수에즈운하의 운영을 방해하는 전략을 사용하여 기술진을 철수시켰으나, 나세르는 굴하지 않고 소련과 세계각지에서 기술자들을 초청하였기 때문에 운행에는 전혀 지장이 없었다. 영・불의 입장에서 이제 교섭을 통한 마지막 기회는 유엔에 호소하는 수단만이 남아 있을 뿐이었다. 유엔에서 실패할 경우 전쟁의 길로 갈 수밖에 없는 엄중한 상황이었다. 왜냐하면 영・불과 이집트 간에는 그 어떤 합일점도 없이 완전 평행선을 치닫고 있었기 때문이다. 당시 프랑스의 경우 이집트의 수에즈운하 국유화는 종국적으로 중동전체가 이집트보다도 오히려 소련의 지배 하에 들어갈 위험성이 큰 것으로 생각하고 있었고 영국은 나세르의 수에즈운하 국유화는 국제협정의 우롱을 결코 방관할 수 없다는 입장을 확고하게 지니고 있었다.[33)] 이러한 영국의 입장은 이든이 아이젠하워 미 대통령에 보낸 서한에서 명확히 표출되고 있다.

---

31) Robert St. John, *The Boss : The Story of G. A. Nasser*, 鄭仁興(譯), 앞의 책, p.261.

32) 수에즈운하 해결을 위해 국제사절단이 이집트에 도착했을 때 멘지스는 나세르에게 "국제관리안의 거부는 분쟁의 시작이 됩니다."고 말했으나 나세르는 화를 내면서 "국제관리안을 거부하는 일은 분쟁의 시작을 의미한다는 말은 나에 대한 협박이며, 협박받은 상태에서 교섭할 생각은 없오"라고 말함으로써 협상은 실패로 끝나고 말았다. 이에 대해서는 李相斗, 앞의 책, p.240 참조.

33) Anthony Eden, *The Memoirs*, 朴觀淑(譯), 앞의 책, pp.436-437

중동이 석유의 공급원을 잃은 것과 함께 장기적인 군사 작전이 서유럽의 경제에 말할 수 없는 긴장을 가져올 것이라는 데 대하여는 귀하와 의견을 같이한다. 나는 우리들이 군사개입에 따르는 부담과 위협을 알고 있음을 귀하에게 자신 있게 말할 수 있다. 그러나 우리들이 옳다고 한다면, 그리고 영국과 모든 서유럽이 소련의 명령에 따라 움직이는 이집트에 의하여 협박 착취될 때까지 나세르의 계획이 착착 진행되도록 내버려 두는 것이 유일한 길이라면, 우리들의 임무는 분명하다고 생각한다. 우리들은 여러 차례, 유럽을 이끌어 자유를 위하여 싸워 왔다. 만약 우리들이 한 걸음 한 걸음 멸망에 이르는 길을 눈감아 둔다고 한다면 유구한 우리네의 역사에 오점을 찍고 말 것이다.[34]

그동안의 교섭과 대화가 무위로 돌아가자 드디어 수에즈문제가 10월 5일 유엔안보리에 제기되었고 여기서 수에즈문제 해결을 위한 6개 원칙이 제기되었다.[35] 이 결의안은 소련과 유고가 부결하였고 소련이 거부권을 행사하여 실효되고 말았다. 당초 예상한 대로 유엔에서의 제소는 소기의 성과를 거두지 못하고 실패하고 말았다. 이와 때를 맞춰 이스라엘은 10월 28일 총동원령을 내리고 다음날 시리아반도를 침공하였다. 10월 23일 헝가리봉기로 세계의 이목이 동구에 집중되고 있는 상황을 감안하여 거의 전격적으로 침공을 단행했다. 이스라엘은 공수부대를 신속하게 시나이반도의 미트라통로에 투하시켜 시나이반도의 요충지를 점령했으며 이

34) 위의 책, p.410.

35) 6개 원칙은 ① 운하의 自由通過, ② 이집트의 主權존중, ③ 운하의 운영은 어떤 나라의 정치로부터 분리한다, ④ 通行稅는 이집트와 利用國에서 정한다, ⑤ 운하수입의 공정한 비율을 운하 改善에 사용한다, ⑥ 紛爭발생의 경우는 調整으로 해결한다는 것이다. 李相斗, 앞의 책, p.242.

스라엘지상군은 공수부대의 작전개시를 신호로 시나이반도에 진주하였다.[36]

시나이반도에 주둔하고 있던 이집트군은 손 쓸 여력도 없이 궤멸되고 말았다. 동시에 영・불군이 10월 31일 이집트의 수도 카이로에 공습을 감행하였다. 카이로 비행장이 완전 파괴 되었고 이집트공군은 전멸되고 말았다. 이집트군대는 체코무기의 도입으로 비교적 우수한 무기를 보유했음에도 불구하고 이집트공군의 파괴와 동시에 작전의 미숙으로 쉽게 패배의 고배를 마셔야 했다.[37] 절체절명의 상황에서 일부 각료가 항복을 권하는 것을 거부하고 나세르는 단호한 결사항전의 자세를 보였다. 그는 폭격이 계속되고 있는 상황에서 영・불과의 외교관계단절을 명령하였고, 이집트 내의 모든 영국 및 프랑스재산의 압수와 수에즈운하의 폐쇄를 명령했다. 그리고 그는 카이로가 점령될 경우 정부를 상부의 만카바드진지로 옮기고 만약 그곳도 점령되면 사우디아라비아로 정부를 옮겨 망명정부를 구축할 것이라는 각오도 밝혔다.

그리고는 그는 비장한 각오로 카이로 방송의 스튜디오로 직접 나가 '나의 형제들에게'란 제목의 연설을 하였다.

> 나는 여러분 한 사람 한 사람에게 특별히 할 말이 있습니다. 이집트는 지금 영광스럽고 존엄하고 선량한 생활을 영위할 수 있는가, 혹은 외국인에 의한 독재를 허용할 것이냐 하는 중대한 기로에 서 있습니다. 나의 형제들이여, 여러분 한 사람 한 사람이 모두 민족 해방군의 전사(戰士)입니다. 우리는 충분한 무기를 가지고 있으며, 여러분은 누구나 무기를 소유해야 되겠습니다. 우리는 집집마다

36) 河璟根, 앞의 책, p.50.
37) 위의 책, p.50.

그리고 마을 마다 최대의 힘을 다해서 싸우고 싸워서 항복해서는 안 됩니다. **나는 마지막 피 한 방울까지 바쳐 여러분 옆에서 싸울 것을 약속합니다**.[38]

나세르의 결사항전의지는 이집트인과 아랍인들에게 큰 용기를 불러일으켰다. 10월 31일부터 열린 유엔긴급총회에서는 미·소가 공동보조를 취해 영·불을 침략자로 규탄하는 유엔사상(史上) 가장 진귀한 광경이 벌어졌다. 유엔은 즉각적인 정전(停戰)을 촉구하는 미국의 결의안을 통과시켰다. 오스트레일리아·뉴우질랜드 및 3개의 침공국가를 제외한 미국, 소련과 그 이외에 62개국이 휴전에 찬표를 던졌다.[39] 미·소 양 대국에 의한 그러한 압력은 영·불 양국으로 하여금 정전에 합의하지 않을 수 없게 하였고 그 결과 11월 7일 정전이 이루어졌으며 동시에 11월 24일에는 UN 총회에서 영·불·이스라엘 3개 점령군의 즉각 철수가 결의되었다.[40] 이어 UN은 유엔사상 처음으로 국제경찰군을 창설하여 전후의 질서를 위해 접전지역에 파견되어 영·불과 이스라엘 군의 철군을 지켜보았다.

이로써 나세르는 군사적인 패배는 당하였으나 대국들의 적절한 개입으로 정치적으로 큰 승리를 거두게 되었다.[41] 나세르는 이러한 과정을 거친 후 오우픈카아를 타고 알아자르로 갔다. 시민들은 어느 때보다도 광적으로 그를 환호했다. 사원에 들어서자, 그는 넓은 마루에 깔린 울긋불긋한 금빛 양탄자 위를 단숨에 걸어 들어

38) Robert St. John, *The Boss : The Story of G. A. Nasser*, 鄭仁興(譯), 앞의 책, p.269(진한 글씨는 필자의 강조내용임).

39) 위의 책, p.271.

40) 河璟根, 앞의 책, p.51.

41) 위의 책, p.51.

가서 가파른 계단 위에 있는 연설대에 등단하여 수많은 군중을 내려다보았다. 10일 간의 전쟁에 대한 그의 발언은 카이로 방송 내용과 대동소이한 것이었으며, 그는 청중들에게 연설하면서 "전 세계는, 심지어 영국 내의 자유민들도 우리 편에 서 있으며, 이집트는 단결되었다. 강력하며 단호한 결의 차 있다."고 선언했다. 아랍의 새로운 영웅이 탄생하는 순간이었다.

3. 수에즈운하 국유화선언의 의미

수에즈운하 국유화선언이 지니는 현대국제관계사적 의미는 간단치 않다. 나세르는 이 사건을 계기로 당시 1억 5천 5백만 명의 아랍인의 지도자와 4억 3천만 명의 이슬람세계의 지도자로 급부상하였다. 외세의 압력과 침공에도 굴복하지 않고 최후의 순간까지 결사항전을 추구한 나세르는 그동안 외세의 침략과 개입에 굴복하면서 굴종적인 삶을 살아왔던 아랍인들에게 새로운 희망과 긍지의 상징이 되었다. 나세르와 정면대결을 펼쳤던 영국의 이든 수상은 자신의 회고록에서 "수에즈운하는 여러 가지 다른 형태로 나타나고 있는 아랍민족주의와 이집트의 야망으로부터 분리될 수 있는 문제가 아니다."라고[42] 말하고 있듯이, 수에즈운하의 국유화는 아랍민족주의의 부상을 뜻하는 것이라고 할 수 있다. 그러면 수에즈운하 국유화선언이 함유하고 있는 의미를 하나 하나씩 살펴보도록 하자.

첫째, 나세르는 수에즈사건을 계기로 아랍민족주의의 상징적 인물로 부상하게 되었다는 사실을 지적할 수 있다. 나세르는 제2차 중동전쟁에서 비록 전쟁에서는 패배했지만 정치적으로 승리하여

42) Anthony Eden, *The Memoirs*, 朴觀淑(譯), 앞의 책, pp.407-408.

그동안 지도자 없어 표류하던 아랍세계의 새로운 구심적인 인물이 되었다고 할 수 있다. 지금까지 순종만을 하던 역대 지도자에 비해 나세르는 수에즈사건을 통해 강대국에 대해 과감히 대결하여 독립국가로서의 존엄성을 전 세계에 선양하였다는 점에서 아랍인의 가슴 속에 희망과 긍지를 심어주었다고 평가된다.

나세르는 자신과 아랍이 당면한 문제를 민족주의 차원에서 해석하고 있다. 나세르는 자신의 저서인 『혁명의 철학』에서 다음과 같이 언급함으로써 그가 아랍민족주의의 대표적인 상징임을 절감하게 하였다.

> 현재 우리가 휩쓸려 들고 있는 이 싸움은, 제국주의와 그 지지자들에 대한 것이며, 제국주의적인 방법에 대한 투쟁인 것이다. 우리는 또한 제국주의의 도구로써 아랍세계의 한가운데에, 그전에 팔레스티나를 말살시켰던 것과 똑같이, 우리의 내셔널리즘을 말살시키려는 목적으로 만들어진 이스라엘에 대한 투쟁인 것이다. 우리는 자유와 아랍주의를 고수하려고, 아랍 조국이 대서양으로부터 페르시아만까지 확대할 것을 요구하면서 투쟁할 결심이다. **아랍 민족주의는 전진을 계속하고 있으며, 이윽고 승리를 거두게 될 것이다**. 민족주의는 스스로의 나아갈 길을 알고 있으며, 누가 우방이며, 누가 적인지를 이해하고 있는 것이다.43)

둘째, 아랍제국의 국제적 위상을 새롭게 정립한 점을 들 수 있다. 수에즈운하 국유화선언을 통한 나세르의 서구에 대한 도전은 아랍이 결코 강대국의 분할통치(divide and rule)의 대상으로만

43) Gamal A. Nasser, *The Philosophy of the Revolution*, 鄭仁興(譯), 『世界의 大回顧錄全集 5 : 낫세르』(서울: 翰林出版社, 1983), p.394(진한 글씨는 필자의 강조내용임).

안주하고 있지 않다는 사실을 보여준 쾌거였다. 나세르가 수에즈 운하의 국유화선언에 대한 영·불의 개입을 식민주의로 간주하고 강력하게 저항한 것은 나세르 개인의 욕망의 차원이 아니라 아랍인들이 저변에서 느끼고 있는 점을 대변했다고 할 수 있다. 나세르의 선언을 계기로 이제 아랍은 과거의 아랍이 아니라 국제사회에서 진정한 주권평등국으로 대접받는 출발점이 되었다.

수에즈선언 이후 달라진 아랍의 위상에 대해 나세르는 다음과 같이 언급하고 있다.

> 이집트가 자유롭고 독립된 정치 방침을 천명한 이래, 세계는 이집트를 무시할 수 없는 하나의 세력으로서 인정하기 시작했다. 과거에 있어서는, 그들은 우리를 완전히 무시하고 있었으나, 오늘날에는 우리들 이집트인을, 또한 **아랍민족과 아랍민족주의를, 예전에 비해서 천 배나 그들의 계산에 넣고 고려하지 않으면 안 될 세력으로 간주하고 있는 것이다**. 과거에 있어서 우리는 그들의 관청-고등판무관의 관청 앞에서 벌벌 떨고 있는 것이 상례였다. 그러나 우리의 원칙을 성명한 이후, 우리의 통일과 민족 정신의 형성 이후, 또한 제국주의·전제주의·외국지배 및 착취에 대한 항쟁 이후에 있어서는, 그들은 우리가 스스로의 지반을 가진 한 나라였다는 것을 인식했다.44)

셋째, 나세르의 조치는 1958년 2월 아랍연합공화국(the United Arab Republic) 창설을 촉진시켜주는 촉매제 역할을 하였다는 점을 아울러 언급할 수 있다. 아랍연합공화국은 시리아와의 국가통합을 말하는데, 이는 범아랍주의를 주장하는 나세르의 이상국가의 현실화의 제일보를 보여주었다는 점에서 큰 의미가 있다고 하

44) 위의 책, p.394(진한 글씨는 필자의 강조내용임).

겠다.

넷째, 나세르의 선언과 그 이후의 사건의 전개는 중동에 대한 강대국의 지배질서 구도의 변화를 몰고 왔다는 점이다. 나세르가 "우리는 제국주의자와 억압자가 우리 위에 군림하는 것을 허용하지 않는다. 과거의 역사가 되풀이되는 것을 승인할 수 없다. 우리는 이집트를 굳건한 지반 위에 세우고, 정치적 및 경제적 독립을 향해 진전해 갈 작정이다. 우리가 과거를 되돌아보는 것은 과거의 잔재-노예와 착취와 지배의 잔재-를 분쇄해 버리기 위해서이다."라고[45] 언급한 것은 결코 과장이 아니다. 수에즈운하 사건은 중동에 있어서의 서구세력의 일방적 통행에 변화를 가져왔다. 즉, "유럽제국주의의 마지막 발작"으로[46] 인식되고 있었다. 나세르는 반서구주의와 친소주의를 노골적으로 표출함으로 해서 미국의 중동에 대한 적극적인 정치를 야기시켰다. 이후 석유자원과 군사적 전략성을 지니고 있는 중동에 대한 강대국의 분열책동이 더욱 더 가속화되었다.

다섯째, 수에즈문제는 중동의 정치구조에서 큰 역할을 하고 있는 PLO(Palestine Liberation Organization) 창설의 직접적인 원인이 되었다. 즉, 중동의 근본적인 문제인 팔레스타인문제에 대해 전 아랍인의 관심과 이목을 집중시켜서 나세르의 주선에 의해 1964년 1월 제1차 아랍정상회담에서 결성하게 된 것이다. 그는 중동문제의 핵심 사항 중의 하나가 팔레스티나문제로 인식하고 있는데, 그의 팔레스티나에 대한 인식은 다음과 같다.

45) 위의 책, pp.412-413.

46) John Bayllis and Steve Smith, *The Globalization of World Politics* , 3rd Edition, 하영선 외(옮김), 『세계정치론』(서울: 을유문화사, 2006), p.107.

우리에게 있어서 아랍권이 가장 중요하다. 가장 긴밀하게 연결되어 있는 것이라 함은 의심할 여지가 없는 것이다. 그 역사는, 우리 역사와는 분리시킬 수가 없다. 우리는 똑같은 고통을 함께 겪었으며, 똑같은 위기를 함께 넘겼고 우리가 정복자의 말발굽에 짓밟혔을 때, 그들도 함께 쓰러져 있었던 것이다. … 팔레스타나의 위기가 지평선상에 다가왔을 때, 팔레스티나 전쟁은, 다른 나라에서 행해지고 있는 전쟁이 아니라는 사실을 확신하기에 이르렀다. 그리고 그것은 감정만으로서 도발되는 것은 아니며, 팔레스티나 전쟁은 오직 기지 방위를 위한 의무인 것이다.47)

47) Gamal A. Nasser, *The Philosophy of the Revolution*, 鄭仁興(譯), 앞의 책, pp.369-370.

참고문헌

金永俊, 『新生國政治論 : 比較政治의 硏究의 硏究』, 서울: 一潮閣, 1986.

李相斗, 『나세르와 아랍혁명』, 서울: 太陽文化社, 1979.

河璟根, 『現代中東政治論』, 서울: 法文社, 1985.

요미우리신문사(엮음)·이종주(옮김), 『20세기의 드라마 II : 20세기의 꿈과 현실』, 서울: 새로운 사람들, 1996.

Bayllis, John and Steve Smith, *The Globalization of World Politics* , 3rd Edition, 하영선 외(옮김), 『세계정치론』, 서울: 을유문화사, 2006.

Eden, Anthony, The Memoirs, 朴觀淑(譯), 『世界의 大回顧錄全集 21 : 이든』, 서울: 翰林出版社, 1983.

John, Robert St., *The Boss : The Story of G. A. Nasser*, 鄭仁興(譯), 『世界의 大回顧錄全集 5 : 낫세르』, 서울: 翰林出版社, 1983.

Hoskins, Harold L., *The Middle East : Problem Area in World Politics* , New York: Macmillan, 1955.

Nasser, Gamal A., *The Philosophy of the Revolution*, 鄭仁興(譯), 『世界의 大回顧錄全集 5 : 낫세르』, 서울: 翰林出版社, 1983.

9

쿠바미사일위기의 원인과 의미

제2차 세계대전이 발생한 후 수많은 사건들이 있었다. 오늘 우리가 살아가고 있는 현 세기는 과거의 역사적 사건들이 중첩되어 이루어졌다고 말할 수 있다. 우리는 과거의 역사적 사건을 통해서 현재의 문제들을 극복할 수 있는 어떤 교훈과 계기를 마련해야 한다. 현재 우리는 리더십의 위기에 놓여 있다. 우리 손으로 뽑은 지도자들은 온갖 추문과 부조리로 인해 국민으로 외면당하기 일쑤였다. 우리는 쿠바미사일위기와 케네디의 리더십을 통해 위기에 직면한 현실을 극복한 참다운 리더십의 유형을 발견하게 된다. 쿠바미사일사건은 과연 무엇이고 케네디는 과연 어떤 대응으로 이 위기를 극복했기에 그토록 오랜 세월동안 케네디의 리더십을 말하고 있는가?

그의 대통령 재임은 불과 2년 10개월에 불과했다. 그는 미국 역사상 가장 젊은 나이인 43세의 나이로 대통령에 당선되어 46세 때인 1963년 11월 22일 텍사스 달라스에서 오스왈드에 의해 너무나 비극적인 최후를 맞이하였다. 케네디의 삶과 행태를 통해 지도자는 과연 어떤 사명과 길을 걸어가야 하는가? 를 절감할 수 있다. 조국에 대한 투철한 그의 애국심, 그리고 자유를 향한 그의 집념과 비전을 생각하게 된다. 그러면 쿠바미사일사건의 원인과 의미를 연구하는 목적은 과연 무엇인가? 우선 쿠바미사일사건을 통해 1960년대 미·소의 냉전관계의 현실을 적나라하게 이해할 수 있는 중요한 계기가 된다고 할 수 있다. 냉전은 직접적인 전쟁 상태를 의미하지 않고 일종의 신경전을 말하기 때문에 그 현실을 왜곡해서 인식할 가능성이 있다. 충돌이 없는 상태를 평화상태로 규정하여 마치 냉전상황을 안정적인 상황으로 취급할 개연성이 있다. 이러한 냉전상황에서 쿠바미사일위기는 냉전의 냉엄한 현실을 분명히 인식할 수 있게 하였다.

둘째, 쿠바미사일위기를 통해 미국의 대외정책의 과정과 목표를 이해할 수 있게 해준다는 점을 지적할 수 있다. 당시 미국이 지향하고 있던 대외정책의 지향점을 분명히 알 수 있고, 이를 통해 왜 미국이 그토록 쿠바에서의 미사일배치를 위기국면으로 규정짓고 단호하게 대응했는지를 알 수 있게 해준다. 셋째, 쿠바위기에 대한 케네디 대통령의 대응을 보면서 지도자 특히 정치지도자의 참된 길이 무엇인가? 에 대한 하나의 모형을 쿠바위기는 보여주고 있다는 점을 들 수 있다. 또한 지도자의 올바른 덕목이 무엇인지에 대한 논의도 보다 폭넓게 진척시키게 한다.[1)]

마지막으로 쿠바위기는 위기를 극복하는 대응양식에 대한 모델을 파악할 수 있는 중요한 사례로서의 의미가 있다고 할 수 있다. 국제사회는 '주권국가'들 및 기타 행위자들로 구성되어 있는데, 행위자들 간의 상호작용 과정에서 이익상충이 불가피해지고, 그로 인하여 다양한 종류의 갈등과 위기상황들이 끊임없이 발생한다.

1) 케네디의 리더십을 집중적으로 분석한 대표적인 책으로서는 John A. Barnes, *John F. Kennedy on Leadership : The Lesson and Legacy of a President* , 김명철(옮김), 『케네디 리더십』(서울: 마젤란, 2008) 참조.

국제사회는 국내사회와 달리 권위와 규제능력을 지닌 중앙기관(central mechanism)이 존재하지 않기 때문에, 갈등이 심화될 경우 돌연히 위기를 맞는 수가 있으며, 때로는 위기관리에 실패하여 전쟁으로까지 악화되는 수가 있다. 국제정치에서 위기발생은 예외적이라기보다 오히려 보편적인 현상으로 받아들여지고 있다.[2] 이런 차원에서 쿠바위기는 위기관리의 전범(典範)으로서의 의미가 있다.[3]

1. 쿠바미사일사건의 원인과 과정

쿠바미사일위기(Cuban Missile Crisis)는[4] 과연 어떤 배경을 가지고 일어나게 되었는가? 쿠바위기의 의미를 구체적으로 살펴보기 위해 우선 그 사건이 일어나게 된 원인 및 배경에 대해 알아보도록 하자.

1 카스트로 정권의 출범과 미국의 반쿠바정책

쿠바는 전통적으로 친미국가였다. 특히 쿠바의 많은 천연자원(사탕수수)과 지리적 관계로 인해 미국과는 그동안 깊은 관계를 유지해왔다. 1933년 바티스타(Bastista) 정권이 쿠데타로 집권한 후 부정부패와 독직 그리고 폭력의 광풍이 나라 전체를 뒤덮고 있었다. 이러한 이유로 해서 바티스타 정권은 민심이반현상이 광

2) 李容弼 外, 『危機管理論 : 이론과 사례』(서울: 인간사랑, 1992), pp.67-68.

3) 쿠바미사일위기를 국제위기관리의 사례로 취급하여 다루고 있는 대표적인 글은 위의 책, pp.90-101 참조.

4) 쿠바미사일위기는 쿠바위기(Cuban Crisis)라고도 칭해지고 있다.

범위 하게 조성되어 의대생출신으로 반정부 게릴라전을 전개하고 있던[5] 피델 카스트로(Fidel Castro)에 의해 1959년 1월 붕괴되고 말았다.

카스트로는 집권하자마자 과거 친미정권의 잔재를 청산하고 토지개혁, 산업의 국유화 및 미군을 철수케 하는 등 사회주의혁명을 전국적으로 전개하였다. 카스트로는 사회혁명을 추진하면서 반대파를 대대적으로 숙청하고 10억 달러에 이르는 미국인들의 재산을 몰수하였다. 카스트로는 엄격한 토지개혁을 단행하고 미국을 비롯한 외국인 기업의 재산과 자원을 모두 몰수하고 소련의 경제적·군사적 원조를 받아들였다.[6] 기존의 정책을 완전히 무시하고 혁명적 조치들을 잇달아 진행하였다. 토지개혁을 좀 더 상세히 설명하면, 1959년 5월 17일에 '제1차 농지개혁법'이 공포되었다. 이 법에 의해 대토지소유제(라티푼디오)는 폐지되었고, 토지는 농민들에게 분배되었다. 분여된 토지의 전매, 이전, 대여는 불허되었다. 또한 혁명정부는 국립농업개혁국을 설립하여 농지와 농산물의 생산력 및 가격을 통제하였다.[7]

이러한 쿠바의 급진적인 사회주의정책은 플로리다로부터 불과 230km 떨어진 미국의 입장에서 볼 때 매우 불안감을 더해주는 것이었다. 미국의 앞마당에 반미정권이 들어선 것은 미국에 있어서 대단한 위협이자 신경 쓰이는 것이었다. 당시 케네디 정부는 노골적인 반쿠바정책 즉, 쿠바 정부의 전복에 모든 정열을 쏟았

5) 카스트로의 게릴라전의 구체적 내용은 Robert B. Asprey, *War in The Shadows : The Guerrila in History* , 편집부(옮김), 『세계 게릴라전사 3』(서울: 일월서각, 1989) 참조.
6) 박무성, 『격동의 서양20세기사』(서울: 한울, 2002), p.433.
7) 조진애, "피델 카스트와 쿠바혁명," 원성묵외(지음), 『제3세계 민족해방운동연구』(서울: 친구, 1990), p.186.

다. 이러한 미국의 반쿠바정책의 최고절정이 바로 1961년 4월에 있었던 피그스만 침공작전이었다. 미국의 쿠바침공작전은 원래 아이젠하워 행정부 부터 이미 입안되어 있었던 것이었다. 아이젠하워는 1961년 초에 카스트로와의 외교관계를 단절하고 카스트로 정권을 붕괴시키기 위해 비밀리에 쿠바 망명자들을 규합하여 훈련시키고 있었다. 완전히 고립된 카스트로는 소련에 더욱 밀착하여 동맹을 체결하니 쿠바 문제는 국제문제로 부상하였다. 카스트로는 중남미 세계에서 영웅으로 떠올라 이 지역에 대한 미국의 통합정책을 더욱 곤란하게 만들었다.[8]

이러한 상황에서 케네디가 미국 역사상 가장 근소한 표차(11만 9천 표)로 극적으로 당선되었다. 당선되고 난 뒤 권력을 이양받고 보니 그는 쿠바 망명자들이 CIA와 통합참모본부장의 지원을 받아 쿠바의 피그스만에 상륙하여 반카스트로 민중봉기를 일으키게 한다는 제안서를 발견했다.[9] 당시 CIA 장관인 알렌 달레스가 케네디에게 아이젠하워 정권이 이미 쿠바침공작전을 승인했다고 하여 케네디를 경악시켰다.[10] CIA와 군부전체가 밀고 있는 이 계획을 막 대통령으로 당선된 케네디가 거부하기는 곤란하였다. 그래서 그는 고민 끝에 쿠바침공계획을 승인하였으나 결과는 참담한 실패로 끝나고 말았다. CIA와 군부의 예측과는 달리 쿠바 군대의 위력이 생각했던 것보다 막강하였다. 1961년 4월 17일 1,500 명

8) 박무성, 앞의 책, p.433.

9) Paul Johnson, *A History of the Modern World : from the 1920's to the 1990's* , 장혜영(옮김), 『세계현대사 Ⅲ』(서울: 한마음사, 1993), p.142.

10) 大前正臣(著)·申泰鉉(譯), 『決斷의 構造 : J. F. 케네디의 勇氣있는 選擇』(서울: 경운, 1995), p.44. 아이젠하워의 쿠바침공작전의 그동안의 진행과정에 대해서는 위의 책, pp.44-47 참조.

의 쿠바 망명인을 중심으로 하여 시도된 쿠바 피그스만의 침공작전은 카스트로 군에 의해 3일만에 완전히 분쇄되고 말았다.[11]

쿠바 카스트로 정권과 미국의 케네디 정부는 이제 서로 화합하기 어려운 막다른 길에 이르게 되었다. 1962년 1월, 우루과이의 푼타델에스테에서 미주기구회의가 열렸다. 이 회의에서는 쿠바를 회원국에서 축출하는 것에 그치지 않고 '서반구에서의 소련 블록'의 개입을 성토하는 성명을 채택하면서 모든 회원국들에게 이 전염병을 무력화시키기 위한 노력을 추구하고 나섰다. 2월 초순부터 미국 정부는 쿠바로부터 들어오는 일체의 상품을 압수한다고 공표했으며 한 달 반 뒤, 이 조치는 제3국을 통해 들어오는 모든 쿠바 물품으로까지 확대되었다. 이 조치는 점점 강화되어 유럽과 라틴 아메리카 동맹국들이 쿠바에 제재를 가하기 위해 손을 잡았다.[12]

쿠바는 이념과 체제 상 완전히 다른 길을 걷고 있는 '제국주의' 미국과 타협노선을 거부하고 소련에 안전보장을 요구하였다. 이러한 쿠바의 친소노선과 반미노선에 대해 미국은 쿠바를 눈의 가시와 같은 존재로 인식하고 있었다. 3월 2일 미국과 쿠바의 냉전무드는 점점 심화되어 갔다. 여기에 쐐기를 박겠다는 듯 케네디는 쿠바로부터 모든 수입을 금지하겠다는 의지를 공포하였다. 이어

11) 피그스만을 침공한 쿠바망명자들 중 140명이 사망하고 1,190 명은 포로로 잡혀 아바나 인근의 카스티요델프린세페라는 요새로 이송되었다. 이어 반역죄로 기소된 1천1백90명의 용병들에 대한 재판이 시작되었다. 그들 모두에게는 유죄판결이 내려졌고 각기 30년형이 언도되었다. 이들은 미국과의 협상 끝에 1961년 12월 23일, 억류되어 있던 포로들이 석방되어 소규모 그룹으로 나뉘어 미국행 배에 올라탔다. Jean Comier, *Che Guevara*, 김미선(옮김), 『체 게바라 평전』(서울: 실천문학사, 2000), pp.461-462.

12) 위의 책, pp.469-470.

11일, 미국 정부는 이 "오만불손한" 이웃에게 농산물을 팔지 않겠노라고 발표했다.13)

2 소련의 전략적 열세를 만회하기 위한 수단

당시 소련의 군사력은 미국과 비교할 때 대단한 격차(gap)가 있었다. 이대로 갈 경우 소련의 안전보장은 책임질 수 없는 상황이었다. 더구나 지정학적으로 미국과 소련은 1만1천km 떨어져 있었기에 대륙간탄도미사일(ICBN)이 아니면 본토공격이 어렵다. 그러나 미국은 동북아시아·동남아시아·유럽에 많은 미군기지를 두고 있어 미·소 간에는 엄청난 미사일 갭이 발생한 상황이었다.

이런 전략적 열세에 빠져 있던 소련의 입장에서 쿠바는 미국과의 미사일갭을 보충할 수 있는 절호의 기회를 제공해주는 것이었다. 이러한 소련의 전략은 당시 소련 수상이었던 흐루시초프의 증언에 의해서도 분명히 알 수 있다. 그의 말을 들어보도록 하자.

> 미국인들이 카스트로의 쿠바가 존재하는 것을 결코 용납하지 않으리라는 것을 우리는 잘 알고 있었다. 그들은 우리가 희망한 것만큼 사회주의 쿠바가 다른 중남미 각국을 사회주의로 이끄는 자석이 될 것을 두려워했다. 카리브해에서 미국의 개입 위협이 계속되면 우리의 정책은 어떠한 방향으로 나아가야 할 것인가? 이 문제는 소련 최고회의 간부회원들과 토의했다. 우리가 모종의 조치를 취하지 않으면 미국이 쿠바를 그냥 내버려 두지 않을 것이라고 모두 의견이 일치했다. 우리는 사회주의 국가로서 그

13) 위의 책, p.470.

> 리고 기타 중남미 각국에 대한 살아 있는 예로서 쿠바의 존재를 보호하기 위해 최선을 다해야 할 의무를 가지고 있었다. **우리가 쿠바를 방위하기 위해 모종의 결정적 조치를 취하지 않으면** 쿠바를 잃을 것이라는 것을 우리는 분명히 알고 있었다.[14)]

물론 상기의 흐루시초프의 언급은 쿠바위기를 미국의 공격을 막기 위한 방어적인 차원만을 강조하고 있는 소련의 입장을 변호한 것이지만 당시 소련의 미사일 열세에 따른 초조감을 엿볼 수 있다. 흐루시초프의 다음 회고는 이러한 점을 보다 분명히 확인할 수 있게 해준다.

> 만약 쿠바가 패배하면 기타 중남미 각국은 소련이 힘은 있지만 유엔에 실효 없는 항의를 제기하는 것 이외에 쿠바를 위해 아무 것도 할 수 없었다고 주장하면서 우리를 거부할 것이다. 우리는 말 이상의 것으로 미국과 대결하는 어떤 방법을 생각해 내지 않으면 안 되었다. 우리는 카리브해에서의 미국 개입을 막을 수 있는 실효성 있는 방법을 강구해 내지 않으면 안 되었다. 그러나 정확히 말해서 무엇이냐? **논리적인 해답은 미사일이었다.** 미국은 이미 그의 전폭기 기지와 미사일망으로 소련을 포위하고 있다. **미국의 미사일은 서독에서는 말할 것도 없고 터어키와 이탈리아에서 우리를 겨누고 있다는 것을 우리는 알고 있었다.** 우리의 중요 산업 중심지들은 핵폭탄을 적재한 비행기와 핵탄두를 장치한 유도탄의 위협을 직접적으로 받고 있었다.[15)]

14) N. Khruschev, *Nikita Khruschev Remembers*, 鄭洪鎭(譯), 『世界의 大回顧錄全集 24 : 흐루시초프』(서울: 翰林出版社, 1983), pp.460-461(진한 글씨는 필자의 강조내용임).
15) 위의 책, p.462(진한 글씨는 필자의 강조내용임).

위의 언급을 자세히 보면 당시 소련이 미국의 강력한 전략무기의 확산에 얼마만큼 불안감을 느끼고 있었는지 알 수 있다. 이러한 전략무기의 열세를 만회하고 미국에 대한 위협을 증대할 목적으로 소련은 쿠바위기를 자행했다. 이러한 소련의 입장변화는 미·소 간의 세력균형에 중대한 변화를 예고하는 것이라고 할 수 있다.

3 공산주의 혁명노선의 실천을 위한 소련의 전략

쿠바위기를 조성한 근본적인 책임은 미국이 아니라 소련이다. 그래서 쿠바위기의 원인과 배경을 살펴볼 때 소련의 입장을 우선적으로 분석하는 것은 너무나 당연한 일이다. 만약 쿠바에 미사일기지의 설치를 방치할 경우 라틴아메리카 전체에 대한 힘의 균형이 파괴될 수밖에 없는 결과를 초래하게 될 것이다. 쿠바에 소련제 핵미사일의 배치는 미국을 중심으로 하는 중남미전략에 일대 동요를 가져올 수 있는 결정적인 계기를 조성하는 것이라고 할 수 있다.

케네디는 악화일로에 있는 라틴아메리카 여러 나라와의 관계를 개선하여 카스트로의 쿠바혁명과 같은 사태를 사전에 방지하고자 노력하였다. 그는 자유주의적인 다양한 약소민족들의 대두를 인정하고 세계의 힘의 중심이 다원화되고 있음을 강조하였다. 따라서 세계인구의 6% 밖에 안 되는 미국이 94%나 되는 세계에게 자기의지를 강요할 수는 없다고 주장했다. 그는 향후 10년 간 경제발전과 사회개혁을 위해 중남미 뿐만 아니라 세계 각처의 약소민족들을 위해 거액의 자금을 투입하는 '발전동맹' 계획을 공표하였다. '평화식량계획'을 세워 미국의 잉여농산물을 분배해주고 '평화봉사단'을 조직하여 직접 기술과 자금을 제공하였다. '미국의 발전모델'을 작성하여 라틴아메리카를 비롯한 제3세계 후진국들의 농업·수

송·통신 등을 발전시키기 위해 재정적·기술적 원조를 제공키로 하고 1961년에 우선 중남미 경제개발 촉진기금 1백억 달러를 설정하였다.[16]

쿠바의 좌파정권 등장으로 인해 미국은 라틴아메리카에 대한 공산주의의 혁명수출을 방치할 수 없었다. 처음에 카스트로 정권의 노선은 불분명하였다. 흐루시초프도 카스트로 정권이 처음에는 소련에 대해 "매우 신중한 정책을 쓰고 있었다."고[17] 언급할 정도였다. 1959년 4월 24일 뉴욕에서 피델 카스트로는 "나는 공산주의자가 아니며 공산주의에 찬동하지도 않는다."고 연설했다. 실제로 미국도 피델을 공산주의자로 보지 않고 있었다.[18] 그러나 쿠바의 제반 정책은 반미적이고 사회주의적인 정책으로 노골적으로 전개하였다. 1960년 9월 2일 최초의 아바나 선언을 채택하면서 미국의 제국주의적 본질을 규탄하고, 사회주의 국가와의 관계를 강화하겠다고 선언했다.[19] 이로써 쿠바와 미국은 조화될 수 없는 평행선을 유지하게 되었다.

소련은 쿠바에 대한 미사일기지의 설치를 통해 중남미 지역에로의 공산주의 혁명 수출의 교두보로 삼으려는 야심을 지니고 있었다. 국제공산주의노선을 견지하고 있던 소련정권은 쿠바의 사회주의정권 출현은 중남미의 혁명수출에 대한 결정적 호기로 인식하고 있었다. 국제공산주의의 목표가 "전 세계의 공산화"라는[20] 사실에 대해서는 그 어느 누구도 부인할 수 없는 엄연한 현실이다. 그래서

16) 박무성, 앞의 책, pp.433-434.

17) N. Khruschev, *Nikita Khruschev Remembers*, 鄭洪鎭(譯), 앞의 책, p.458.

18) 조진애, 앞의 글, p.186.

19) 위의 글, p.187.

20) 尹元九, 『共産主義硏究』(서울: 共和出版社, 1976), p.74.

소련은 쿠바에 미사일기지를 구축하여 힘의 균형을 기도하고 미국의 발목을 잡은 후 소련의 혁명노선을 중남미에 광범위하게 전파하려고 했던 것이다. 이러한 사실은 흐루시초프의 언급을 통해 명확하게 알 수 있다.

> 주요한 문제는 쿠바 내의 미사일 기지 설치는 쿠바정부에 대한 미국의 성급한 군사행동을 억제하게 되리라는 것이다. 우리의 미사일은 쿠바 보호에 덧붙여 서방 사회에서 일컫는 **힘의 균형을 균등하게 할 것이라는 것**이었다. 미국인들은 군사기지로 우리나라를 포위하고 핵무기로 우리를 위협해 왔는데 이제 그들은 적의 미사일이 자국을 겨누고 있는 기분이 어떤 것인가 알게 될 것이다.[21]

중남미를 두고 미국과 소련이 본격적인 냉전적 대결구도가 전개될 상황이었다. 쿠바의 카스트로 정권의 탄생은 미국정부로 하여금 공산주의혁명수출에 대해 공격적 대응을 추구하게 하였다. 케네디 정부는 3년 간에 걸쳐 1만여 명의 평화봉사단원을 제3세계에 파견하여 미국의 자유정신, 기술, 민주적 생활방식을 확산시키는데 크게 공헌케 하였다. 또한 반란진압 활동계획을 세워 제3세계 국가에 군사고문단과 기술고문단을 파견하여 군인과 경찰을 훈련시켰고 미군의 특수부대인 그린베레를 투입하여 반란군을 직접 진압하기도 하였으며 CIA를 이용하여 반미적 정치인들을 제거시키기도 하였다.[22]

소련이 쿠바에 미사일기지의 설치를 계기로 해서 중남미에 대한 전략적·정치적 열세를 일거에 만회하고 공산주의혁명수출이라는

21) N. Khruschev, *Nikita Khruschev Remembers*, 鄭洪鎭(譯), 앞의 책, p.462(진한 글씨는 필자의 강조내용임).
22) 박무성, 앞의 책, p.434.

국제공산주의노선을 실천하고자 했던 것이 미사일위기의 본질이라고 미국은 판단하고 있었다. 정치적 억압과 경제적 수탈상태에서 헤어나지 못하고 있는 중남미의 불안한 정세로 볼 때 쿠바혁명과 이를 재정적·군사적으로 확고하게 뒷받침하고 있는 소련의 모습은 중남미 민중과 정치지도자들에게 큰 반향을 불러일으킬 수 있다고 미국은 생각하고 있었다. 그래서 미국은 쿠바미사일위기를 단호하게 막고 중남미에 대한 적극적인 지원책을 강구하여 실천해나갔다고 할 수 있다.

2. 쿠바미사일위기의 과정(10월 16일-10월 28일 13일간)

쿠바위기는 냉전시대에서 일찍이 상상할 수 없었던 인류공멸의 위기에 빠졌던 사건이었다. 인류문명이 파멸하느냐? 아니면 공존하느냐? 는 갈림길에 섰던 사상초유의 상황에 직면하였다. 쿠바위기의 실질적인 배경이 된 쿠바에 대한 소련의 미사일 설치는 언제부터 이루어졌는가? 쿠바위기는 10월 16일 쿠바에 소련제 공격용 미사일이 확실히 존재하고 있다는 U-2정찰기 촬영의 결과를 대통령에 보고함으로써 시작된 것이지만 그 징후는 몇 달 전으로 거슬러 올라간다. 흐루시초프는 쿠바에 미국 본토를 사정거리에 둘 수 있는 전략핵 미사일을 설치하려는 구상을 대략 1962년 5월 불가리아를 공식방문했을 즈음 계획하였다고 자신의 회고록에서 밝히고 있다.[23)]

> 미국이 모르게 그리고 미국이 알았을 때는 이미 때가 늦어 대응 조치를 취할 수 없도록 **쿠바에 핵탄두를 장치**

23) N. Khruschev, *Nikita Khruschev Remembers*, 鄭洪鎭(譯), 앞의 책, p.461.

한 미사일 기지를 설치할 생각을 한 것은 불가리아를 방문할 때였다. 나는 우선 카스트로에게 이야기해야 하며 쿠바 정부의 동의를 얻기 위해 그에게 우리의 전략을 설명해야 한다는 것을 알았다. 만약 우리가 쿠바에 비밀리에 미사일을 설치하고 그 후 미국인들이 쿠바 침공 준비를 완료한 후에 미국인들은 무력으로 우리의 미사일 기지를 파괴하려하기 전에 재고에 재고를 할 것이다. 미국은 우리 미사일 기지의 몇몇을 파괴할 수도 있으나 그 전부를 파괴할 수는 없다는 것을 나는 알고 있었다. 만약 우리 미사일의 4분의 1 아니면 10분의 1이라도 - 심지어는 대형 미사일의 1기 또는 2기만 무사히 남는다면 우리는 뉴우요오크를 공격할 수 있으며 뉴우요오크시의 대부분은 파괴되어 버릴 것이다.[24]

이러한 계획 하에 흐루시초프는 1962년 6월 카스트로에 미사일반입을 제안하였고, 갑론을박 끝에 카스트로는 이 제안을 받아들였다.[25] 이후 7월 말쯤 소련의 많은 군사물자들이 쿠바에 도착하기 시작했고, 8월에는 무기를 적재한 20척을 포함하여 37척의 소련 수송선이 쿠바항구들에 정박했으며, 9월에는 첫 번째 전략핵무기가 도착되었고 지대공 미사일과 42대의 미그기 및 동수의 IL-28 제트 폭격기 등이 도착되었다. 이와 더불어 위기 발생 때까지 2만 2천 명의 소련 기술자 및 군인들이 이 무기들을 조립, 운영·방어하기 위해 쿠바에 파견되어 있었다.[26]

이러한 소련의 움직임은 놀라울 것이었다. 흐루시초프를 비롯한 소련의 관계자들이 그동안 언급했던 방어용이라고 하기에는 그 규

24) 위의 책, pp.461-462(진한 글씨는 필자의 강조내용임).
25) 大前正臣(著)·申泰鉉(譯), 앞의 책, pp.34-35.
26) Kurt Gottfried and Bruce G. Blair(eds.), *Crisis Stability and Nuclear War* (Oxford: Oxford University Press, 1988), p.171.

모와 동원인력이 상상을 초월하는 것이었다. 9월 4일 드브리닌 주미소련대사는 로버트 케네디 법무장관을 장관실에서 만나 "대통령은 쿠바의 군비증강을 심려하고 있다."는 로버트 케네디 장관의 말에 대해 "심려할 필요 없다. 그 이유는 흐루시초프 수상으로부터 쿠바에 지대지미사일은 물론 기타의 공격용 무기를 설치할 계획이 없다고 케네디 대통령으로 하여금 안심시켜 주라는 훈령을 받고 있기 때문이다."라고 답변했다. 이어서 그는 "흐루시초프 수상은 미국 중간선거를 앞두고 미・소관계를 악화시키는 어떤 행동도 하지 않는다. 수상은 케네디 대통령을 좋아하기 때문에 대통령을 괴롭히고 싶지 않다."라는 메세지도 전달했다.[27] 소련이 쿠바에 미사일을 설치하면 큰일이 날 것이라는 로버트의 말에 대해 드브리닌은 "그런 일은 절대로 없을 것이다."라고 확약했다.[28]

이러한 상황을 보고받은 케네디 대통령은 당일 "현재로는 소련이 지대지미사일 그 밖의 공격용 무기를 쿠바에 반입한 증거는 없다. 그러나 만약 그와 같은 무기를 실제로 반입한다면 중대한 문제가 야기될 것이다."는[29] 내용의 정부성명을 발표하여 만약의 사태에 대해 대비하였다. 9월 6일 대통령 특별고문인 소렌센이 소련의 요청으로 주미 소련대사관을 방문하자 드브리닌은 "소련으로서는 미국의 중간선거를 앞두고 국제정세를 시끄럽게 하거나, 미・소관계의 긴장을 약화시키는 어떠한 일도 하지 않겠다. 이것은 독일평화조약과 서베를린문제를 포함해서다. 설령 흐루시초프 수상이 유엔에서 연설해야 할 필요가 생기더라도 그것은 11월 후반이 될 것이다. 수상은 귀국의 국내정치문제에 말려드는 것을 바라지

27) 大前正臣(著)·申泰鉉(譯), 앞의 책, pp.59-60.
28) 위의 책, p.60.
29) 위의 책, p.60.

않는다."고[30] 하였다.

이처럼 흐루시초프는 모든 인맥과 수단을 동원하여 미국을 안심시키고자 하였다. 그는 주미 소련대사관의 홍보담당관인 게올기 불샤코프를 크레믈린궁으로 불러 제1부수상 아나스타스 미코얀이 동석하고 있는 자리에서 로버트 케네디를 경유한 대통령메세지를 맡겼다. 흐루시초프는 "**지금이야말로 긴장을 완화해야 할 때다. 카스트로는 방위용무기 밖에 받아들이지 않고 있다.**"라고 전하라고 명령했다. 옆에서 미코얀도 "보내고 있는 것은 단거리 방위용의 지대공미사일뿐이다. **어떠한 일이 있더라도 장거리 지대지미사일은 보내지 않겠다.**"라고 말참견했다.[31] 이러한 소련의 모든 변명은 거짓으로 판명되었다. 이처럼 소련은 중남미 지역에 대한 국제공산주의혁명 노선을 확고하게 전파할 목적으로 쿠바에 공격용 지대지미사일을 대규모로 비밀리에 이동하고 있으면서도 미국을 기만하는 언행을 거듭하였다.

1 10월 16일 : 위기의 시작

10월 14일 CIA는 루돌프 앤더슨 소령이 조종하는 U_2기를 쿠바상공으로 출동시켜 사진을 찍도록 했다. 이전에도 U_2기의 정보는 대단히 대규모적인 군비가 계속 증강되고 있으며 그것은 미국

30) 위의 책, p.62. 이에 대해 소렌센은 "메세지에는 구체적인 내용이 없고 때늦은 감도 있다. 소련이 쿠바에 대량의 요원과 무기, 자재 등을 보낸 탓으로 이미 미국의 내정에 대소동을 야기시키고 있지 않은가" 라고 반론을 제시하자 드브리닌은 "소련은 쿠바에 전연 새로운 것도, 터무니 없는 것도 하고 있지 않다. … 이것들은 모두 방위적인 것이다. 미국의 안전에 위협을 줄 만한 것은 아니다."라고 되풀이하였다. 위의 책, pp.62-63.

31) 위의 책, p.61(진한 글씨는 필자의 강조내용임).

에 대한 군사적인 위협인 동시에 라틴 아메리카에 대한 정치적 위협이라는 점에서 중요한 의미를 가진다고 할 수 있다.[32] 그러나 그동안 의회 특히 공화당 인사들의 의혹제기가 있었으나 명확한 증거자료가 없어 확인하기가 어려웠다. 예를 들면 10월 10일 뉴욕주 출신의 상원의원 게네스 킷팅이 "나는 소련이 쿠바에 핵미사일가지를 건설 중이란 확실한 정보를 입수하고 있다"라고 발표하였고 인디애나주 게파트 상원의원은 케네디 정권이 미국의 안전보장을 지키지 않고 있다고 공격하며 쿠바에 군사작전을 실시하라고 부르짖고 있었다.[33]

그러나 케네디 정부는 뒷받침할 확실한 증거자료(사진 등)가 없는 상황이었을 뿐만 아니라 흐루시초프를 비롯한 소련 고위층의 끊임없이 반복되는 부인발언 등에 "설마"라는 생각을 지니고 있었다. 이러한 미 정부의 입장은 10월 3일 국무차관 조지 볼이 의회에 행한 증언에서도 그대로 드러나고 있는데, 그는 "우리 나라의 첩보활동은 매우 우수하고 지극히 정확하다. 지금까지의 조짐으로 봐서(쿠바에 있는 무기)는 기본적으로 방위용의 것이며, 미국 내지 서반구의 다른 제국을 공격할 능력을 쿠바에게 주어진 것은 아니라고 말할 수 있겠다."고[34] 하였다. 또한 대통령은 10월 13일 인디애나주에서 "일부의 사람들은 짐짓 장군인 체, 제독인 체하고 남들 자식들을 전쟁으로 몰고 가려하고 있다."라고 하였고, 대통령의 국가안전보장담당 보좌관인 맥조지 반디는 10월 14일 TV 인터뷰에서 "내가 알고 있는 한 **현재 쿠바에 미사일이 있다고 증거**

32) Schlesinger Jr., *A Thousand Days*, 金鐵容(譯), 『世界의 大回顧錄全集 16 : 케네디』(서울: 翰林出版社, 1983), p.340.
33) 大前正臣(著)·申泰鉉(譯), 앞의 책, p.71.
34) 위의 책, pp.71-72.

는 없고, 그 가능성도 없다고 생각한다."까지 말하였다.[35)]

이렇게 까지 미국의 대통령을 비롯한 고위관계자들이 애써 부인했던 모든 발언을 뒤엎는 명백한 증거가 나타났다. 14일 쿠바상공에 사진촬영을 위해 출동했던 U_2기의 사진을 해독한 결과 산크리스토발 지상에 틀림없이 발사대와 탄도탄미사일을 위한 건축을 하고 있었으며, 1기의 미사일까지 확인할 수가 있었다.[36)] 15일 오후 늦게 이 사실을 알게 된 CIA는 고위 관계자들에게 긴급히 보고를 하였으나 대통령에게 보고할 책임 있는 반디는 오전 2시에 선거유세로 피로에 지쳐 들어온 대통령께 아침에 생기가 넘친 몸으로 위기를 대처하자는 생각에 보고하지 않았다.[37)]

10월 16일 아침(오전 9시경) 비교적 숙면을 취하고 난 뒤 자신의 침실에서 휴식을 취하고 있던 대통령에게 반디는 쿠바에 소련이 공격용 미사일을 배치했다는 확실한 증거가 될 사진을 입수했다는 사실을 보고하였다. 이 보고를 들은 대통령은 충격을 받았는지 매우 놀라운 표정을 지으면서 "미국은 이 위협을 종식시키지 않으면 안 된다. 그렇게 하기 위해서는 어떻게 해서든 쿠바에서의 미사일을 제거시켜야 한다."고 말했다.[38)] 그는 무엇보다도 흐루시초프를 비롯한 소련의 처사에 대해 분개하였다. 공산주의 이론자체가 선전·선동 이론과 실천 이론의 이중으로 구조되어 있다는 사실은[39)] 이미 알려진 사실이지만 이렇게 소련의 최고지도자로부

35) 위의 책, p.72(진한 글씨는 필자의 강조내용임). 이어 중남미담당의 국무차관보 에드윈 마틴도 15일 워싱턴의 내셔널프레스클럽에서 "쿠바의 군비는 기본적으로 방위적인 것이다."라는 취지의 강연을 할 예정이었다. 위의 책, p.72.

36) Schlesinger Jr., *A Thousand Days*, 金鐵容(譯), 앞의 책, p.340.

37) 大前正臣(著)·申泰鉉(譯), 앞의 책, p.75.

38) Schlesinger Jr., *A Thousand Days*, 金鐵容(譯), 앞의 책, p.341.

터 직접 우롱당할 줄은 케네디 스스로도 믿기지 않을 정도였다. 공화당의 반대에도 불구하고 그는 흐루시초프와의 신뢰감을 구축하여 긴장을 완화하려고 하였다. 이러한 그의 기대는 쿠바에 대한 공격용 미사일 배치로 완전히 사라지고 말았다.

케네디는 중대사에 직면해 당황하지 않고 동생인 로버트 케네디와 최측근인 소렌센을 백악관으로 호출하고 반디에게 이 사태를 함께 논의할 '실행위원회'의 구성원을 직접 호명하였다.40) 그는 오전 11시 가터 CIA차관이 가지고 온 U_2기가 촬영한 확대사진을 직접 보면서 CIA의 해독원으로부터 설명을 들었다. 이로써 사태의 진실은 확실해졌고 자신이 지니고 있던 의문도 완전히 풀리게 되었다. 오전 11시 45분에 백악관의 국무회의실에서 극비로 실행위원회가 개최되었다. 국제위기는 갈등관계에 있는 둘 이상의 주권국가들 간의 상호작용의 결과로서 나타나는 상황으로, 전쟁으로 확대될 고도의 가능성을 지니고 있기 때문에 관련국 지도자들은 최악의 사태가 발생하지 않도록 최선을 다하기 마련이다. 만일, 관련국의 어느 측도 갈등을 확대시키려는 인센티브를 가지고 있지

39) 尹元求, 『改訂版 共産主義의 七大秘密 : 그 열곱개 열쇠』(서울: 正民出版社, 1989), p.13.

40) '실행위원회'는 간혹 '집행위원회'라고도 번역되고 있는데, 그 주요 멤버들은 변동은 있지만 국무부에서는 러스크 장관, 볼 차관, 마틴 차관보, 존슨 차관대리, 루웨린 톰슨 고문 등이고 국방부에서는 맥나마라 장관, 길패트릭 차관, 낫쓰 차관보, 테일러 통참의장이고 CIA에서는 첫날은 가터 차관, 이후는 메콘 장관이다. 그밖에 케네디 법무장관, 다론 재무장관, 반디 보좌관, 소렌센 고문, 스티븐슨 유엔대사, 딘 애치슨 전 국무장관, 로버트 라벳트 전 국방장관이 이따금 참석하고, 존슨 부대통령, 케네스 오돈넬 보좌관이 처음과 마지막에 참석했다. 병환인 에드 머로 USIA(해외정보국) 국장을 대신하여 6일째부터 차장인 돈 윌슨이 참석했다. 大前正臣(著)·申泰鉉(譯), 앞의 책, p.82.

않다면 위기의 관리나 안정은 용이해진다.[41]

이런 점에서 케네디가 쿠바에 공격용 미사일이 배치되었다는 보고를 받는 즉시, 주저하지 않고 정부의 핵심인사들로 구성된 '실행위원회'를 구성하라고 한 것은 위기관리의 적절한 대응이라고 판단된다. 이 실행위원회는 위기가 끝나는 10월 28일까지 매일 하루 종일 열렸고, USIB는 하루도 빠짐없이 두 번 열리게 되었다.[42] 실행위원회는 일종의 위기관리를 위한 국가주도의 회의로, 케네디는 이 회의를 통해 국가의 운명이 위기에 처한 현실을 타개하기 위해 정부의 관계자들이 모여 "자유롭고 진지한 토론"을[43] 통해 균형 잡힌 대책이 마련되기를 기대하였다.

2 10월 22일 : 케네디의 역사적인 TV연설

10월 21일 우여곡절 끝에 해상봉쇄에 관한 결정이 내려졌다. 사실 그동안 실행위원회의 치열한 토론과정에서 많은 견해들이 있었으나 최종적으로 공중폭격안과 해상봉쇄안이 유력한 안으로 남게 되었다. 어쨌든 폭격과 봉쇄의 두 안 중 최종선택을 해야 하는 상황이었다. 왜냐하면 CIA의 판단에 따르면 산크리스토벌의 발사대는 10월 16일 기준으로 열흘이면 완성되기 때문이다. 그 전에 조치를 취하지 않으면 완성되고 난 뒤 소련은 미사일사태를 기정사실화하여 위협을 가할 것은 명백관화(明白觀火)한 일이기 때문이다.

41) Steven J. Brans and D. Marc Kilgour, *Game Theory and National Security* (New York: Basil Blackwell, Inc., 1988), p.179.

42) 大前正臣(著)·申泰鉉(譯), 앞의 책, p.91.

43) Schlesinger Jr., *A Thousand Days*, 金鐵容(譯), 앞의 책, p.341.

양 안(案) 중 공중폭격안은 핵전쟁을 단계적으로 확대시킬[44] 가능성 때문에 배제되고 최종적으로 해상봉쇄안이 결정되었다. 해상봉쇄안은 기지건설을 단숨에 중지시킬 수 없는 현실적인 단점이 있지만 첫째, 외교적 해결과 무력사용의 절충안이 될 수 있고 둘째, 발포 여부의 결정을 소련 측에 넘긴다는 이점도 있으며 셋째, 미국은 해상에서의 우위를 이용할 수 있으며 넷째, 군사적으로 서서히 압력을 가할 수 있고 다섯째, 카스트로를 고립시키는데 적합한 선택으로 보이기[45] 때문에 피할 수 없는 안으로 결정되었다. 10월 21일, 드디어 봉쇄에 관한 최종결정이 정식 국가안보회의서 내려지고 해군장관은 봉쇄절차를 설명했다.[46]

이러한 과정을 거쳐 케네디 대통령은 10월 22일(일) 오후 7시(미국동부 표준시간) 백악관 집무실에서 전국에 생방송되는 가운데 역사적인 TV연설을 하였다. 이 자리에서 그는 "장중하고 침착하며 냉정한 목소리로"[47] 미국국민에게 쿠바위기의 실상을 처음으로 공개적으로 언급하였다. 그는 쿠바에 소련제 공격용 핵미사일이 배치된 사실을 밝히면서 무기를 수송하는 선박을 저지하기 위해 미해군이 현재 쿠바 해상을 봉쇄하고 있으며, 만약 쿠바에서 핵미사일이 발사되면 그것은 미국에 대한 소련의 공격으로 간주하며 그 보복으로 소련을 공격할 것을 천명하였다. 충격적인 내용이

44) 大前正臣(著)·申泰鉉(譯), 앞의 책, p.95.

45) Kurt Gottfried and Bruce G. Blair(eds.), 앞의 책, pp.178-179.

46) 李容弼 外, 앞의 책, p.97. 케네디가 공중폭격안을 배제한 여러 이유에 대해서는 Morton Berkowitz, P. G. Bock, Vincent J. Fuccillo, *The Politics of American Foreign Policy : The Social Context of Decisions* (Englewood Cliffs: Prentice-Hall, Inc., 1977), pp.144-145 참조.

47) Schlesinger Jr., *A Thousand Days*, 金鐵容(譯), 앞의 책, p.344.

었다. 케네디는 "이러한 미사일 기지의 목적은 서반구에 적대하는 핵공격 능력을 공급하려는 것 이외 아무 것도 아닙니다. 우리의 확고한 목적은 미국인을 향한 이 핵무기의 위협을 제거하는 것입니다."라고[48] 말하면서 "우리의 목표는 힘의 승리가 아니라 정의를 수호하는 것"이라면서 단호한 자신의 의지를 밝혔다.

그러면 이 날 행한 케네디의 연설의 주요 내용을 인용하도록 하면 다음과 같다.[49]

> 안녕하십니까. 우리 동포 여러분, 일찍이 약속했듯이 우리 정부는 쿠바섬에 있어서의 소련의 군비확장을 극히 엄중하게 감시해 왔습니다. 그런데 이 일주일 동안에 있어서 몇 곳의 공격용 미사일기지가 저 고립된 섬에 구축되어 있는 사실이 **분명한 증거에 의해서 확인**됐습니다.
>
> 이것들의 기지의 몇 개소에는 핵탄두를 1천해리 이상이나 운반하는 성능을 지닌 중거리탄도 미사일이 설치되어 있습니다. 요컨대 이것들의 미사일 개개는 워싱턴, 파나마운하, 케이프케나베럴, 멕시코시티, 기타 미국중앙 및 동남부, 카리브해의 어떤 도시도 **공격할 능력**을 지니고 있습니다.
>
> 아직 완성되지 않았지만 그 2배 이상 날을 수 있는 성능을 지닌 중거리탄도 미사일로 보여지는 기지고 구축되어 있습니다. 이것들의 미사일은 북은 허드슨만, 캐나다, 남은 리마, 페루까지 서반구 대부분의 대도시를 공격하는 능력을 보유하고 있고, 게다가 핵무기 적재가능한 제트폭

48) 위의 책, p.344.
49) 인용문은 大前正臣(著)·申泰鉉(譯), 앞의 책과 Schlesinger Jr., *A Thousand Days* , 金鐵容(譯), 앞의 책에서 주로 인용하였다(인용문 내의 진한 글씨는 필자의 강조내용임).

격기가 현재 쿠바에서 조립되고 있습니다. 이처럼 크고 장거리를 날을 수 있는 분명한 공격용 무기를, 게다가 순식간에 대량파괴가 가능한 능력을 지닌 무기를 배치함으로써, **쿠바를 중요한 전략기지화하는 것은 아메리카합중국의 평화와 안전에 대한 명확한 위협**입니다.

미국도 세계의 여러 나라도 이 같은 고의적인 기만, 공격적인 위협을 용서해서는 안 됩니다. 우리들은 바야흐로 행동적인 발포(發砲)만이 국가의 안전에 도전한 것으로 보는 세계에 살고 있지 않습니다. 핵무기는 극히 파괴력이 크고, 탄도미사일은 더할 나위 없이 속력이 빠르므로, 이것들이 사용될 가능성이 대폭적으로 증대한다든가, 그것들의 전개가 돌연 변경되는 경우일지라도 **그것은 평화에 대한 명백한 위협이라고 간주**할 수가 있을 것입니다.

미·소 양국은 오래 전부터 전략핵무기를 세심한 주의를 기울이면서 배치해 왔습니다. 뭔가의 중대한 도전이 없는 한, 이것들의 무기를 쓰지 않는다고 하는 현질서를 뒤엎는 일은 절대로 없었습니다. 미국 자체가 전략미사일을 타국의 영토로 운반할 경우, 비밀로 하거나 거짓말을 한 일도 없었습니다. 미국 국민도 소련권 내나 소련 잠수함에 배치된 미사일의 표적이 돼서, 매일 생활하는데 조정이 불가피해졌습니다. 이런 의미에서 **쿠바의 미사일은 현존하는 명백한 위협에다 더욱더 위협을 가중한 것**입니다.

시민 여러분, 이것이 곤란과 위험에 찬 노력임은 의심할 나위도 없습니다. … 이것이 어떠한 결과를 가져 오게 될지, 어떠한 희생과 재난을 수반하게 될지 아무도 정확히 예상할 수는 없는 것입니다. … 그러나 **모든 것 중에서 가장 큰 위험은 아무 것도 하지 않는다는 것입니다. 우리의 목표는 힘의 승리에 있는 것이 아니라 권리의 옹호라는 점에 있습니다.** 여기에 서반구의-아니 요컨대전 세계의 자유를 희생으로 한 평화가 아니라 평화이면서 도 자유이어야 한다는 것입니다. 하느님이 허락하신다면 우리의 이 목표는 달성될 것입니다. 자유의 대가는 항상 비싸지만 미국인들은 언제가 그 값을 치러 왔습니다. 그리고 우리는 굴복이나 복종의 길은 결코 택하지 않을 것 입니다. 하느님! 저희들을 보호하소서!

연설을 듣는 초반의 경우 미국인들은 걱정과 공포에 휩싸였지만 대통령의 용기와 단호함에 미국민들과 세계인들은 마음의 안식을 얻었다. 연설 직후 맥나마라 국방장관으로부터 향후 있을 줄 모르는 군사행동에 대한 비밀보고서를 건네받았는데, 그 내용에 의하면 미국은 쿠바의 목표물에 대하여 2천 여 회에 걸친 출격이 가능한 항공병력을 보유하고, 상륙병력은 해병대, 공정대 9만, 지원부대 25만으로 편성하며, 상륙작전을 실시할 경우 예상되는 미국군의 사상자는 2만 5천을 초과할 것이다는[50] 내용이었다. 이제 미국은 물론이고 세계의 운명이 그에게 달려있다고 해도 결코 과언이 아니었다.

③ 10월 24일 : 쿠바해상 봉쇄시작

10월 24일 수요일 오전 10시에 드디어 쿠바에 대한 해상봉쇄가 시작되었다. 미 함정 183척, 전투기 1,190대를 2,400km에 걸친 카리브 해 봉쇄선에 배치하였다. 그리고 소련선박이 정지명령과 검문에 불응할 경우 격침시킬 것이라고 경고하였다.[51] 이때의 상황을 좀 더 구체적으로 언급하도록 하자. 10월 24일 당시

50) 大前正臣(著)·申泰鉉(譯), 앞의 책, p.154.
51) 박무성, 앞의 책, p.434.

미·소 양국의 군사적 상황은 일촉즉발의 상황으로 치닫고 있었다. 이때의 쿠바의 상황은 22일 대통령의 경고에도 불구하고 최악의 상황으로 이어지고 있었다.

23일 실시했던 저공비행정찰의 사진에 대한 분석결과가 대통령에게 이 날 보고되었는데, 2·3일 전의 사진과 비교해 보았더니 작업은 놀라울 정도로 진척되어 수일 내에 몇 기의 발사대가 실전단계에 접어든 사실이 판명됐다. 대통령 연설 이래 소련은 밤에도 휘황찬란한 조명아래 작업을 계속하고 있었던 것이다. 산크리스토벌, 레메디오스, 가나야이, 사가라 그란데 등에 8개소 내지 10개소의 기지가 있고, 각각에 약4기의 발사대가 있으며, 최소한 핵탄두가 부착된 30기의 미사일이 있다. 이제는 발사대 및 미사일 뿐만 아니라 핵탄두저장고도 선명하게 보인다. 그 밖에 일류신 28 비행기 20기의 하물이 풀어져 있었다. 소련 자체도 대통령 연설이 있었던 다음 날 바르샤바 기구 및 전 세계의 병력을 경계체제로 돌입케 했다.[52]

이대로 방치할 경우 미사일기지의 완성과 배치는 시간문제였다. 이제 더 이상 지연할 시간적 여유가 없음이 판명되었다. 한편 미국 측도 바다와 육지에서 포위망을 구축함과 동시에 만일의 경우에 대비해서 소련에 대한 조치를 취하고 있었다. 소련에 대해서는 ICBM 144기의 발사 담당계가 특별경계체제로 들어갔고, 10만을 넘은 육군전략병단의 장병이 사전경계체제를 갖추었다. 전략공군 사령부는 약 12만 6천의 병력을 동원하고, B52 중폭격기를 상시 비행시켰으며, 나머지 B52, B47 약 1천기를 언제라도 출격할 수 있는 태세로 갖추어 놓았다. 쿠바에 대해서는 전술공군 약 1천기,

52) 大前正臣(著)·申泰鉉(譯), 앞의 책, pp.172-173.

병력 6천명이 쿠바에 가까운 미국동남부지방으로 이동했고, 육군 제1기갑사단이 텍사스주에서 조지아주로 이동을 개시했다. 또한 대쿠바작전의 주역을 떠맡은 해군은 제136기동함대를 편성하고, 항공모함 8척을 포함한 183척의 함선이 카리브해로 출동했다. 동함대는 8만 5천의 장병을 싣고 일단 유사시에 쿠바 상륙작전을 결행할 태세를 갖추었다. 태평양함대의 일부도 파나마를 경유 카리브해를 향했다. 쿠바에서 5백마일의 거리에 쳐 놓은 봉쇄라인에는 항공모함, 순양함, 구축함이 활모양을 그리면서 선회하고 있었다.[53] 제2차 세계대전 이후 가장 큰 규모를 가지는 미국 병력이 집결되기 시작한 것이다.[54]

이때 소련의 흐루시초프는 만약 미국이 소련 선박을 정지 시킬 경우 소련의 잠수함이 미국 선박을 격침할 것이라고 협박하고 있었다. 만약 이러한 상황이 실제로 발생할 경우 그것은 사실상 미·소 간의 전면전으로 확대되는 것은 불을 보듯 뻔한 일이었다. 소련 선박인 '가가린' '고메레스' 2척이 오전 10시가 조금 지난 시간에 봉쇄라인에서 2-3마일까지 접근했다는 보고가 대통령께 직보되었다. 세계는 대충돌 즉, 3차대전의 길목에 서게 되었다. 미국의 고위관리들과 미 구축함의 군인들은 오직 대통령의 결정만을 초조하게 기다렸다. 세계의 운명이 케네디의 손에 달리게 되었던 것이다. 결정의 순간이 임박했을 때인 오전 10시 25분쯤 "소련 선단이 봉쇄라인 직전에서 갑자기 멈췄다"는 메모가 전달되었다. 봉쇄라인에 근접하던 6척의 소련 선박이 멈췄다가 U턴을 했다는 것이다. 대통령은 결단의 갈림길에서 "정선과 요격명령" 대신 " 사

53) 위의 책, p.173.

54) Schlesinger Jr., *A Thousand Days*, 金鐵容(譯), 앞의 책, p.346.

태를 예의주시할 것"을 즉각 지시하였다. 소련은 미국의 실질적인 실력행사 앞에서 미국과의 정면대결을 피하는 조치를 취하였다. 이후에도 십 수 척의 소련 배들이 봉쇄라인에서 멈추거나 U턴을 하였다.

4 10월 27일 : 케네디의 최후통첩

10월 24일 쿠바 해상에 미국의 봉쇄라인이 설정된 이후 미·소 간에는 활발한 물밑접촉이 시도되고 있었다. 우선 유엔 사무총장인 우탄트(U Thant)가 24일 미·소정상에게 "앞으로 2-3주 안에 소련은 자발적으로 쿠바에 무기반입을 중지하고, 미국은 자발적으로 봉쇄를 해제한 다음 협상을 실시하라"는 내용으로 된 호소문을 보냈다. 소련은 긍정적인 회답을 보냈지만 케네디는 위기의 원인이 된 소련제 공격용 무기를 선(先)철거할 것을 주장하면서 제안을 거부하였다. 케네디의 입장에서 보면 당연한 일이었다. 유엔을 통해 쿠바사태에 대한 지루한 논의를 진행하다 보면 미사일 기지가 완성되어 전략적인 측면에서 수습하기 힘든 상황을 맞게 될 것은 너무나 분명하기 때문에 케네디는 우탄트의 제의를 수용하기 어려웠다.

이러한 와중에 10월 25일 아침, 소련 유조선 한 척이 봉쇄라인에 근접해왔다. 실행위원회의 다수 위원들은 정선임검을 주장했지만 케네디는 보다 침착하게 대응하기를 원했다. 봉쇄라인에서 미국 측 감시병이 검문하는 것만으로 그치기로 지시하였다. 이러한 대통령의 지시에 따라 구축함 '갸링호'는 소련 유조선에 접근하여 전신(電信)으로 "누구냐"라고 검문하였다. 무기를 싣고 있는 낌새는 없었기에 대통령의 명령에 따라 통과시켜 주고 줄곧 추적하였다. 이날 밤에도 소련국적의 화물선 두 척을 미국 측은 밤새도록 추적하다가 대통령의 명령에 따라 동선박을 26일 새벽에 정선임검을 단행했지만 큰 문제가 없어 봉쇄선을 통과시켜주었다.[55]

해상봉쇄는 성공적이었다. 쿠바로 반입되는 모든 선박과 특히 잠수함을 미국이 거의 완벽하게 봉쇄하고 있었다. 소련 비행기 역시 중간 기착지인 미국에 우호적인 국가들인 서아프리카제국(케냐와 세네갈 등)에서 급유를 받지 못해 소련으로서는 속수무책의 상황에 직면하게 되었다. 문제는 이미 기반입된 물자를 이용한 쿠바에서의 미사일기지 건설이었다. 실행위원회는 매일 아침 10시에 열리는데 이때 CIA 장관이 전날 촬영된 항공사진의 분석결과를 항상 보고하였다. 그런데 상황은 심각한 상태에 이르고 있었다. 기지의 건설이 매우 빠른 속도로 진척되고 있었고 공격용미사일이 발사 가능한 상황에 거의 육박하고 있었다. 미국은 이러한 상황에 직면하여 하루 두 번 출동하던 저공촬영비행을 2시간 간격으로 실시하기로 결정하였다. 야간도 조명탄을 쏴 야간공사를 정찰했다.[56] 이제 봉쇄작전은 그 한계에 직면하게 되었음이 판명되었다. 소련이 자발적으로 철수하지 않는 한 공중폭격 내지 침공하는 수밖에 다른 어떠한 현실적인 방안은 없었다.

쿠바미사일 기지의 상황은 생각했던 것보다도 그 규모가 엄청난 것이었다. 쿠바위기의 발단이 된 당시 실상을 위기가 끝난 뒤 정리된 보고서를 기초로 보다 상세히 언급하도록 하자.[57] 사정거리 1천 1백마일의 MRBM(medium range ballistic missile, 준중거리탄도미사일)의 기지는 6개소이며, 아바나 남서 50마일의 산

55) 大前正臣(著)·申泰鉉(譯), 앞의 책, pp.190-192.
56) 위의 책, p.193.
57) 위의 책, pp.196-199.

크리스토벌에 4개소, 아바나 동쪽 135마일의 사가라 그란테에 2개소가 있고, 각기의 기지에는 발사대 4기, 이동 지상지원 설비, 핵탄두격납고 시설, 미사일 엄폐용 텐트가 있었다. 텐트가 8개 있는 것으로 보아 소련이 두 번째로 발사할 미사일을 준비하고 있음을 엿볼 수 있었다. 이로써 MRBM은 모두 48기로 된다(단 훗날의 조사에 따르면 6기는 미착상태로 있었다).

사정거리 2천 2백마일의 IRBM(intermediate range ballistic missile, 중거리 탄도미사일)의 고정기지를 3개소로 정하고 아직 건설 중이었다. 그 가운데 둘은 아바나에 가까운 가나야이에 있고, 하나는 막 건설을 착수한 레메디오스에 있었다. 각 기지에서는 발사대 4기, 콘크리제의 관제참호 및 핵탄두격납고의 시설, 미사일 정비시설이 건설 중이었다. IRBM은 전체 24기에다, 두 번째 발사를 준비하게 되면 46기로 된다(단 한 기도 아직 도착되지 않았다. 봉쇄라인에서 되돌아간 해치가 커다란 소련 선박이 IRBM을 운반하고 있었던 것 같다). 42기분에 해당하는 일류신 28의 꾸린 짐이 산프리안과 호루깅의 두 비행장에 도착되어 있었고, 그 중에 7기가 조립되어 있었다. 일류신 28은 6천 파운드의 핵폭탄을 6백해리의 지점까지 운반하여 투하하고 기지로 되돌아가는 성능을 지니고 있다.

SAM기지는 쿠바섬의 변두리에 24개소가 배치되어 있었다. 각 기지에는 발사대 6대가 있으며, 각각의 발사대로부터 미리 마련해 놓은 것까지 포함해서 4기의 지대공 미사일을 발사할 수가 있다. 소련이 가지고 들어온 SAM은 1960년에 소련 상공에서 파워즈기를 격추한 최신형의 SA2로, 고도 8만 피트의 비행체를 격추하는 성능을 보유하며, 수평거리로는 30해리의 사정거리를 보유한다. 그밖에 저공으로 침입해 오는 비행기를 대비해서 다수의 고사포가 배치되어 있었다. 중요한 해변과 항만에 가까운 지점에는 순항(巡航) 미사일 기지가 만들어져 있었다. 각 기지에는 34피트의 발사기 2기와 유도설비, 다수의 미사일이 있었고, 순항 미사일은 40해리의 사정거리를 보유, 해상의 함선이나 상륙부대를 표적으로 삼고 있었다. 이것들의 기지가 자그마치 4개소나 발견됐다.

마리엘, 바네스 두 항구에 유도미사일을 장비한 초계정 12척이 있었다. 초계정은 중량 66톤, 전체의 길이 83피트로 각각 2개의 유도미사일을 보유하고 있었다. 동 미사일은 길이 20피트, 사정거리는 10-15해리이다. 최신형 미그 21형 42기가 비행장에 운반되어 있었다. 미그 21형기는 공대공 미사일을 장치하고 4만 피트의 고도를 1천 노트의 속도로 비행하는 성능을 지니고 있다. 7월 전에 수송되어 온 구식 미그 15와 미그 17은 40기 이상에 달한다. 이것들의 무기의 조립, 조작, 경비를 위해서 파견되어온 소련군인과 기술자는 2만 2천명으로 추정됐다. 지상부대는 서부지방에서는 알데미사, 산티아고데 라스베가스, 중부지방에서는 레메디오스 부근, 동부지방에서는 호루깅 부근의 시설에 산재되어 있었다. 각 시설에는 연대규모의 부대가 주둔하고, 각기 35-40대의 T54 중형전차, 사정거리 20-25해리의 전술핵 로켓포, 최신형의 대전차 미사일을 갖추고 있었다. 소련은 미국군의 상륙을 예상하고, 전차대, 대전차 무기에서부터 전술 핵무기까지 준비해 놓고 있었던 것이다.

이제 더 이상 시간을 지체할 수 없는 마지막 상황에 까지 이르게 되었음을 케네디는 확신하였다. 몇 차례에 걸친 양 정상 간의 서신교환과 정부고위관계자들 간의 물밑접촉이 있었지만 케네디는 협상으로 시간을 미루다가는 미사일기지가 완성되어 지금보다 훨씬 어려운 국면에 이르게 됨을 인식하고 그는 10월 27일 호루시초프에게 최후통첩 서한을 보냈다. 그는 이 서한에서 "제일 먼저 해야 할 일은 쿠바에서의 공격용 미사일기지의 작업을 중지하고, 효과적인 유엔의 결의 하에 쿠바의 공격능력을 지닌 모든 무기시스템을 사용불능케 하는 일이다."라고 언급하였다. 나아가 그는 "첫째로 해야 할 것은 쿠바의 미사일기지 작업을 중지하고, 효과적인 국제적 보장 아래 그 같은 무기를 사용불능케 하는 일이다. 또한 이 같은 위협을 계속한다거나, 이것들의 문제를 보다 광범위한 유럽 및 세계의 안전문제에 연관시킴으로써 쿠바토의를 질질 끌고 간다면 반드시 쿠바위기는 격화되어 세계평화에 중대한 위기로 발전하게 될 것이다."라고[58] 결론 짓고 있다. 케네디는 이러한 결정을 반드시 2일 내에 발표하자고 제의하였다. 그렇지 않을 경우 미국은 쿠바에 대한 군사공격을 단행하겠다는 것을 의미하는 것이다.

이제 주사위는 던져졌다. 남은 것은 미국의 최후의 제안에 대한 소련의 반응이었다. 소련이 응하지 않으면 쿠바에 대한 전면적인 공격을 단행하고 소련은 서유럽과 미국에 대한 미사일공격을 할 것이고 자연히 세계는 세계대전의 회오리바람에 휩쓸리게 되는 상황을 맞이하게 될 것은 불문가지의 일이었다. 그로서는 최선을 다한 시간들이었다. 그는 마지막으로 소련에 대해 결단을 촉구하면서 쿠바위기의 마지막 밤을 보냈다. 그가 최고로 마음 아파했던 것은 어린이와 젊은이의 일이었다. 그것도 미국뿐만이 아니라 전세계의 어린이들의 안위였다. 그들이 죽어갈 것을 생각하면 전율은 더욱 격심해졌다. "그들은 아무런 역할도 하지 않았고, 아무런 발언도 하지 않았고, 대결의 사실조차 모르는데 모두와 마찬가지로 죽어가야 한다. 그들은 결정을 하거나, 선거에서 투표하거나,

58) 위의 책, pp.223-224.

입후보 하거나, 혁명을 지도하거나, 자기자신의 운명을 결정할 기회도 주어지지 않았다. 우리들의 세대는 기회를 누렸다. 그러나 커다란 비극은 만약에 우리들이 잘못을 저지르면 그것은 자기자신의 장래, 자기들의 나라뿐만 아니라, 여지껏 역할을 연출하고, 투표하고, 발언할 기회를 부여받지 못한 사람들의 생명, 장래, 희망, 나라에 크나큰 잘못을 저질은 것으로 되는 일이다." 케네디는 이 문제로 괴로워했다.[59]

5 10월 28일 : 위기의 끝

이제 운명의 시간이 다가왔다. 케네디와 흐루시초프 양정상은 27일 밤을 무거운 마음으로 보냈다. 케네디는 이날 군에 출동태세를 갖출 것을 지시하였다. 이를 보다 구체적으로 언급하면[60] 그는 공군예비군 24개 병력 수송중대 1만 4천명의 현역편입을 명령했다. 그 무렵에는 이미 핵무기, 통상무기를 불문하고 지구상의 모든 미국 병력이 출동태세를 갖추고 있었다. 폴라리스 144기를 실은 잠수함들이 해상에서 소련을 포위하고, 아트라스 103기, 소르와 주피터 105기, 타이탄 54기, 그 밖에 IRBM 6백기, MRBM 250기가 발사태세를 갖추고 있었다.

해상에서는 지중해의 제6함대 및 대만해협의 제7함대도 경계체제로 돌입했고, 대서양에서는 로버트 리 테니슨 제독이 거느린 대서양함대가 서방 측의 해상 수송로를 소련잠수함의 공격으로부터 지키기 위해 초계항행을 실시하고 있었다. 공군은 일주일 70시간 근무제를 실시하고, 전략공군기 20퍼센트가 수소폭탄을 실은 채

59) 위의 책, p.226.
60) 위의 책, pp.232-233.

기지상공에서 대기하고, 전술공군 1천기와 6천명이 미국 동남부에 집결했다. 쿠바 침입작전의 사령부는 플로리다에 설치되고, 해밀턴 하우즈 육군중장이 사령관으로 임명됐다. 침입부대는 공정대, 보병, 기갑사단 합계 10만 명으로 편성되고, 1천기의 항공지원아래, 명령 일하, 쿠바 침입작전을 시작하게 될 것이다. 항공모함 8척을 포함한 8만 5천명, 183척의 함대도 쿠바연안에 접근했다. 관타모나 기지에는 해병대 2개 대대가 보강됐다. 제2차 대전 이래 이 정도의 대규모적인 공격부대가 집결된 일은 없었다.61)

핵전쟁을 위한 마지막 준비태세를 모두 갖춘 상태에서 드디어 10월 28일 일요일 아침이 밝았다. 케네디가 흐루시초프에게 시한을 정한 마지막 날이다. 만약 28일까지 아무런 회답이 없는 가운데 쿠바의 미사일기지 건설을 계속한다면 10월 29일을 D데이로 해서 총출동명령을 내리도록 만반의 준비를 해둔 상황이었다. 이럴 경우 인류는 새로운 세계대전으로 치닫게 되는 것은 불을 보듯이 분명한 사실이었다.

그런데 기적이 일어났다. 이날 오전 9시 흐루시초프의 회답이 입전되기 시작했다. 그 회답의 다섯 번째 문장에서 그는 모든 것을 단념한 것이 확실했다. 즉 기지에서의 작업은 중지될 것이며, "당신들이 공격무기라고 말한 쿠바무기는 나무상자에 넣어 소련으로 되돌아갈 것"이라고 말했다. 그리고 카스트로를 달래기 위해, 미국 비행기가 쿠바의 상공을 비행하지 말아 달라는 요청을 하고 있었다. 그리고 마지막으로 "원자무기 및 핵무기의 금지에 관해, 일반 군축과 국제긴장완화를 위한 다른 문제들에 대해서 우리는 의견을 계속하고 싶소"라고 했다.62)

61) 위의 책, pp.232-233.

이제 모든 것이 끝났다. 우리 인류는 인류 파멸의 위기상황의 마지막 고비에서 극적으로 구조되었다고 할 수 있다. 케네디는 즉시 지령을 내렸다. 승리를 주장하거나, 소련의 후퇴를 갈채해서는 안 된다는 것이었다. 그는 그날 밤 전국을 향한 텔레비전 방송에서, "흐루시초프 수상의 정치가다운 결정"이라든가, "군비경쟁을 종식시키기 위한, 그리고 세계의 긴장을 완화하기 위한 필요" 등에 관해서 수식 없는 말로써 짤막하게 언급한 데 그쳤다.63)

3. 쿠바위기의 국제관계사적 의미

쿠바미사일위기는 많은 의미와 교훈을 우리에게 던져주고 있다. 쿠바위기를 통해 우리가 생각할 수 있는 의미와 교훈은 첫째, 국가초유의 위기상황에 대한 효과적인 대응방식에서 오는 교훈을 지적할 수 있다. 위기관리에서 중요한 점은 어떻게 하면 위기로 악화된 갈등을 폭발하지 않도록 방지하느냐 하는 것이다.64) 이런 점에서 쿠바위기에 대한 케네디의 위기관리능력은 위기관리의 대표적인 사례로 평가될 정도로 탁월한 것이었다. 우선 그는 침략자에 대해서는 단호한 입장을 가지고 대했다는 사실이다. 다시 말하면 그는 침략자를 배격해야 한다는 원칙을 세우고 공격용 미사일의 철거를 강력히 요구하였다. 이에 대해서는 그 어떤 타협도 없이 배수진을 치고 협상을 전개하였다. 다음으로 그는 자신의 방침

62) Schlesinger Jr., *A Thousand Days*, 金鐵容(譯), 앞의 책, pp.354-355.
63) 위의 책, p.355.
64) 李容弼 外, 앞의 책, p.75. 쿠바위기에서 확인된 위기관리원칙에 대한 리차드슨의 정리된 의견은 James I. Richardson, "Crisis Management : A Critical Appraisal," Gilbert R. Winham(ed.), *New Issues in International Crisis Management*(Boulder: Westview Press, 1988), pp.17-21.

과 목표를 한순간에 처리한 것이 아니라 보다 유연하고 단계적인 선택들을 이용하여 대응하였다는 것이다. 유연성이 결여된 선택은 굴욕적인 패배가 아니면 위기를 확대시켜야 하는 궁지로 몰리게 한다. 현명한 선택은 쌍방의 운신 폭을 남겨 놓고, 물러날 수 없는 극단적인 선택 대신에 상대방의 위신도 세워주면서 위기를 진정시킬 수 있는 선택을 말한다.[65] 이런 점에서 케네디의 위기대처는 극한적인 위기상황에서 "흥분"을 하여 바로 즉각적이고 공격적인 대응을 지양하고 침착성을 유지하면서 단계적이고 점진적인 대응력을 보여주었다는 점을 지적할 수 있다.[66]

둘째, 쿠바위기에 대한 대응을 통해 우리는 지도자의 참된 모습을 상정할 수 있다는 점이다. 일반적으로 리더십이란 "조직의 목표를 효과적으로 달성하기 위하여 집단구성원을 유도·조정하는 지도자의 행동"을[67] 의미한다. 이러한 일반적 리더십의 개념과 달리 정치적 리더십(political leadership)은 대중의 지지를 얻어서 정치적 목적을 실현시켜 나가는 통치기술을 의미한다.[68] 또한 정치적 리더십이란 "지도자와 추종자의 공동가치(욕망, 욕구, 소망, 기대 등)를 충족시키기 위하여 지도자가 유도하는 행위"를[69] 뜻한다. 케네디는 국가적 위기국면에 직면하여 결코 우왕좌왕하는 모

65) 李容弼 外, 앞의 책, p.77.

66) 여기서 단계적 대응이라는 것은 바로 전면적인 침공작전을 펼치지 않고 해상봉쇄를 단행하고 난 뒤 전면적 계획을 수립하였다는 것이다. 이럴 경우 상대로 하여금 자신의 계획을 스스로 철회할 수 있는 여지를 제공할 수 있고 대응을 펴는 입장에서도 내외적 명분을 구사할 수 있는 장점이 있다.

67) Paul Hersey and K. H. Blanchard, *Management of Organization Behaviour* (New Dehli: Prentice-Hall of India, 1974), p.68.

68) 李範俊·辛承權(共著), 『改訂版 政治學』(서울: 博英社, 1997), p.104.

69) J. M. Burns, *Leadership*(New York: Harper & Row, 1978), p.19.

습을 보이지 않았다. 물론 내면적으로는 많은 고뇌와 번민을 거듭하였지만 그는 최종적인 순간에는 용기로써 결단의 리더십을 보여주었다.

지도자는 문제를 처리하고 위기를 극복할 수 있는 용기, 결단력 및 추진력이 있어야 한다. 위기상황에서 지도자가 비겁한 행동을 하거나 우유부단한 행동을 보이면 그 구성원은 일치단결된 힘을 표출하기 어렵다. 지도자의 우유부단은 위기를 악화시킬 뿐이다. 지도자에게 가장 필요한 덕목은 '용기'이다. 그 스스로 "인간의 미덕 중 가장 귀중한 것"으로[70] 용기를 지적한 바 있다. 이런 점에서 케네디가 쿠바위기 와중에서 보여준 용기와 결단력은 리더십의 전형(the paradigm of political leaderdship)을 보여주었다고 평가할 수 있다.

셋째, 쿠바위기의 극복은 미·소 간의 화해를 앞당기는 중요한 계기가 되었다는 사실이다. 쿠바위기는 세계정치사 특히 미·소냉전사에서 하나의 전환점을 형성해주었다. 미·소 양국은 쿠바위기를 통해 자국 역시 파멸하게 될지도 모르는 핵전쟁의 중대한 위기에 직면하고 있다는 사실을 분명히 알게 되었다. 그래서 흐루시초프는 '협박을 통한 협상'을 포기하고 평화공존론을 강조하기 시작하였다. 케네디도 "이제 무기를 사용하여 세계를 미국 지배 하에 두는 평화"를 추구하지는 않을 것이라고 선언하였다.[71] 이른바

---

70) John F. Kennedy, *Profiles in Courage*, 박광순(옮김), 『존 F. 케네디의 용기 있는 사람들』(서울: 범우사, 2007), p.27. 그는 이 책에서 다음과 같이 용기와 정치에 대해 "오늘날 정치적 용기에 대한 도전은 전에 비하여 더욱 커지고 있다. … 그러므로 앞으로 여간 용기 있는 사람이 아니라면 우리가 강한 적과 싸워나가는 데, 살아 이겨나가는 데 필요한 — 어렵고 인기 없는 결정을 하지 못하게 될 것이다."라고 언급하고 있다. 위의 책, p.50.

'공포의 균형'에 대한 인식을 미·소 양국은 절감하게 된 것이다. 그래서 1963년 7월에 미·소 핫라인이 개설되었고 8월에는 양국이 대기권 및 해저에서의 핵무기 실험을 금지하는 부분적 핵실험 금지협정(SALT)을 체결하였다. 이것은 냉전이 시작된 이후 상호 군축을 향한 제일보가 되어 국제관계의 새로운 시대를 여는 것처럼 보였다.[72]

넷째, 미·소 간의 화해기조의 유지라는 측면과 더불어 쿠바위기는 냉전시대의 연장·확산 및 고착화의 또 다른 출발점이 되었다고 할 수 있다는 점을 들 수 있다. 미국과 소련은 쿠바위기를 겪으면서 양국 간의 전쟁은 일방의 승리를 가져오기 보다는 쌍방의 공멸로 이어지게 된다는 사실을 절감하게 되었다. 이러한 인식은 국제사회의 군비경쟁을 가속화시키는 전기가 되었다고 할 수 있다. 이로써 현상적인 화해기조와 달리 내면적으로는 냉전은 더욱 더 심화되었다고 하겠다. 쿠바위기를 통해 양국은 서로에 대한 깊은 불신감과 공포심을 아울러 가지게 되었다. 한편으로는 군축협상을 진행하면서도 다른 편으로서는 군비를 확장한 열강들의 모습은 상호불신의 정도가 깊음을 의미하는 것이다.

71) 박무성, 앞의 책, p.435. 흐루시초프의 '평화공존에 대해서는 金學俊, 『蘇聯政治論』(서울: 一志社, 1984), pp.159-161 참조.

72) 박무성, 앞의 책, p.435. 국제관계사에서 이러한 케네디(Kennedy)와 흐루시초프(Khrushchev) 간의 화해기조를 흔히 'KK시대'라고 칭하고 있다.

참고문헌

金學俊, 『蘇聯政治論』, 서울: 一志社, 1984.

박무성, 『격동의 서양20세기사』, 서울: 한울, 2002.

尹元求, 『改訂版 共産主義의 七大秘密 : 그 열곱개 열쇠』, 서울: 正民出版社, 1989.

尹元九, 『共産主義硏究』, 서울: 共和出版社, 1976.

李範俊·辛承權(共著), 『改訂版 政治學』, 서울: 博英社, 1997.

李容弼 外, 『危機管理論 : 이론과 사례』, 서울: 인간사랑, 1992.

조진애, "피델 카스트와 쿠바혁명," 원성묵외(지음), 『제3세계 민족해방 운동연구』, 서울: 친구, 1990.

Asprey, Robert B., *War in The Shadows : The Guerrila in History*, 편집부(옮김), 『세계게릴라전사 3』, 서울: 일월서각, 1989

Barnes, John A., *John F. Kennedy on Leadership : The Lesson and Legacy of a President*, 김명철(옮김), 『케네디 리더십』, 서울: 마젤란, 2008.

Berkowitz, Morton, P. G. Bock, Vincent J. Fuccillo, *The Politics of American Foreign Policy : The Social Context of Decisions,* Englewood Cliffs: Prentice-Hall, Inc., 1977.

Brans, Steven J., and D. Marc Kilgour, *Game Theory and National Security,* New York: Basil Blackwell, Inc., 1988.

Burns, J. M., *Leadership,* New York: Harper & Row, 1978.

Johnson, Paul, *A History of the Modern World : from the 1920's to the 1990's*, 장혜영(옮김), 『세계현대사 Ⅲ』, 서울: 한마음사, 1993.

Hersey, Paul and K. H. Blanchard, *Management of Organization Behaviour,* New Dehli: Prentice-Hall of India, 1974.

Gottfried Kurt, and Bruce G. Blair(eds.), *Crisis Stability and*

Nuclear War, Oxford: Oxford University Press, 1988.
Kennedy, John F., *Profiles in Courage*, 박광순(옮김), 『존 F. 케네디의 용기 있는 사람들』, 서울: 범우사, 2007.
Khruschev, N., *Nikita Khruschev Remembers*, 鄭洪鎭(譯), 『世界의 大回顧錄全集 24 : 흐루시초프』, 서울: 翰林出版社, 1983.
Richardson, James I., "Crisis Management : A Critical Appraisal," Gilbert R. Winham(ed.), *New Issues in International Crisis Management*, Boulder: Westview Press, 1988.
Schlesinger Jr., *A Thousand Days*, 金鐵容(譯), 『世界의 大回顧錄全集 16 : 케네디』, 서울: 翰林出版社, 1983.
Comier, Jean, *Che Guevara*, 김미선(옮김), 『체 게바라 평전』, 서울: 실천문학사, 2000.
大前正臣(著)·申泰鉉(譯), 『決斷의 構造 : J. F. 케네디의 勇氣있는 選擇』, 서울: 경운, 1995.

10

베트남의 분단과 공산화

베트남전쟁이 막을 내린지 어언 30주년이 훌쩍 뛰어 넘었다. 1975년 4월 30일 베트남은 공산화되었다. 20세기에 벌어진 숱한 전쟁 중 가장 처참하고 처절했던 대표적인 전쟁이 바로 베트남전쟁이다.[1] 1975년 4월 30일 미군의 헬기가 구(舊)사이공 주재 미대사관에 마지막 남아있던 11명의 미해병을 태워 떠남으로서 그토록 기나긴 세월동안 처절했던 베트남전쟁은 종전을 보게 되었다. 공산화가 된 베트남은 해방과 평등의 기치 하에 상상하기 어려운 압제와 경제피폐를 가져왔다. 피폐한 경제와 공산학정을 견디지 못한 수백만 명의 베트남인들이 공산화 이후 망망대해를 조각배에 의존하여 목숨을 건 탈출러시를 이루었다.[2]

그러나 이러한 암담한 상황에서 1986년부터 혁명적인 정책전환을 시도하여 Doi-Moi정책(개방개혁정책)을 도입하였다. 1986년 12월에 개최된 베트남공산당 제6차 당대회는 1980년대 초에 진

1) 베트남전쟁은 흔히 30년전쟁과 20년전쟁으로 보는 경우로 나눌 수 있다. 30년전쟁이란 1945년부터 1975년까지를 말하고 20년전쟁이란 1954년부터 1975년까지를 말한다.

2) 이들을 흔히 '보트피플'(boat people)이라고 하는데, 대충 1백 50만 명에 이르는 것으로 추정되고 있다.

행된 개혁의 당위성과 정당성을 확인하고, 제4차 경제개발5개년계획(1986-1990)에서 도이 모이정책의 적극적인 추진을 결의함으로써 베트남 현대사의 결정적인 이정표가 되었다. 이런 점에서 베트남의 제6차 당대회를 1978년 중국공산당 11기 3차 중앙위원 전체회의에 비교하기도 한다.[3] 이 대회에서 '계획경제로부터 시장경제로의 도입'이 결정되었다. 이로써 외국의 자본과 기술이 대거 유입되어 오늘날 베트남은 이전과 비교하기 어려운 새로운 도약의 시기를 맞고 있다. 베트남은 개방・개혁정책을 추진한 후 미국과 중국은 물론이고 한국에 까지 손을 내밀어 화해의 악수를 한 바 있다. 도이 모이 선포 10년이 되던 1995년 4월 베트남의 도무오이 공산당 서기장이 정부초청으로 방한하여 주요산업시설을 찾아 한국이 이룩한 시장경제의 결실을 살펴보고 간 적이 있다. 격세지감을 느끼지 않을 수 없는 장면이었다. 이후 한국과 베트남은 활발한 경제 및 인적 교류를 진행하고 있는 중이다.[4]

이러한 상황의 변화에도 불구하고 베트남전쟁의 상처는 아직까지 아물지 않은 채 계속되고 있는 실정이다. 베트남전쟁 당시 미국방장관이었던 맥나마라는 자서전에서 미국과 자신의 잘못으로 시인하면서 베트남사태의 본질을 전혀 이해하지 못했다면서 미국

3) Tri, "The Renovation Agenda : Groping in the Dark?," Thai Quang Trung(ed.), *Vietnam Today : Assessing the New Trends* (New York: Crane Russak, 1990), p.37. 도이 모이정책의 추진세력은 두말할 필요 없이 베트남공산당내 실용주의 개혁파였다. 民族統一硏究院 北韓硏究室(編), 『社會主義體制 改革・開放 事例比較硏究』(서울: 民族統一硏究院, 1993), p.454. 도이 모이정책의 추진세력의 구체적 내용에 대해서는 위의 책, pp.454-455 참조.

4) 현재 한국은 베트남에 1,500개 이상의 기업이 진출하고 있으며 베트남 제1위의 해외투자국이다.

의 전쟁정책의 잘못을 고백했다. 그리고 베트남전쟁은 제2차 대전 후 미국이 패배한 유일한 전쟁으로 기록되고 있는데 맥나마라는 "미국이 베트남의 민족주의를 과소평가했다"고 언급하면서 베트남전에 대한 미국의 개입이 실수였다고 고백하였다.

베트남의 역사적 전통은 한국과 유사한 점이 많이 있다. 중국과 접경한 탓에 고대로부터 중국의 침략에 자주 시달려왔다. 그렇기 때문에 베트남인들의 민족의식은 장기간에 걸쳐 형성된 것으로 외세인 중국에 대한 저항으로 출발하였다고 할 수 있다.[5] 이러한 과정을 거쳐 베트남인들은 이민족(異民族)의 지배에 굴복할 줄 모르는 강인한 민족혼을 간직하게 되었다.

1. 베트남의 분단

[1] 19세기 제국주의의 분할통치(divide and rule)

흔히 세계정치사에 있어서 1870년부터 1914년까지를 제국주의 시대라고 한다. 이 시기에 서구의 열강들은 타국의 주권을 유린하고 자국의 이익을 증대하기 위한 제국주의정책을 노골적으로 전개

5) 전해오는 바에 따르면 중국의 영향은 최소한 3,000년 쯤 시작되었다. 기원전 1,000년경 지아오찌(文趾)라는 종족이 중국 남쪽의 광시와 광둥지방에 거주하고 있었다. … 기원전 3세기에 중국인이 무력으로 이 나라를 침입했다. … 기나긴 중국의 지배는 주목할 만한 중국화를 초래했다. 이전의 점령숭배보다도 불교가 널리 전파되었고 부족사회의 원시적인 관례는 유교로 대체되었다. 그리고 중국문자를 베트남어에 맞게 변형하여 사용했다. 특히 한자개발로 중국과 베트남 간에 끊을 수 없는 유대감이 형성되었다. Charles Fenn, *Ho Chi Minh*, 김기태(옮김), 『호치민평전』(서울: 자인, 2002), pp.14-15.

하였다. 해외시장과 원료공급지로서의 식민지를 쟁탈하려는 선진 산업국의 제국주의정책이 이 시대의 가장 중요한 원동력이었다. 베트남분단의 단초는 서구 제국주의의 침략에 의해 야기되었다. 숙적인 영국에 인도를 빼앗긴 프랑스는 제국주의적 침략야욕을 인도지나반도로 돌리게 되었다. 프랑스가 식민지 제국을 건설하려면 언제나 영국의 해외정책과 충돌하기 마련이었다.[6)]

프랑스가 본격적인 베트남침략에 나선 것은 1850년대였고 그 진정한 의도는 자국 자본주의를 위한 식민지시장 획득에 있었다. 프랑스 자본주의는 18세기말의 프랑스혁명 직후부터 비약적 발전을 보인 반면 영국에게 인도와 캐나다의 식민지를 빼앗겨 시장문제에 절실하게 직면하고 있었다. 특히 1851년에는 상업·무역의 부진으로 급속한 신시장의 개발에 의해 그 위기를 해결하지 않으면 안 되었다. 이러한 때에 베트남에서 프랑스와 스페인 선교사 및 베트남인 카톨릭교도의 살해사건이 잇달아 일어나 프랑스에 베트남침략의 좋은 기회를 제공하였다.[7)]

1847년 천주교박해와 선교사 살해를 이유로 프랑스는 베트남을 무력침공하였다. 이후 우엔(Nguyen) 왕조와 여러 차례의 공방을 거쳐서 1858년 9월에 다낭항구의 점령을 계기로 해서 프랑스 군대는 베트남에 대한 전반적인 공략을 감행하였다. 이후 프랑스는 베트남에서의 각종 이권을 빼앗고 베트남의 여러 항구를 점령하여 1862년 6월 5일 베트남에 굴욕감을 안겨주는 강화조약을 체결하

6) 앙드레 모로아(저)·신용석(옮김), 『프랑스사』(서울: 기린원, 1988), p.513.
7) 유지열(편역), 『베트남민족해방운동사』(서울: 이성과 현실사, 1986), p.18. 당시 영국은 숙적인 프랑스와 1756년부터 1763년까지 계속된 7년전쟁에서 승리함으로써 인도에서의 독점적인 패권의 지위를 확보하였다.

였다. 이 조약에 의해 프랑스는 코친차이나의 동부3성과 꽁도르(Poulo Condore)섬을 획득하고 캄보디아에의 메콩강 항행권도 얻어 내었다. 나아가 베트남은 가톨릭 포교의 자유를 허용하는 동시에 프랑스인과 스페인인에 대하여 다낭항구 등에서의 통상의 자유를 승인하였다. 또 베트남은 프랑스의 승인 없이는 그 영토를 제3국에 할양할 수 없게 되었다.[8)]

이후 근 40년에 걸친 잔인하고 가혹한 식민통치를 전개하여[9)] 1899년 월남·캄보디아·라오스 등으로 이루어진 인도지나연맹을 구성하여 식민체제를 강화하였다. 이후 베트남은 약 백년에 걸친 고난에 찬 제국주의 지배체제 하에서 신음하였다. 프랑스는 베트남을 지배하면서 베트남이라는 명칭의 사용을 중단시키고(이것이 주민들에게 독립심을 불러일으킬지도 모른다는 우려 때문일 것이다) 지도에도 통킹, 안남, 코친차이나로 애매하게 분할해놓았다.[10)] 그래서 프랑스 식민통치기관은 행정적·군사적 편리함을 도모하기 위해 인도차이나를 연합체로 만들어가는 한편, 정치적으로는 인도차이나의 식민국을 다섯 개로 분리해 유지시켰고 베트남인·캄보디아인·라오스인 사이에, 심지어는 북과 남 베트남인 사이에 증오감을 조장하였다.[11)]

8) 위의 책, p.21.

9) 프랑스의 식민통치는 직접통치방식으로 영국의 간접통치보다 비교할 수 없을 정도로 혹독하고 강압적이었다. 정경환, 『민족주의 연구』(부산: 이경, 2009), p.247. 프랑스의 억압적인 식민통치의 상징은 인도차이나지배와 더불어 알제리에 대한 통치를 들 수 있다. 프랑스의 알제리에 대한 지배와 이에 대한 알제리의 민족해방운동에 대해서는 위의 책, pp.247-256 참조.

10) Charles Fenn, *Ho Chi Minh*, 김기태(옮김), 앞의 책, p.11. 코친차이나(Cochin China)는 남부지역이고 안남(Annam)은 중부지역이고 통킹(Tongking)은 북부지역을 지칭하고 있다.

베트남은 제국주의의 전통적인 식민지배정책인 분리통치방법을 통해 정치적 억압과 경제적 수탈체제를 강고하게 구축하였다. 그래서 프랑스는 농민을 저임금체제로 몰아 혹사시켰고 광물을 무제한적으로 채굴하여 방출하였을 뿐만 아니라 상품판매와 원료공급지로서 수탈을 강화하였다.[12] 이로써 베트남의 농민들과 토착기업들은 완전 파멸의 경지에 까지 이르게 되었다. 프랑스 자본은 베트남경제를 마음대로 지배하고 거기에서 막대한 이윤을 취득하였지만 다른 한편 그들의 이익을 대변한 식민지 정부는 가혹한 징세정책에 의해 민중의 고혈(膏血)을 착취하였다.[13]

이런 상황에서 베트남인들의 민족의식은 프랑스에 동화되어 꺾이기는커녕 전인민속으로 뿌리를 내리게 되었다. 농민, 노동자 및 구지배계급의 하급관리들은 전국 각지에서 의병운동을 통한 항불(抗佛) 봉기를 일으켰다. 독립운동노선은 이념적으로 양분되어 있었는데, 크게 대자본가와 대토지소유자를 중심으로 하는 개량주의 노선과 무력투쟁에 의한 독립쟁취를 주장하는 소시민 및 지식인 중심의 혁명적 독립쟁취노선으로 나눌 수 있다. 이런 상황에서 호지명(胡志明)의 주도 하에 1930년 2월 '베트남 공산당'이 결성되어[14] 투쟁을 더욱 더 강화하는 기초를 형성하였다.

11) *The New York Times*, 1954년 4월 17일자.

12) 프랑스 식민지배 하에서 프랑스의 농업 및 광업 등 분야에서의 수탈에 대해서는 유지열(편역), 앞의 책, pp.23-43 참조.

13) 위의 책, p.28.

14) 당시 베트남 공산당의 강령에 대해서는 Jean Lacouture, *Ho Chi Minh* , 아시아·아프리카·라틴아메리카연구원(옮김), 『베트남의 별』(서울: 소나무, 1988), pp.55-56 참조.

② 1940년 9월 일본군국주의의 베트남 점령

제2차 세계대전의 발발로 프랑스가 독일군에 함락당한 후 비시 괴뢰정부가 들어서자 자연스럽게 해외식민지인 베트남에 대한 통치력이 약화되자 이 틈을 비집고 일본이 기습적으로 침략을 감행하였다. 1930년대 초엽, 숱한 반란에도 불구하고 인도지나에서의 프랑스통치는 동요되지 않았다. 1940년까지 프랑스는 1만 1,000명의 병력, 현지인 민병 1만 6,000명, 프랑스인 경찰 507명 등으로 1,900만 명의 베트남인을 통치하고 있었다. 프랑스식민지체제를 동요시킨 것은 일본군의 불령 인도지나 진주였다. 중국과 전쟁을 벌이고 있었던 일본군은 장개석을 원조하는 물자가 하이퐁을 경유하여 운남 및 중경으로 수송되는 것을 저지하기 위해서 1940년 9월 통킹에 진주했다.[15] 이후 일본은 제2차 세계대전이 끝날 때까지 베트남을 지배하였다.

당시 북부지역은 호지명을 중심으로 하는 공산당세력이 인민들의 신망을 얻고 있었다. 호지명은 프랑스 지배 하에서 유일한 대중적인 정치조직인 베트남 공산당을 이끌면서 반불·반일 운동을 전개하였다. 호지명은 41년 초에 30년 동안의 해외생활을 청산하고 귀국을 결행하였다. 그는 까오방성의 중국 국경 가까이, 곽보라고 불리는 지방의 산악민족 눈족의 거주지역에서 동굴 하나를 찾아내어 이곳에서 머무르게 되었다. 동굴 속에는 종유석이 떨어지고, 앞에는 작은 개울이 흘렀으며 부근 일대는 석회질의 산악지대였다. 그는 산에는 칼 마르크스, 작은 개울에는 레닌이라는 이름을 붙였다.[16] 호지명은 이 까오방성을 혁명의 근거지로 해서

15) 瀧川勉 외(공저)·편집부(역), 『동남아시아 現代史入門 : 민족자립을 향한 모색』(서울: 나남, 1983), p.112.

선전 및 조직활동을 열심히 전개하였다. 호지명의 적극적인 활동으로 인해 많은 인민들이 호지명의 활동에 동참하게 되었다.

이러한 활동에 힘입어 1941년 5월 10일부터 19일까지 까오방의 산중 동굴에서 인도차이나 공산당 제8차 확대중앙위원회가 열리게 되었다. 1941년 5월 19일 바로 이 동굴 안에서 그 유명한 베트민(VM)이 태어났다. 정식명칭은 '베트남 독립동맹'이었다. 그러나 호지명이 구성원의 대부분이 농민이므로 더 쉬운 명칭을 써야 한다고 해서 '베트민'으로 부르기로 결정되었다. 베트민은 인도차이나 공산당이 주축이 되어 결성되었다.[17] 베트민은 일·불제국주의의 공동지배와 그 밑에서 증대하는 인민의 불만을 배경으로 과감한 투쟁을 전개하였다.[18]

3 제2차 세계대전의 종전과 프랑스의 복귀

일본이 2차 대전에서 패배하자 포츠담회담(The Potzdam Conference, 1945.7.17-8.2)의 결정에 따라 일본 패전군의 무장해제와 행정의 편의를 위해 북위 16도선을 기준으로 이북은 중국, 이남은 영국이 점령하였다. 하노이에서는 호지명 주도로 중국의 내전을 이용해 1945년 9월 2일 베트남민주공화국을 선포되었다. 그러나 중국군이 북부를 공격하고 인도에서 파견된 영국군이 남부를 공격해서 작전에 성공하면 곧바로 두 지역을 프랑스에 돌려주기로 이야기가 되었다.[19] 이러한 합의에 따라 어느 정도 일본군에 대한

16) Jean Lacouture, *Ho Chi Minh*, 아시아·아프리카·라틴아메리카연구원(옮김), 앞의 책, p.69.

17) Charles Fenn, *Ho Chi Minh*, 김기태(옮김), 앞의 책, p.153.

18) 유지열(편역), 앞의 책, p.129. 베트민의 강령에 대해서는 위의 책, p.129 참조.

무장해제의 작전이 성공을 거두자 영국과 중국군이 물러가게 되어 양국의 합의대로 프랑스가 지배권을 회복하여 베트남을 통치하기 시작하였다.

그러나 프랑스가 1946년 2월 베트남에 복귀할 당시에 호지명 정권은 엄청난 세력을 확보하고 있었다. 1만여 명의 군대를 보유하고 있었기 때문에 북부지역의 호지명 정권을 사실상 정부로 인정할 수밖에 없었다. 당시 베트민은 남부지역을 제외한 전지역을 완전히 장악하고 있었다. 그래서 프랑스는 베트민과 협정을 맺어 향후 5년 간 프랑스군대는 베트남군대로 교체하고 완전한 단일통일국가 수립은 국민투표에 의해서 결정한다고 약속하였다. 이러한 연유로 인해 베트민은 유혈참사를 방지하기 위해 프랑스군대의 진주를 반대하지 않았다. 그러나 프랑스는 이러한 베트민과의 약속을 무시하고 남부에 새로운 임시정부를 수립하였다.

이에 베트민은 1946년 11월 하노이에서 폭동을 일으켰지만 프랑스의 폭격으로 인해 6천여 명의 사상자를 가져오는 결과를 낳았다. 이에 대한 보복으로 월맹은 40여 명의 프랑스인을 죽이고 200여 명을 유리시켰다. 프랑스군대는 베트남군대의 자발적인 무장해제를 주장하면서 총공격을 개시하여 이른바 베트남과 프랑스간의 '8년전쟁'이 시작되었다. 프랑스는 월남의 마지막 황제인 바오다이(Bao Dai)를 내세워 1949년 6월 '월남민주공화국'를 수립하여 호지명 정권에 정면도전하였다. 프랑스는 이처럼 베트남에서 자신의 입지를 강화하기 위해 다양한 조치들을 취했으나 월맹 정권에 수세적인 입장에서 벗어나지 못했다. 특히 월맹 정권의 국방상인 보구엔지압(Vo Nguyen Giap)의 게릴라전에 곤욕을 치루

19) Charles Fenn, *Ho Chi Minh*, 김기태(옮김), 앞의 책, p.197.

고 있었다. 지압은 모택동전략의 이론적 지지자로서[20] 호지명의 최측근 중의 한명이었다. 무기와 장비의 열세로 인하여 지압의 주도 하에 1947년 3월 경부터는 게릴라전으로 전환되었다.[21]

4 디엔비엔푸전투와 제네바회담

디엔비엔푸(Dien Bien Phu)는 프랑스 최대의 요새로 하노이 서북방 약350km지점의 국경마을이다. 1953년 11월 프랑스군 총사령관 나바레(Navarre) 장군은 베트민군을 유인하여 포위망에 가둔 다음 우세한 화력으로 섬멸한다는 작전개념 하에 가스뜨리에(Castries) 준장 휘하 8개 대대 15,000명의 병력을 적진 깊숙이 투입하였다. 이 부대는 디엔비엔푸로 진격하여 비행장을 중심으로 길이 16km, 폭 10km에 달하는 방어진을 구축하였다.[22] 이어 프랑스의 7개 공수부대와 지압의 부대 간에 치열한 공방전이 시작되었다. 호지명은 국민총동원력을 내리고 결사항전하였다.

이 지역은 험준한 산악지대이기 때문에 비행기가 아니면 물자수송이 불가능한 지역이었다. 베트민은 밀림에 도로를 만들고 자전거로 물자를 실어 날랐다. 미처 예상하지 못했던 광경이었다. 베트민군은 정글과 산악지형을 이용하여 프랑스군의 병참선을 위협하면서 차츰 올가미를 조여들기 시작하여 1954년 3월 말경에는 마침내 견고한 역포위망을 구축하였다. 더구나 베트민군은 이 포위작전을 결정적인 승리로 이끌기 위하여 압도적인 병력과 더불어 200여문의 각종 화포를 동원하였다.[23] 베트민군의 대공세로 인

20) 陸軍士官學校 戰史學科, 『世界戰爭史』(서울: 日新社, 1991), p.545.
21) 위의 책, p.545.
22) 위의 책, p.546.

해 프랑스군은 저항다운 저항도 못하고 참패로 끝나 15,000여명의 병력 중 불과 73명만이 탈출하는데 성공하였다.[24] 이로써 프랑스는 전의를 상실하여 인도지나에 대한 지배력이 극도로 감소 내지 붕괴되었다.

이러한 상황에서 19개의 각국들이 제네바에 모여 베트남문제를 논의하기 시작하였다. 관계국과 열강들이 협의를 거친 후 1954년 7월 21일 제네바휴전협정이 조인되었다. 북위 17도선을 경계로 3마일의 비무장지대를 설치하고 그 북쪽은 호지명 정권 남쪽은 바오 다이 정권의 통치체제를 유지하는데 합의하였다. 그리고 1956년 7월에 남북월남총선를 실시하여 통일정부를 수립하기로 하였다. 제네바협정(Geneva Conference) 제6조에 따르면 군사분계선으로 설정한 17도선은 임시적임을 규정하고 있고 제7조에 총선거는 2년 내에 실시된다고 규정하고 있다.

이후 월남이 제네바협정에 규정된 남북월남총선거실시를 거부함으로써 17도선은 자연스럽게 남북월남의 분단선으로 남게 되었다. 월남이 총선을 반대한 것은 월맹군의 남부지역에 대한 게릴라파견으로 자유·평화선거를 보장하기 힘들 것이라는 판단에 근거하고 있다. 실제적으로는 총선거를 하면 80% 이상이 호지명 정권에 대한 지지가 확실한 상황이었기 때문에 월남의 총선거부는 공산화를 우려한 미국과 월남의 고육지책의 결정이라고 할 수 있다. 이로써 북위 17도선은 남북월남의 분단선으로 고착하게 되었다.

23) 위의 책, p.546.
24) 프랑스군 15,094명 중 73명이 탈출에 성공하고 5,000여명의 부상자를 포함해 10,000명이 포로가 되었고 나머지는 전사하였다. 반면에 베트민군의 손실도 역 25,000명에 달하였다. 위의 책, p.547.

5 베트남 분단이 지니는 국제관계사적 의미

베트남 분단이 지니는 의미는 결코 간단하지가 않다. 베트남의 분단은 첫째, 강대국의 국가이익(national interest)에 의한 분할점령의 전형적인 분단국가유형이라고 할 수 있다. 베트남 분단은 민족내부의 자발적인 의사에 의한 분단이 아니라 당시 냉전적인 국제질서의 결과물임을 알 수 있다. 국가이익이란 국제정치의 본질적인 개념으로[25] 국가에 있어서 다른 모든 가치 보다도 앞선 실질적인 이익이라고 할 수 있다. 당시 강대국의 국가이익은 자신의 생존을 뛰어넘어 세계에 있어서의 지배구조의 구축이었다. 그렇기 때문에 베트남의 분단은 고착화되고 있던 냉전질서의 희생물이었다고 할 수 있다.

둘째, 당시 호지명이 이끄는 공산당세력의 집요한 통일전선책동을 지적할 수 있다. 프랑스와의 8년전쟁으로 통해 알 수 있는 것은 공산주의자인 호지명은 민족주의의 기치 하에 인민을 동원하고 강력한 반불 및 반일 투쟁의 선봉역할을 하였다. 호지명에 있어서 민족주의와 공산주의는 목적과 수단이고 상호보완적인 것이다, 그런데 어떤 때는 두 가지가 뒤섞여 나타나기도 한다.[26] 사실 민족주의와 공산주의는 결코 양립할 수 없다.[27] 민족주의는 민족의 자유, 독립, 통일, 번영 및 평화를 위한 사조 및 운동일체를 말한다. 그렇기 때문에 내적으로 민주주의적 기본가치가 전제되지 않은 민족주의는 개념에 충실한 올바른 민족주의라고 규정할 수 없

25) 김순규, 『현대국제정치학』(서울: 博英社, 1997), p.143.

26) Charles Fenn, *Ho Chi Minh*, 김기태(옮김), 앞의 책, p.85.

27) 공산주의와 민족주의 간의 모순된 관계에 대해서는 尹元求, 『共産主義의 本質 : 共産主義批判』(서울: 螢文出版社, 1981), pp.48-56 참조.

다. 이런 점에서 공산주의자였던 호지명이 민족주의라는 이름 하에 민족해방운동을 전개한 것은 매우 이율배반적이고 공산주의의 실체적 진실을 가로 막는 가면적 행위라고 할 수 있다. 조국의 진정한 민족해방운동의 지향점은 공산주의가 아니라 민주주의일 때 민족구성원의 안정적이고 미래발전적인 지위가 담보될 수 있는 것이다. 이런 점에서 호지명에 의한 민족해방운동은 자연스럽게 베트남의 인민 간에 분열을 조성하는 중요한 출발점이 되었을 뿐만 아니라[28] 자유민주주의를 지향하는 자유민주국가들로부터 경원의 대상이 되어 베트남에서의 자유를 확보하기 위한 조치로 부득불 분단상황이 이루어졌음을 방기해서는 안 될 것이다.

셋째, 강대국에 의한 인위적인 분단선은 인도지나반도에 항구적인 평화체제를 구축하기는 커녕 새로운 전쟁 즉, 제2차 베트남전쟁의 씨앗을 뿌리는 계기를 조성하였다. 베트남의 분단은 다양한 요인들이 중첩적으로 작용하여 이루어진 것이기 때문에 분단의 해소 역시 분단에 작용한 다양한 요소의 해결 없이는 어려운 것이었다. 또한 베트남의 분단에는 강대국의 이해관계가 복잡하게 관여되어 있기 때문에 이해관계의 적절한 타협이 없이는 전쟁은 불가피한 상황이었다. 동남아시아에서 중국이라는 공산주의와 대결국면이라는 냉전질서의 한 축을 지도하고 있던 미국의 입장에서 베트남은 쉽게 포기하기 어려운 세계적인 전략지였다. 그래서 미국은 국내의 반전분위기에도 불구하고 천문학적인 군비를 투여하여 제2 베트남전쟁을 이끌었던 것이다.

넷째, 베트남의 분단은 강대국에 의한 인위적인 분단임에도 불

28) 제네바협정에 의해 베트남이 분단되었을 때 80만에 달하는 월맹 주민들이 자유를 위해 남으로 탈출하였다. 鄭鎔碩, 『분단국통일과 남북통일』(서울: 다나, 1992), p.106.

구하고 내전적 성격이 강하게 내포된 경우에 해당한다. 만약 외부의 개입이 없었다면 베트남전쟁의 경우 조기에 종식되었을 것이라는 것이 일반적인 견해다. 왜냐하면 당시 호지명이 이끄는 공산당에 대한 베트남 인민들의 지지가 광범위하였기 때문이다. 이념이 결합된 전쟁은 민족내부의 해결 움직임으로는 어렵고 국제전으로 비하될 수밖에 없음을 실증해준 전쟁이 바로 베트남전쟁이다. 이는 그만큼 냉전체제 하에서의 분단국가의 통일이 지난함을 예시해준다고 할 수 있다.

프랑스 학자 폴 무(Paul Mus)는 호지명이 중시했던 네 가지의 덕목으로 "근면, 검소, 정의, 성실"을[29] 지적하고 있다. 호지명 통치의 독재성과 강압성에도 불구하고[30] 호지명은 그동안 과대포장되어 왔다. 호지명 정권은 농민들의 저항을 강력진압하여 수만 명을 학살하였을 뿐만 아니라 소농의 저항에 대해서도 군대를 보내어 2,000명을 무차별 학살하는 만행을 자행하였다.[31] 이러한 만행에도 불구하고 호지명 정권이 인민의 지지를 받은 것은 우파 세력에 비한 상대적 비교우위에 기인한다. 여기서 우리는 당시 우파 지도자와 세력들의 무능함과 부패 그리고 외세의존적인 자세에 대해 비판하지 않을 수 없는 것이다. 공산주의에 인민들이 매몰되는 것은 우파에 대한 일말의 기대도 완전히 고갈된 결과라고 할 수 있다. 공산주의의 확산에 대한 제어는 인위적인 혹은 물리적인 힘 혹은 외세의 힘으로는 완전하게 이루어질 수 없다. 진정한 우파는 인류의 보편적 가치인 자유민주주의에 대한 투철한 신념을 가질

29) Charles Fenn, *Ho Chi Minh*, 김기태(옮김), 앞의 책, p.85.

30) 호지명 정권의 독재적이고 강압적 통치양태와 구체적인 예에 대해서는 위의 책, pp.273-276 참조.

31) 위의 책, p.273.

때 그 권위가 빛난다. 호지명과 같은 공산주의자가 인민의 광범위한 지지를 형성할 수 있었던 것은 호지명 개인의 선전책동과 스스로의 개인적 자질과 공산당의 집요한 반외세투쟁에도 기인하지만 우파세력의 무능과 부패 그리고 노골적인 외세의존주의에도 원인이 있음을 간과해서는 안 될 것이다.

2. 베트남의 공산화

베트남은 1975년 4월 30일 공산화되었다. 베트남이 미국의 천문학적인 군사지원과 병력파견에도 불구하고 인류의 보편적인 가치와 이념이 배제된 채 공산화의 비운을 당한 이유는 결코 우연이 아니다. 공산월맹의 집요한 공산화전략에 비해 자유월남은 너무나 부패하여 민심이반현상이 광범위하게 조성되었다. 나라를 수호하겠다는 확고한 국가의식이 없는 상황에서 외부의 세력이 아무리 지원하고 성원한다고 해도 의미가 없음을 우리는 베트남의 공산화과정을 통해 명확히 인식할 수 있다. 베트남의 공산화과정을 구체적으로 알기 위해서는 미국의 베트남에서의 참전과정에 대한 이해가 필요하다.

1 미국의 개입과 베트남 공산화

미국이 공식적으로[32] 베트남에 참전하게 된 것은 1964년 8월 4일의 '통킹만사건'이다. 나중에 미국이 베트남에 참전하기 위해 스스로 조작한 것으로 밝혀졌지만 통킹만사건은 당시 미국의 조야는 물론이고 여론을 들끓게 하여, 미국은 공식적으로 참전을 하였

32) 미국은 1964년 이전인 1954년부터 간접적으로 베트남의 정치에 개입해왔다. 유지열(편역), 앞의 책, p.157.

다. 린든 비 존슨 대통령은 미국 제7함대소속 구축함 '매독스호'가 2차례에 걸쳐 월맹어뢰정의 공격을 받자, 즉각 월맹의 군사요충지에 폭격을 단행함으로써 선전포고 없는 '미-월맹전쟁'이 시작되었다.[33] 통킹만사건 직후 존슨 대통령은 월맹에 있는 해군시설에 대해 폭격명령을 내리는 한편 동남아시아에서 국제적 평화와 안전을 유지하기 위해 미국의 전폭적인 지지를 약속하는 것을 내용으로 하는 이른바 '통킹만결의안'을 다음 날인 8월 5일 의회에 제출했다. 이틀 후인 8월 7일에는 하원이 이 결의안을 찬성 88표 반대 2표의 압도적 다수로 통과시켰다. 이 결의안은 사실상 존슨 대통령에게 지상군 개입을 포함한 월남전 수행에 필요한 모든 조치를 일임했으며 이에 따라 미국의 월남전 개입이 본격화되었던 것이다.[34] 이로부터 1973년 1월 파리평화협정이 체결될 때까지 '베트남전쟁'은[35] 계속되었다.

베트남전은 미국의 참전 이후 지루한 공방전만이 지속되었다. 사실 미국은 참전을 통해 베트남전을 조기에 종식시킬 수 있다고 확신하고 있었다. 그러나 베트남에서의 미군의 조기철수는 벽에 부딪치게 되었다. 1964년만 해도 1965년 말까지 미군들이 월남으로부터 철수할 수 있을 것이라고 장담했던 맥나마라는 그 후 월남군의 비효율적인 전투능력과 특히 미군기에 의한 월맹폭격이 예

33) 鄭鎔碩, 앞의 책, p.107. 미국이 '통킹만사건'으로 인해 개입하는 과정에 대해서는 梁東柱(編著), 『20世紀世界와 韓國 : Chronicle 1900-1999』(서울: 크로니컬 코리아, 1994), p.1964 참조.

34) 東亞日報社(編), 『分團國의 對話』(서울: 東亞日報社, 1979), p.201.

35) 사실 '베트남전쟁'이란 용어는 국제사회에서 통용되고 있는 베트남의 역사성을 도외시하는 용어로 서구인 및 학자들의 사용의 편의를 위한 것이다. 왜냐하면 베트남에서 전쟁은 제2차 세계대전 이후의 전쟁 말고도 많은 전쟁이 기록되고 있기 때문이다.

상과 달리 성과를 거두지 못하고 있다는 사실을 인식하고 점차 월남전의 군사적 해결에 대해 비관적인 견해를 갖게 되었다는 것이다.[36] 미국으로서는 이러한 비관적인 상황에서 전쟁을 계속적으로 끌고 가는 것은 어려운 일이었다. 사실 실제 전장에서는 미 육군은 무적이었다. 전투에 전투를 거듭할 때마다 베트콩과 월맹 육군은 막대한 손실을 입고 패주했다. 그러나 종국에 와서 승자로 부각된 것은 미국 아닌 월맹이었다.[37]

월맹은 미국의 막강한 군사력과 파상적인 공세에 굴복하지 않고 베트남 전역의 공산화라는 확고한 목표를 가지고 최후의 순간까지 미국에 대해 투쟁하였다. 반면 미국은 월남 내부의 불안한 정정으로 인해 베트남 내부의 지원자를 얻지 못한 상태에서 고독하게 전쟁을 이어나갔다.[38] 월맹(북베트남)의 시각에서 볼 때 미국은 프랑스, 일본, 다시 프랑스, 미국으로 이어지는 새로운 식민세력에 불과했다. 따라서 미국에 대한 그들의 무력투쟁은 베트남의 오랜 대외항쟁사에 비추어볼 때 지극히 당연한 선택이었다. 그러나 북베트남이 주도하는 통일을 저지하려는 미국의 노력 또한 냉전시대

36) 위의 책, p.202. 월남전의 군사적 해결에 비관적인 견해를 가진 사람은 비단 맥나마라 국방장관 뿐만 아니라 미국정부의 고위층에도 점차 그 수가 늘어 가고 있었다. 위의 책, p.202.

37) Harry G. Summers, Jr., *On Strategy : A Critical Analysis of the Vietnam War* , 閔坪植(譯), 『美國의 越南戰 戰略』(서울: 兵學社, 1983), p.15. 위의 저서는 미국인의 입장에서 "우리는 매 전투마다 계속 승리를 거두었는데 결과적으로 비참한 패자가 된 것은 무슨 이유인가"(위의 책, p.15)라는 의문에 대한 해답을 제공해 주기 위해 쓰여진 것이다.

38) 미국이 참전할 당시 베트남의 정세는 매우 불안정하였다. 1955년 10월 수립된 베트남의 초대 대통령인 고 딘 디엠이 1963년 11월 정적에게 암살당하였고 디엠 사망 후 18개월 동안 8개의 정권이 쿠데타로 연속적으로 들어섰다가 사라진 정도였다.

의 논리로는 불가피한 선택이었다. 북베트남의 군사행동이 베트남 국민의 오랜 민족해방전쟁의 연장선상에 있었듯이 미국의 행동 또한 1950년대의 동구권 공산화와 쿠바 공산화, 1960년대의 베를린위기와 쿠바미사일 위기 등 동서진영 사이에 고조되던 긴장과 충돌의 연장선상에 있었다.[39)]

이처럼 베트남전쟁은 애초부터 양자 사이에 도저히 타협이 불가능한 전쟁이었다. 그래서 미국은 명예로운 퇴진의 차원에서 1968년 5월 10일 월맹과 파리에서 휴전을 위한 비밀협상에 들어갔다. 미국에서는 키신저, 월맹에서는 레둑토가 협상대표로 나섰다. 이 무렵 미국은 연간 전비 500억 달러를 퍼부었고 주월 미군병력도 53만 6,000명을 파병할 정도였다. 미국은 밑빠진 독에 물붓기식으로 계속되는 베트남전쟁의 수렁에서 발을 빼기 위해 파리비밀회담을 시작하였다.[40)] 미국은 도저히 승리가 힘든 전쟁에서 명예로운 퇴진을 위한 협상이었지만 월맹에 있어서는 대미 협상은 공산화를 위한 수단으로서의 의미를 지니고 있었다. 그 출발이 완전히 다른 상황에서 결과가 월맹의 승리로 돌아가리라는 것은 너무나 당연한 일이었다.

미국과 월맹의 협상태도는 완전히 상이하였는데, 미국이 군사와 정치문제의 분리라는 입장을 가지고 협상에 임한 반면 월맹은 군사문제와 정치문제 간의 비분리 입장을 가지고 협상에 임하였다. 그래서 미국은 베트남전쟁의 종식이라는 군사문제와 베트남의 정

39) 이용준, 『베트남, 잊혀진 전쟁의 상흔을 찾아서』(서울: 조선일보사, 2003), p.31.

40) 정만수, 『개정판 북한핵의 정체』(부산: 이경, 2007), p.287. 베트남에서 미국과 월맹 간의 협상과정에 대한 자세한 내용은 東亞日報社(編), 앞의 책, pp.202-232 참조,

치적 장래문제를 혼동해서 같이 취급하려했기 때문에[41] 미국의 입장에서 보면 주월 미군의 철수는 가능한 것이었다. 당시 미국 내의 반전분위기가 심각한 상황이었기 때문에 여론을 중시여기는 미국정부는 어쨌든 조기에 베트남전을 종식시켜야 할 상황에 직면하게 되었다. 그래서 미국은 월맹이 협상 당시부터 지속적으로 주장했던 미군의 철수와 폭격 중지 및 티우 정부의 퇴거의 내용 중 우선 미군의 일부 철수(2만 5천명)를 1969년 6월 8일 전격 단행했다.

이후 5년을 끌던 지루한 협상은 드디어 1973년 1월 27일 휴전협정이 체결되어 베트남전쟁은 정전상태로 들어갔다.[42] 머리말과 9장 23조, 4개 부속의정서로 구성된 이 평화협정(정식명칭 '베트남전 종식과 평화회복에 관한 협정')은 파리에서 미국·월남·월맹·베트콩 등 4자에 의해 조인되었다. 이 협정 제4조는 미국이 "월남의 내정에 대한 군사적인 개입이나 간섭을 중지한다."고 적고 있다. 이어 제5조는 "협정조인 후 60일 안에 미국과 제3조에 언급된 다른 외국의 군대 군사고문기관, 기술담당요원 및 평정계획, 군장비, 탄약, 전쟁물자와 관련된 모든 군사요원은 월남에서 철수한다."고 명시하였다. 또 제15조는 베트남의 통일에 관해 "평화적인 수단을 통해 월남과 월맹 간의 협의와 합의를 바탕으로 어느 일방이 타방을 강요하거나 통합함이 없이 외세의 간섭을 받지 않고 단계적으로 수행한다."고 적시하기도 하였다.[43]

월남이 공산화된 지금의 상황에서 파리평화협정을 보면 당시 미국의 어리석음과 월맹의 교묘함이 절실히 느껴진다. 공산주의자와의 협상이 얼마만큼 어렵고 공산주의자들의 이중성과 기만성을 여실히

41) 위의 책, p.227.
42) 정만수, 앞의 책, p.189.
43) 鄭鎔碩, 앞의 책, pp.107-108.

엿볼 수 있다. 휴전협정에 따라 미국은 월맹에 40억$(20억$은 미국이 직접 제공, 20억$은 IBRD 세계은행 차관)을 주고 휴전의 절차가 완결되자[44] '파리평화협정'에 따라 미국은 1973년 3월 19일 주월 미군을 완전히 철수시켰다. 이렇게 해서 미국이 1964년 8월 월맹을 폭격하기 시작한 지 8년 반만에 미국의 월남개입은 종식되었다.[45] 월맹의 입장에서 보면 총 한방 쏘지 않고 그토록 절실히 주장하던 주월 미군철수의 목표를 이룬 것이다.

이때 미국의 키신저는 휴전협정문서의 국제적인 서명과 휴전협정 국제 감시단 등 그리고 월맹에 천문학적인 휴전의 대가를 지불한 것을 약속하였고 이 휴전은 향후 적어도 10년은 보장될 것이라고 큰 소리쳤다. 키신저와 미국은 공산주의자들을 잘 몰랐고 공산주의자들에게 완벽하게 속아 넘어갔다. 전쟁에 지친 월맹은 잠시 쉬어 가기 위하여 미국에게서 돈도 받고 시간도 벌고 미군도 철수시키는 교묘한 전술로 전쟁 승리의 결정적 기회를 잡게 되었다. 월맹은 미국을 완벽하게 속이는 데 성공한 반면, 미국은 월맹에게 완전히 속았다. 그 유명한 미국의 정보기관들, 전쟁분석가들, 현지 군사전문가들, 수 없이 많은 세계적인 전문가와 두뇌들이 월맹의 적수가 되지 못하였던 결과가 베트남 휴전이다. 월맹은 휴전이 되고 미군이 철수한 것을 확인하고 40억$로 무기를 보충하고 굶주리는 민생을 해결하며 오히려 새로운 전쟁준비에 박차를 가하면서 결정적 시기를 기다리고 있었다. 전쟁준비를 끝낸 월맹군은 드디

44) 정만수, 앞의 책, p.189.

45) 鄭鎔碩, 앞의 책, p.108. 주월 미군의 수는 한 때 50만명에 달했었고, 한국, 오스트리아, 타일랜드, 필리핀, 뉴질랜드 등 5개국들이 7만여명을 파병한 바 있다. 월남 정부군 60만명을 합치면 도합 1백 20만 대군이 베트콩과 싸운 셈이다. 위의 책, p.108.

어 1975년 1월 8일 월맹군 18개 사단병력이 총공격을 개시하여 불과 4개월 만인 1975년 4월 30일 월맹군 선봉부대가 자유베트남의 수도 사이공을 함락함으로써 베트남전쟁은 월맹군의 승리로 무력통일을 이루게 되었다. 이때 미군이 철수하면서 만약 월맹군이 휴전협정을 깨고 전쟁을 일으킨다면 즉각 미국의 공군과 해군이 출동, 지원한다고 했던 공약은 지켜지지 않았다.46)

> **베트남전쟁의 피해**
>
> 베트남전쟁의 대가는 엄청났다. 전쟁 기간 중 남베트남에서는 베트남 정부군 22만 3,748명과 민간이 약 41만 5,000명이 사망했다. 북베트남 측에서도 월맹 정규군과 베트콩을 합하여 110만 명이 전사했다. 베트남전쟁의 비정규전적인 성격 때문에 북베트남의 민간인 피해는 정확히 집계되어 있지 않으나, 민간인 피해가 남북베트남 전역에서 200만-300만 명에 달했다는 것이 현 베트남 정부의 추산이다. 말하자면 1945년부터 1975년까지 불과 30년 사이에 일본군의 식량 수탈에 따른 기근, 대프랑스 항쟁에 따른 희생, 그리고 대미전쟁 기간 중 사망자를 합하여 베트남 전체 인구의 약10%인 600만-700만 명이 사망한 것이다.47)

2 베트남 공산화의 원인과 의미

(1) 베트남 공산화의 원인

베트남의 공산화라는 사건이 지니는 국제관계사적 의미와 그 교훈은 적지 않다. 월맹이 월남을 무력으로 적화시킨 것은 결코 우

46) 정만수, 앞의 책, pp.189-190.
47) 이용준, 앞의 책, pp.32-33.

연한 일이 아니다. 베트남 공산화의 의미와 교훈을 제대로 알기 위해서는 우선 베트남 공산화의 원인에 대한 올바른 이해가 필요하다. 베트남은 1975년 4월 30일 갑작스럽게 공산화된 것이 아니라 공산화될 수밖에 없는 현실의 결과물이라고 할 수 있다. 우선 공산당의 이중성에 대한 그릇된 판단을 지적할 수 있다. 국가 간의 협상이라는 것은 외교의 핵심수단으로서 합의에 도달하기 위해 상충되는 이해를 조정해 나아가는 교섭과정이라고 정의된다.[48] 이러한 협상의 기본 개념에 의거하여 협상의 가장 중요한 기능을 언급하면 협상이란 이해당사자 간에 발생한 이해상충을 조정해나가 비록 하나의 합의를 이끌어내는 것이라고 할 수 있다. 즉, 협상은 개인·집단 또는 국가-즉 정부-가 서로 상충하는 이익이나 공통된 이익을 절충·타협하는 상호작용의 한 형태이다.[49]

이러한 협상이 지니는 기본개념을 월맹 측은 완전히 무시하고 처음부터 협상을 하나의 수단으로 이용하고 있었다. 공개석상에서 양보의 가능성을 비침으로써 일방의 기대를 잔뜩 부풀게 해놓고는 비밀회의에서는 강경한 태도를 취해 미국정부의 입장을 곤란하게 만들기도 했다. 또한 미국의 월맹폭격이 심해지자 협상을 폭격을 중지시키는 미끼로 사용했다는 인상도 지울 수 없다. 1966년 말과 1967년 1월 미국이 월맹에 대한 폭격을 중지했을 때 월맹은 협상을 질질 끌면서 미국의 폭격재개를 늦추어 보려고 했었다. 월맹이 협상에 사용한 수단 중에서 또 한 가지 특기할 것은 미국정부와 미국 국민들 사이에 틈을 갈라놓는 수단을 썼다는 점이다.

48) F. C. Iklé, *How Nations Negotiate*(New York: Frederick A. Praeger Publishers, 1964), pp.3-4.

49) 具永錄, 『人間과 戰爭 : 國際政治理論의 體系』(서울: 法文社, 1979), p.86.

미국이 월맹을 알고 있는 것보다 월맹은 미국을 훨씬 더 많이 알고 있었고 그래서 미국의 여론에 직접 호소하는 방법을 사용했다.[50] 이처럼 월맹은 다양한 협상전략을 가지고 북베트남 인구의 거의 10%가 사망하는 극심한 피해에도 아랑곳없이 남베트남을 '해방'시키고자 하는 의지를 굽히지 않았다.[51]

둘째, 미국의 미온한 대응전략과 대월맹 협상의 오류를 지적할 수 있다. 미국은 자유를 수호한다는 거창한 구호를 가지고 베트남전에 참전하였으나 공산주의에 대해 올바른 협상력을 발휘하지 못했을 뿐 아니라 처음 참전할 때 기대했던 전세가 호전되지 않는 가운데 미국은 개입의 한계를 깨닫고 명예로운 철수를 모색하게 되었다.[52] 월맹은 미국과의 협상이 시작된 이후 단 한 번도 예외없이 미군철수, 폭격중지 및 베트콩정부의 수립이라는 조건을 내걸고 협상에 임하였다. 이에 반해 미국은 이러한 월맹의 협상력을 과소평가하고 월맹이 궁극적으로 추구하고자 하는 목표와 그 행태에 대해 애써 외면하였다. 미국은 "명예로운 퇴진"이라는 미명 하에 자신의 국가의 최면만을 생각하여 월남을 공산화하는데 결과론적인 말이지만 일조하였다고 해도 결코 과언이 아니다.

셋째, 월남 내부의 극심한 부정부패로 인한 분열을 지적할 수 있다. 정치혁명과 체제변혁의 발생 조건에는[53] 다양한 요인들이

50) 東亞日報社(編), 앞의 책, pp.235-236. 胡志明이 反戰데모대에 직접 편지를 보낸게 그렇고 公開席上과 비밀회담에서 서로 다른 立場을 더욱 거북하게 만들었고 끝내는 월남의 공산화를 촉구하고 말았다. 위의 책, p.236.

51) 이용준, 앞의 책, p.32.

52) 위의 책, p.32.

53) 정치혁명의 발생조건에 대해서는 金河龍外(共著), 『政治學原論』(서울: 博英社. 1982), pp.161-165 참조.

있으나 부정부패는 가장 현실적이고 결정적인 요인이다. 부정부패가 체제에 미치는 부정적 영향을 고찰해 보면 첫째, 부정부패는 계층 간의 분열을 촉진시켜 사회의 공동체의식을 마비시킨다는 점을 지적할 수 있다. 둘째, 부정부패는 사회와 체제에 대한 불만과 증오심을 증대시켜 사회불안의 토대가 된다. 셋째, 부정부패는 공동체의식을 마비시켜 국가나 민족보다는 개인적인 극단적 이기주의로 귀결되게 만든다. 그래서 부정부패는 체제변혁과 혁명의 전제조건으로 평가되는 것이다.[54]

당시 사이공 정부는 부패의 극을 치닫고 있었다. 특권세력들은 일반민중들과 달리 사치와 특권으로 얼룩지고 있었다. 대통령궁에서는 연일 연회만찬이 계속되고 있었던 반면 일반민중들의 삶은 피폐의 질곡에서 벗어나지 못하고 있었다. 이에 반해 월맹과 베트콩들은 월남의 공산화에 대한 적화의지로 불타고 있었다. 자유월남은 자유라는 말이 무색할 정도로 독재와 부패로 나라 전체가 썩고 있었다. 이처럼 지도층의 부정부패는 국민의 분열을 조장하고 국가수호에 대한 의지를 무력화시키는 요인을 제공했다.

(2) 베트남 공산화의 의미와 교훈

베트남의 공산화가 지니는 의미와 교훈은 첫째, 공산주의자와 대결하고 있을 경우에는 체제 내부의 통합이 매우 중요하다는 사실이다. 강대국과의 맺은 방위조약도 그 조약이 지켜질 수 있도록 조건과 상황이 되어 있을 때에만 지켜질 수 있다는 것이다. 사회

54) 부정부패와 체제변혁 간의 상관성에 대해서는 정경환, “부정부패의 원인과 대책 : 이제 부정부패의 사슬을 끊어야 한다,” 정경환, 『한국현대정치사 연구 : 민주화과정과 정치개혁』(부산: 신지서원, 2000), pp.296-303 참조.

가 혼란하고 자국의 안보를 지켜낼 의지도 없고 4분 5열되어 망국의 길을 걷고 있다면 미국이 아니라 어느 나라가 약속을 지키겠는가, 라는 것은 상식인 것이다. 협정에 조인된 문서는 양국이 조약을 지켜줄 절실한 필요가 있을 때에만 지켜진다는 것이다. 방위조약 같은 문서는 문서일 뿐이며 지켜지는 조건은 계속 변경되고 있는 것이다. 월남은 이것을 몰랐던 것이다. 동맹은 평소 신뢰에서 지켜지는 것이다. 군대의 첨단무기와 경제력의 우위 같은 것도 국가기강과 사회안정의 다음 순서인 것이다. 월맹군인은 소금에 두끼 밥과 군화도 없이 타이어를 잘라 끈으로 묶어 신어야 하는 거지 군대의 모습을 하고도 현대식 무장을 하고 호의호식하는 월남군을 불과 4개월 만에 휩쓸어 무너뜨린 것이다.[55]

나라를 지키겠다는 의지가 월남의 지도층은 물론이고 국민대중에게도 각인되지 못했다. 1974년 중반 남베트남군은 불충분한 보급으로 곤란을 겪었으며 군의 사기는 급전직하했다. 방대한 수의 정부군이 탈영했다. 1975년 3월 하노이 군대가 공세에 나서자 2년 간의 대규모 공세 이래 최초로 남베트남군은 공포에 빠져 산산이 흩어졌다.[56] 국가가 존망의 위기에 빠져있는 줄도 모르고 온갖 부정과 부조리가 난무하는 체제 속에서는 국민은 모래알처럼 산산이 분열되어 자신이 속해있는 체제를 수호하겠다는 상무의지는 무력화되고 마는 것임을 월남의 패망을 통해서 얻을 수 있는 가장 큰 교훈이다. 공산주의세력과 직접적으로 대결하는 경우 명목상 자유와 민주주의만을 내세울 것이 아니라 실질적으로 인류의 보편적 가치인 민주주의를 실천하여 모범적인 민주공동체를 형성

55) 정만수, 앞의 책, pp.296-297.

56) Warren I. Cohen, *East Asia at the Center*, 이명화·정일준(옮김), 『세계의 중심 동아시아의 역사』 (서울: 일조각, 2009), p.453.

할 때만 공산주의의 전파를 막을 수 있고 체제에 대한 국가구성원의 대동단결과 체제수호의지를 확산시킬 수 있다고 확신하게 된다. 남베트남을 흔히 '자유월남'이라고 일컫고 있지만 실질적으로 현실에서는 독재와 부정부패의 늪에서 헤어나지 못했다. 이러한 정부에 대해 국민이 무엇을 믿고 기대하겠는가? 공산주의세력에 대한 최대의 무기는 확고한 민주체제를 형성하여 국민의 체제에 대한 수호의지와 이를 근거한 상무정신 및 국방력의 확보라고 할 수 있다.

둘째, 공산주의자들의 집요한 통일전선전략과 이중적인 협상전략을 절실하게 느끼게 하는 전쟁이 바로 베트남전쟁이라는 것이다. 월남전은 월맹의 인민민주주의혁명 전략이 성공한 전쟁이었다. 월맹은 총공격에 앞서 월남 사회를 흔들어 놓았고 갈등을 조장시켰고 안보불감증으로 평화의 노래를 부르게 하여 월남을 총체적으로 무력화시킨 다음 손쉽게 월맹군을 진격시켜 성공한 전쟁이다.[57] 월맹은 미국과의 모든 협상의 전제조건으로 미군의 철수와 베트콩 정부의 수립을 강력히 요구하였다. 미국이 아무리 좋은 조건을 내세워도 월맹의 전제조건은 "절대로" 변경시키지 못했다. 월맹의 이러한 협상의 전제조건을 통해 그들의 적화의지가 얼마만큼 강했는가를 여실히 알 수 있다.

셋째, 외세에 대한 전적인 의존은 종국적으로 파국의 원인이 된다는 사실이다. 당시 월남은 모든 국방정책의 근간과 방향을 미국의 의도에 따라 움직였다. 미국이 월남의 국가정책 특히 국방정책의 방향에서 차지하는 비중은 사실상 절대적이라고 해도 과언이 아니다. 미국만을 믿고 파리평화협정에 월남의 지도자는 서명을

57) 정만수, 앞의 책, p.297.

했지만 막상 월맹의 전면적이고 파상적인 공세가 시작되었을 때 미국은 당초 약속했던 방위공약을 지키지 못하자 월남은 속수무책으로 공산주의세력에게 잃고 말았다. 자국의 안보는 자국의 국방력이 우선되고 난 뒤 타국과의 동맹에 의한 지지체제가 형성될 때 지켜질 수 있다. 외세는 자국 국민이 국가를 지키고자 하는 의지와 역량이 없을 때 전적인 희생을 감수하지 않는다는 사실을 분명히 깨닫게 되는 것이다.

마지막으로 미국의 오판과 오류를 지적하지 않을 수 없다. 당시 미국은 자유민주체제의 수장국으로 공산세력의 국제공산주의 음모와 세력확대를 제어해야 할 막중한 의무와 사명을 자각해야 할 입장에 있었다. 그럼에도 불구하고 전세가 불리해지고 미국 내부의 반전 분위기에 편승하여 미국은 소위 "명예로운 퇴진"이라는 미명하에 자유민주주의를 지켜야 할 세계의 지도국으로서의 의무를 방기하고 말았다. 이러한 미국의 "비겁한" 태도와 자세는 월맹으로 하여금 협상의 고지를 장악하게 하고 종국적으로 미국의 패배로 이어지게 하고 동남아가 공산화의 도미노현상에 빠지게 하는 계기를 조성하고 말았다.

공산주의세력과 협상하여 그 결과를 월남에게 강요하여 파리협정을 체결하게 한 것은 미국의 오판 중의 오판이다. 파리협정에는 공산군의 철수를 요구한 조항이 없고 미국만 철수하는 조항이 있음으로 해서[58] 결과적으로 월맹이 베트남을 적화할 수 있는 결정

58) 周時厚, 『戰爭史』(서울: 한국학술정보, 2007), p.358. 파리협정에 의해 설치된 위원회(국제통제 감시위원회)는 협정의 실행을 조정, 감시하는 국제기구로서 캐나다, 인도네시아, 헝가리, 폴란드로 구성되었으나 곧 캐나다는 이란으로 대치되었다. 헝가리와 폴란드 대표들은 간첩행위 등을 통해 공산주의자들을 적극적으로 도와주어 본래의 목적에 벗어나 행위를 계속함으로써 국제기구로서의 권위를

적인 기회를 안겨주었다. 미국은 베트남전에 개입할 당시부터 미국 내의 반대에 봉착하여 베트남 내의 복잡한 역학관계와 월맹의 집요한 공산화전략을 도외시하고 조기에 전쟁을 종식하려다가 전략과 전술상의 많은 오류와 실수를 낳았다. 미국이 천문학적인 군사원조와 병력을 투입하고도 실패할 수밖에 없었던 것은 확고한 전략적 목표를 갖추지 못한 채 우왕좌왕하다가 혼돈을 거듭했다는 사실이다. 이런 점에서 볼 때 베트남의 공산화는 일정한 범위 내에서 미국에 큰 책임이 있다고 비판하지 않을 수 없다.

상실하게 되었다. 위의 책, p.358.

참고문헌

具永祿, 『人間과 戰爭 : 國際政治理論의 體系』, 서울: 法文社, 1979.
김순규, 『현대국제정치학』, 서울: 博英社, 1997.
金河龍外(共著), 『政治學原論』, 서울: 博英社. 1982.
東亞日報社(編), 『分團國의 對話』, 서울: 東亞日報社, 1979.
民族統一硏究院 北韓硏究室(編), 『社會主義體制 改革·開放 事例 比較硏究』, 서울: 民族統一硏究院, 1993.
梁東柱(編著), 『20世紀世界와 韓國 : Chronicle 1900-1999』, 서울: 크로니컬 코리아, 1994.
유지열(편역), 『베트남민족해방운동사』, 서울: 이성과 현실사, 1986.
陸軍士官學校 戰史學科, 『世界戰爭史』, 서울: 日新社, 1991.
尹元求, 『共産主義의 本質 : 共産主義批判』, 서울: 螢文出版社, 1981.
이용준, 『베트남, 잊혀진 전쟁의 상흔을 찾아서』, 서울: 조선일보사, 2003.
정경환, 『민족주의연구』, 부산: 이경, 2009.
정경환, "부정부패의 원인과 대책 : 이제 부정부패의 사슬을 끊어야 한다," 정경환, 『한국현대정치사 연구 : 민주화과정과 정치개혁』, 부산: 신지서원, 2000.
정만수, 『개정판 북한핵의 정체』, 부산: 이경, 2007.
鄭鎔碩, 『분단국통일과 남북통일』, 서울: 다나, 1992.
周時厚, 『戰爭史』, 서울: 한국학술정보, 2007.

앙드레 모로아(저)·신용석(옮김), 『프랑스사』, 서울: 기린원, 1988.
Cohen, Warren I., *East Asia at the Center*, 이명화·정일준(옮김), 『세계의 중심 동아시아의 역사』, 서울: 일조각, 2009.
Fenn, Charles, *Ho Chi Minh*, 김기태(옮김), 『호치민평전』, 서울: 자인, 2002.
Iklé, F. C., *How Nations Negotiate,* New York: Frederick A. Praeger Publishers, 1964.
Lacouture, Jean, *Ho Chi Minh*, 아시아·아프리카·라틴아메리카연구원

(옮김), 『베트남의 별』, 서울: 소나무, 1988.
Summers, Jr., Harry G., *On Strategy : A Critical Analysis of the Vietnam War*, 閔坪植(譯), 『美國의 越南戰 戰略』, 서울: 兵學社, 1983.
The New York Times, 1954년 4월 17일자.
Tri, "The Renovation Agenda : Groping in the Dark?," Thai Quang Trung(ed.), *Vietnam Today : Assessing the New Trends,* New York: Crane Russak, 1990.

瀧川勉 외(공저)·편집부(역), 『동남아시아 現代史入門 : 민족자립을 향한 모색』, 서울: 나남, 1983.

11

냉전체제의 붕괴와 탈냉전시대의 도래

냉전은 제2차 세계대전의 종전과 함께 우리 인류에게 다가왔다. 이후 냉전은 확산과 고착화의 과정을 거쳐 2차 대전 이후 국제질서의 성격을 규율하는 대표적인 용어가 되었다. 냉전체제는 냉전구조가 보다 현실에서 착근하여 국제질서의 지배적인 현상으로 인식되고 있는 것을 의미한다. 냉전체제는 1989년 12월 몰타선언으로 붕괴되기까지 근 반세기 동안 국제질서를 규율하였다. 냉전체제 하에서의 개별국가의 자율성은 도외시되고 오직 존재하는 것은 미국과 소련을 중심으로 하는 패권적인 지배력만이 횡행했다. 각 개별국가들은[1] 미국과 소련이라는 슈퍼파워(super power)의 거대한 권력에 종속 내지 기생함으로써 미국과 소련이 구성하고 있는 블록(bloc) 내에서의 안전은 보장되지만 자신이 속해있는 블록의 수장국(지도국)의 지도노선에 이탈할 경우 무차별 보복과 제

1) 여기서 필자가 주권국가라는 말보다 개별국가라는 표현을 사용하고 있는 것은 주권국가가 지니고 있는 대외적 주권의 평등성은 냉전체제 하에서 사실상 완전하게 보장되어 있지 않기 때문이다. 주권국가의 개념은 근대 이후 국가의 성격을 나타내는 용어이지만 냉전체제에서는 미국과 소련을 중심으로 하는 블록체제 속에서 그 지위와 안전이 보장되었기 때문에 명실상부한 주권국가로서의 의미를 찾기 어렵다.

재를 받을 수밖에 없는 처지에 몰리게 되었다.

이렇게 보면 냉전체제는 현상적으로 보면 매우 안정적인 질서를 유지하고 있는 것처럼 보이지만 체제의 본질적인 측면에서 보면 매우 불안정한 체제라고 진단할 수 있다. 냉전체제의 불안정성을 가장 리얼하게 표현해주는 말이 바로 '공포의 균형'(balance of horror)이다. 공포의 균형이란 핵무기의 위험을 상징해주는 것으로 미・소 양국이 지니고 있는 핵무기의 파괴력에 대한 공포를 의미하는 것이다. 즉 미국과 소련은 상호 적대적인 이념과 국가목표하에 항상 상대방에 대한 파괴 내지 전복구상을 지니고 있지만 실질적으로 양국이 직접 충돌할 경우 핵무기의 사용은 자칫하면 양국은 물론이고 인류 전체의 파멸로 이어질 수 있기 때문에 상호 힘의 사용을 자제하고 직접적인 충돌을 서로 피해왔다.

그렇기 때문에 냉전시대의 각종 분쟁과 전쟁은 미국과 소련이 직접 맞붙어서 충돌한 경우는 드물고 주로 대리전 내지 간접적인 개입의 형태를 띠고 있다. '공포의 균형'이라는 것은 불균형(unbalance)의 공포, 즉 상대편이 자기편 보다 우위에 있는 것이 아닌가 하는 의구심을 품고 있는 균형이라 할 것이다. 그리고 '공포의 균형' 상태를 줄곧 유지해 가기 위해서는 상대편에게 핵무기의 수량과 성능을 어느 정도 알리지 않으면 안 되지만 막상 모든 것을 알리면 상대편은 곧 그것에 대처하는 수단을 강구할 것이므로 상대편에게는 공포로 느껴지지 않게 될지도 모른다. 이리하여 냉전시대의 핵무기의 관리에 있어서 '반은 알려도 반은 숨기지 않으면 안 되는 것과 같은 기이한 면을 보이게 된 것이다.[2)]

공포의 균형이 지니는 이러한 의미 때문에 냉전체제는 늘 불안

2) 李克燦, 『第四全訂版 政治學』(서울: 法文社, 1990), p.650.

감 속의 안정체제를 유지했다고 할 수 있다. 국제사회에는 수많은 사건들이 영일 없이 일어나고 다양한 국가들, 집단들 그리고 개인들 간의 상호역학관계가 충돌되어 예측하기 어려운 사건들이 일어날 수 있는 개연성을 늘 안고 있다. 그러나 이처럼 복잡다단하게 전개되고 있는 국제정치무대도 일정한 법칙과 규칙을 가진 시대에 맞는 국제정치체제(international political system)가 존재해 왔다. 국제사회는 무정부상태이며 홉스(Thomas Hobbes)의 '자연상태'에 비유되기도 한다. 하지만 이런 상황 하에서도 국제사회 구성원 간에는 나름대로 정치적, 경제적, 사회적, 문화적인 작용과 반작용의 상호작용이 전개되는 구체적인 구조적 틀을 갖추게 되는데, 이를 국제정치체제라 부른다.[3)]

냉전체제는 냉전시대를 규율하던 국제정치체제다. 냉전체제가 지니는 구조, 의미 및 교훈은 오늘날 세계적인 탈냉전의 상황에 직면하여 새로운 희망의 기록들을 새기고 있는 우리 인류에게 많은 역사성과 의의가 있다. 냉전체제가 무너지고 새로운 시대를 향한 여명을 연 그 역사적 사건의 원인과 의미를 구체적으로 살펴보도록 하자.[4)]

1. 연구의 목적

냉전체제의 붕괴와 탈냉전시대의 도래를 연구하는 배경과 목적

3) 조순구, 『국제관계와 한국』(서울: 法文社, 2002), p.90. 각 국가들은 국제적 환경에 따라서 행동하는 것이 자국에 유익할 경우 국제환경에 의해 형성된 국제정치체제에 편승하기 마련인데, 이 체제에 역행하여 행동하면 국제적으로 고립되거나 불이익을 감수해야 하기 때문이다. 위의 책, p.90.

4) 필자는 냉전의 붕괴에 관한 종합적인 연구서의 출간을 위한 작업을 하고 있다.

에는 다양한 내용이 있으나 필자의 시각에서 간략하게 살펴보면 첫째, 냉전의 붕괴란 한 시대의 마감이라는 역사성(歷史性)을 지니고 있다는 것이다. 역사는 인간활동의 기록이며 따라서 이른바 '자연사'는 제외된다. 역사는 인간의 활동에 관한 인간의 과거의 기록이다. 그러나 인간의 활동 중에서도 역사 서술의 대상으로 선택되는 것은 '사회적 의의가 있는 활동'(actions of social significance)인 것이다.[5] 즉, 역사는 객관적 의미와 주관적인 의미를 갖는다고 일컬어진다. 객관적 의미의 역사란 헤겔이 "사건"이라 부른 뜻으로 역사적 "사건 그 자체"를 가리키고, 주관적 의미의 역사란 역시 헤겔이 "사건의 기술"이라 부른 뜻으로 역사적 사건이 주관화된 "사건의 기록"이다.[6]

이렇게 볼 때 냉전의 붕괴와 그로 인한 탈냉전시대의 도래는 역사의 객관성과 주관성을 함께 공유하고 있는 분명한 역사성을 지니고 있는 사건이다. 그래서 이 주제를 다루는 것은 역사학도의 임무이자 현대국제관계사의 흐름의 가장 중요한 부분을 이루기 때문에 학문적·현실적 당위성을 지닌다고 하겠다. 왜냐하면 역사적 사건이란 인간이 일으킨 행위나 활동 중에서도 역사가에 의해 사회적 의의가 있는 것으로 선택되어야 하기[7] 때문이다.

---

5) 신일철, "역사는 과학인가," 신일철, 『현대철학사상의 새흐름』(서울: 집문당, 1991), p.292. 드레니(W. Dray)는 엘리자베드 여왕의 후두천식의 예를 들어 후두천식 그 자체는 단순한 의학적인 질병으로서 역사서술의 대상이 되지 않지만, 그 질병으로 인해 여왕이 국무회의에 결석(缺席)함으로써 중대한 국사의 결정에 영향을 미쳤다면 그런 경우에는 여왕의 후두천식이 '사회적 의의'를 갖게 되며 그 질병은 역사적 사건이 된다고 하겠다. 위의 책, p.292.
6) 朴成壽, 『歷史學槪論』(서울: 三英社, 1992), pp.14-15.
7) 신일철, "역사는 과학인가," 신일철, 앞의 책, p.292.

둘째, 냉전붕괴의 요인에 대한 연구는 아직 냉전적 상황에 놓여 있는 제반 국가와 역내지역의 냉전이라는 현상타파에 많은 영향력을 제공해줄 수 있다는 점이다. 원래 '원인'(原因)이란 용어 자체가 매우 다의적이다. 과학적 진리의 영역에서 '원인'이란 C(원인)가 E(결과)의 충분조건이지만 역사적 영역에서의 '원인'이란 충분조건의 차원에서 논의를 전개할 수 없다.[8] 따라서 인간적 관심의 각도에 따라서 원인은 다원적일 수밖에 없고 이것이 '원인의 상대성'을 말해준다.[9] 이런 차원에서 볼 때 필자가 본 책에서 다루는 냉전붕괴의 제반 요인은 필자 나름의 인식을 기초로 한 접근법이기 때문에 상대성을 갖게 된다. 비록 냉전붕괴의 충분조건으로서의 원인을 전반적으로 취급하지는 못했지만 냉전붕괴의 원인을 보편적 가치에의 진보라는 측면에 초점을 맞추었기 때문에 오늘날 냉전상황에 놓여 있는, 특히 공산주의세력(국가)과 대결국면에 있는 나라들에게는 유용한 의미가 있을 것으로 판단된다.

셋째, 냉전붕괴의 원인과 탈냉전시대의 도래에 대한 필자의 분석은 자연히 냉전의 붕괴 과정을 딛고 전개된 현재의 국제정치체제의 성격 및 흐름을 이해하는데, 많은 도움이 되리라는 판단을 필자는 지니고 있다. 그래서 냉전체제의 붕괴와 탈냉전의 도래는 과거에 있었던 단속적인 사건이 아니라 현재에 까지 그 의미가 그대로 이어지고 있다는 점을 명심하여야 할 것이다. 국제정치체제는 본질적으로 여러 가지의 특징을 가지는데 첫째, 강대국들의 이익을 일차적으로 반영한다는 것이고 둘째, 각 국가의 대외정책 방향을 설정해준다는 것이고 셋째, 국가행위를 규제한다는 것이

8) 신일철, "역사에 있어서 '원인'이란," 신일철, 『현대철학사상의 새흐름』(서울: 집문당, 1991), p.268.

9) 위의 글, p.269.

다.[10] 이렇게 보면 냉전체제의 붕괴와 탈냉전의 도래라는 역사적 사건은 하나의 국제정치체제의 단락을 지우는 것으로 새로운 국제정치질서를 위한 과정의 일환이라고 할 수 있다. 이런 점에서 냉전의 붕괴는 냉전이 붕괴되는 그 시점에서 일단락된 사건으로 그 역사적 사명이 끝나는 것이 아니라, 다음 시대와 현재에도 그 의미가 계승 발전되고 있다는 점에서 현재의 시대적 흐름과 정치구조를 이해하는데 중요한 계기가 된다고 할 수 있다.

2. 냉전체제의 붕괴요인

냉전체제의 붕괴는 다양한 요인에 의해 이루어졌으나 필자는 냉전체제의 붕괴는 역사적 필연이라는 관점과 인류의 보편적 가치에의 일진전이라는 관점에서 다루어 보고자 한다.

1 소련체제 내부의 모순의 확대

소련체제는 1980년대에 이르러 정치, 경제, 군사 등 모든 분야에서 구조적 한계점이 노정되기 시작하였다. 소련체제는 사회주의체제의 하위 단위로 전체주의의 전형적 성격을 띠고 있는 체제였다.[11] 프리드리히(Carl J. Friedrich)와 브르제진스키(Zbigniew

10) James F. Marrison, *Politics and International System*(New York: Harper & Row, 1971), pp.43-4.

11) 소련체제를 전체주의의 차원에서 보고 있는 대표적인 학자는 노이만과 아렌트를 들 수 있다. 이들의 입장에 대해서는 Sigmund Neumann, *Permanent Revolution : The Total State in a World at War*(New York: Harper & Brothers, 1942) ; Hannah Arendt, *The Origins of Totalitarian Democracy*(New York: Paerger, 1952) 참조.

K. Brezezinski)는 낡은 전제정치라 볼 수 있는 참주정치(僭主政治, Tyrannies)나 전제주의(專制主義, Despotisms) 및 절대주의(Absolutism) 등과 전제주의독재(Totalitarian Dictatorship)를 구별하여 전체주의독재를 20세기 공업사회에서의 전제정치로 규정하고, 이의 특징으로 첫째, 관제이데올로기(an official ideology) 둘째, 단일독재자에 의해 영도되는 단일의 대중정당(a single mass party) 셋째, 폭력적인 경찰통제체제(a system of terroristic police control) 넷째, 매스콤의 독점(monopoly of control of all means of effective mass communications) 다섯째, 일체의 유효한 무기의 독점(monopoly of control of all means of effective armed combat) 여섯째, 전반적 경제의 중앙집권적 통제(a central control and direction of the entire economy) 등을 지적하였다.12)

소련체제는 이상에서 지적된 전제주의독재의 전형을 보여 주고 있다. 1977년 채택된 구소련 헌법은, 소련의 정치체제의 기본을 다음과 같이 정하고 있다. "소연방에 있어서 전 권력은 인민에 속한다. 인민은 소연방의 정치적 기초를 이루는 인민대의원 소비에트(복수)를 통하여 국가권력을 행사한다. 다른 모든 국가기관은 인민대의원 소비에트에 보고의 의무를 진다."(제2조). 연방수준에서 마을 수준에 이르기까지 각 행정단계에 존재하는 인민대의원회의가 소비에트이다. 헌법 제2조가 이 용어를 복수로 쓰고 있는 것은, 각급의 소비에트가 인민의 권력기관이라는 소비에트제도의 이념을 표현하기 위함이다. 국가의 최고기관은 이 제도의 피라미드

12) Carl J. Friedrich and Zbigniew K. Brezezinski, *Totalitarian Dictatorship and Autocracy* (New York: Frederick A. Praeger, 1964), pp.9-10.

의 정점에 위치하는 연방최고회의 소비에트(최고회의)라는 것이다.[13] 그러나 소련체제는 인민이라는 미명 하에 철저한 계급독재체제를 유지하였다.

소련은 독재정치를 통해 일사불란한 통제시스템을 구축하여 인민의 전반적 생활을 규율하였다. 인민의 정치에의 참여를 원천적으로 봉쇄하고 오직 공산당일당의 유일지배체제를 공고하게 구축하였다. 소련은 1980년대 중반까지만 해도 상당한 자부심과 도전적인 성향을 보여준 강력하고도 공격적인 국가로 인식되었다. 그러나 국경을 연해있는 국가들의 반감, 소련에 대한 적대적인 입장표명, 경제근대화 문제 및 우크라이나 지역의 원자로를 파괴시킨 1986년 4월의 체르노빌 발전소 사건 등과 같은 문제들로 인해 상당한 곤경에 처하게 되었다.[14] 이러한 대외적인 변동과 더불어 내부적 모순구조가 결합되어 소련체제는 심각한 위기에 봉착하게 되었다. 민주화의 물결이 특정 대륙에 국한하지 않고 전 대륙에서 진척되고 있는 상황에서 프롤레타리아 계급독재체제를 공고하게 구축하고 있는 것은 시대착오적이고 인민의 변화에의 욕구를 수렴할 수 없었다고 할 수 있다.[15]

---

13) 최종기, 『사회주의 체제의 허상』(서울: 서울대학교출판부, 1996), pp.59-60. 러시아어의 소비에트(soviet)라는 뜻은 '평의회'를 의미하는 보통명사로, 인민대의원회의뿐만 아니라, 각료회의에서 노동조합평의회, 중학교의 직원회의에 이르기까지 소비에트라는 용어를 쓰고 있다. 위의 책, p.59.

14) Wayne C. McWilliams, Harry Piotrowski, *The World Since 1945*, 이재석·이명철(옮김), 『현대국제관계사 : 핵무기 시대의 정치, 전쟁 그리고 혁명』(서울: 집문당, 1996), p.462.

15) 공산체제에서는 민주화문제에 대해 '사회주의적 민주주의'라는 이름으로 대응하고 있다. 사회주의적 민주주의는 "자본주의로부터 사회주의로의 이행단계인 프롤레타리아 민주주의기에서 파생된 개념이

소련체제는 이상과 같은 정치부분에서의 모순[16] 이외에도 경제부분에서 보다 구조적인 모순상황에 직면하고 있었다. 1917년 볼세비키혁명 당시 러시아는 마르크스가 혁명의 조건으로 상정하고 있던 고도의 자본주의적 생산력의 발전과 보통선거권 등 민주주의를 통한 프롤레타리아의 높은 사회의식 모두를 구비하지 못하고 있었다. 따라서 구소련에서는 공산주의를 완성시켜 나가기 위해 이 두 가지 조건을 충족시키는 차원에서 경제개혁과 정치개혁을 추진했다. 곧, 생산력 증대와 인민대중의 사회의식 향상을 위하여 레닌은 스스로 '자본주의로의 전략적 후퇴'라고 부른 신경제정책을 추진하였고, 스탈린은 중앙집권적 계획경제를 통한 중공업발전전략을 모색했다. 그 후 소련은 스탈린식 발전전략의 한계를 인식하고 흐루시초프 시대와 브레즈네프 시대를 거치는 동안 생산력의 발전을 위해 다양한 개혁정책을 추진하였으나 기본적으로 스탈린주의의 틀을 벗어나지 못했다. 스탈린식 중공업발전전략은 철저한 국가관리를 통하여 국가자원을 효율적으로 동원함으로써 생산력을 증대시켜 외연적 발전을 이룩할 수는 있었으나 내포적(內包的) 발전단계로 진입할 수는 없었다. 이에 따라 브레즈네프 말기에 이르러 소련경제는 경제성장율이 저하하는 등 침체현상을 노정하게 되

며, 또한 이는 인민주권의 보다 새롭고 높은 역사적 형태"로 규정하면서 사회주의적 민주주의를 프롤레타리아 독재의 보다 발전된 개념으로 파악하고 있다. Josef Wilcznki, *An Encyclopeic Dictionary of Marxism, Socialism and Communism* (New York: Gruter, 1981), p.535. 사회주의적 민주주의의 구체적 속성에 대해서는 Josep L. Nogee(ed.), *Man, State and Society in the Soviet Union* (New York: Prager Publishers, 1972), pp.49-54 참조.

16) 소련사회주의체제의 정치문화의 주요특징에 대해서는 白寅鶴, "政治文化와 政治社會化," 趙政男 外(共著), 『社會主義 體制比較論』(서울: 螢雪出版社, 1988), pp.87-89 참조.

었다.[17]

소련의 경제체제는 정치체제와 병행하여 소련체제를 유지하는 양 기둥을 형성하였다. 소련의 전경제체제(全經濟體制)는 하나의 거대한 관료적 피라미드 또는 공통의 정점을 가진 위계(位階)의 연속으로 묘사될 수 있다.[18] 이러한 경제구조 속에서는 상의하달식의 위계질서는 형성될 수 있겠지만 경제단위체들의 자발적인 동원체제는 무산되게 된다. 즉, 국가가 '생산노옴'(Production Norms, 노동책임량), 근로자 및 경영자의 유인체계, 가격, 조세, 투자 및 금융계획 전반을 결정하는 '국가생산체'적 경제운용으로 그동안 소련은 심각한 경제문제에 봉착해왔다.[19] 소련경제의 가장 큰 문제는 그 문제점이 단순히 일시적이고 현상적인 것이 아니라 보다 구조적이고 본질적인 것이라는 점이다. 소련사회주의 경제체제는 중앙통제식 경제체제로 국가가 모든 경제사회의 모든 면을 통제하는 방식을 원용하고 있다. 중앙집중식 경제성장전략은 단기적인 측면에서 효율성을 바라볼 수 있으나 장기적인 차원에서 보면 성장을 막는(제한하는) 하나의 장벽으로 인식된다. 이러한 중앙통제적 경제관리원칙은 1960년대까지는 큰 성과를 거두었으나 이후 국제간의 자유로운 경제교류를 통한 발전을 도모하는 타국 간의 관계절연으로 인해 큰 한계에 봉착하게 되었다.

또한 사회주의 이념의 핵심인 생산수단의 공유화는 인간의 소유욕에 대한 도전으로서 현실적으로 적용의 한계에 직면할 수밖에

17) 民族統一硏究院 北韓硏究室(編), 『社會主義體制 改革·開放 事例 比較硏究』(서울: 民族統一硏究院, 1993), p.4.

18) 金景淑, "經濟發展 戰略," 趙政男 外(共著), 『社會主義 體制比較論』(서울: 螢雪出版社, 1988), p.223.

19) 위의 글, pp.223-224. 소련경제체제의 기본적인 문제점에 대해서는 위의 글, pp.224-226 참조.

없는 것이었다. 생산수단의 공유화는 동기부여(incentive)의 상실로 이어져서 창의적 생산력의 발휘를 어렵게 하는 요인이 된다.[20] 소련경제의 특징은 생산수단의 국유·공유 및 경제의 계획화이다. 소련에는 독립 자영의 경영체나, 시장도 존재하지 않고 경제의 움직임이 정치와 행정에 종속한 형태가 되고 있다. 여기서 일어나는 비능률, 결점을 극복하기 위해 여러 가지 시도가 개시된 바 있으나, 국유 및 계획이라는 기본적인 성격을 유지하면서, 시장경제의 장점을 포용하는 전망이 서지도 않았다.[21] 이로써 소련경제는 성장률의 둔화, 노동생산성 신장의 둔화, 기술혁신의 지연, 곡물의 부족 등 많은 문제점을 노정하였다.[22]

2 미국 레이건 정부의 대소 붕괴전략

소련의 붕괴는 결코 우연한 일이 아니다. 내부의 제반 모순구조가 적나라하게 노출되어 도저히 수습하기 어려운 상태를 맞이한 것이 소련붕괴의 구조적 요인이지만 미국의 레이건 정부의 대소전략은 소련붕괴의 직접적이고 현실적인 요인이 되었다. 누가 혹은 무엇이 냉전의 종식에 대해 책임이 있는가에 대한 논의는 냉전이 종식되자마자 곧 시작되었고 재빠르게 문헌을 양산했다. 이것은 1992년 미국 대통령 선거의 이슈가 되었다.[23] 당시 공화당의 주

20) 정경환, 『21세기 정치와 현대이데올로기 I』(부산: 신지서원, 2000), p.211. 사회주의 이념은 특징은 크게 네 가지로 나눌 수 있는데 첫째, 생산수단의 공유화 둘째, 평등의 논리 셋째, 인간해방의 논리 넷째, 복지국가론 등이다. 위의 책, pp.186-208.

21) 최종기, 앞의 책, p.67.

22) 위의 책, p.70.

23) John Baylis and Steve Smith, *The Globalization of World*

장을 핵심사항만 소개하면, 레이건 대통령의 소련에 대한 완강한 태도, 특히 전략방위구상(SDI)개발에 관한 타협 거부가 소련으로 하여금 협상 테이블로 나오도록 강요했으며, 또한 결과적으로 공산주의 자체의 몰락을 가져오는 데 결정적이었다는 것이다. 미국은 특히 핵무기에 대해 소련보다 돈을 쓸 준비가 되어 있는 것으로 증명되었고, 따라서 소련은 서방과 대적하고 그 자신이 파산하든지, 아니면 현실을 받아들이고 핵무기의 진정한 감축을 협상하든지 어느 쪽이든 선택할 수밖에 없었다.24)

레이건의 대소 억제전략의 구체적인 모습과 과정에 대해 간략하게 살펴보도록 하자. 1981년 1월 20일 로널드 레이건(Ronald Wilson Reagan, 1911-2004)은 미국의 40대 대통령으로 취임하였다. 레이건은 대통령 경선과정에서 지속적으로 군비강화를 주장하였는데, 그는 "미국의 신속한 군비증강이 국방비 부담이 큰 소련경제를 압박하여, 소련을 군비제한 협상 테이블로 불러낼 것이다."라고 강조하였다.25) 그는 취임 후인 1981년 5월 17일 노트르담 대학연설에서 공산주의의 종말을 공식적으로 예언하는26) 주목할 만한 언급을 하였다. 그는 이 자리에서 다음과 같이 언급하였다.

Politics, 하영선(옮김), 『세계정치론』(서울: 을유문화사, 2006), p.129.

24) 위의 책, p.129. 이러한 견해에 반대하는 대표적인 글로서는 R. Lebow and J. Stein, "Resgan and the Russians," *Atlantic Monthly*, Feb., 1994 참조.

25) Paul Kengor, *The Crusader*, 최정우(역), 『레이건의 十字軍 : 그는 어떻게 공산帝國을 무너뜨렸나』(서울: 조갑제닷컴, 2008), p.126.

26) 위의 책, pp.145-146.

> 지금 우리 앞엔 우리 나라를 위한, 자유라는 대의를 위한, 그리고 문명의 전파를 위한 위대한 시간들이 놓여 있습니다. **서구는 공산주의를 용납하지 않을 것입니다. 우리는 공산주의를 뛰어넘을 것입니다.** 우리는 지금 바로 이 순간 그 마지막 페이지를 쓰여지고 있는 **공산주의를 인류역사의 변태적 장으로 폐기하게 될 것입니다.**[27)]

당시는 미・소 양극대립이 첨예한 상태였고, 여전히 국제사회에서 소련의 위세가 강한 상황에서 소련을 중심으로 하는 공산주의에 대해 이러한 발언을 공개석상에서 하는 것은 레이건의 통치철학과 정치사상을 표출한 것이라고 할 수 있다. 이런 점에서 이 연설은 대중들에게 냉전의 승리라는 개념을 처음으로 소개했을 뿐만 아니라, 1980년대 레이건이 계속해서 강조하게 될 핵심 주제들이 무엇인지 명확히 보여주었다. 즉, 레이건 정책에 내포된 정신적인 차원, 임무의 사명, 그리고 위대한 대의명분이 그 주제들이었다.[28)] 레이건의 대소인식은 자신의 확고한 신념에 기초한 것이다. 신념이 무엇인가? 에 대한 의문은 프롬(E. Fromm)은 다음과 같은 명쾌한 언사로 해결점을 찾게 된다.

> 희망은 생명의 구조와 인간 정신의 원동력을 이루는 본질적인 요소인 것이다. 그것은 생명의 구조의 또 다른 하나의 요소가 되는, 즉 '신념'(faith)과 밀접하게 결부되고 있다. 그런데 신념은 신앙이나 지식의 나약한 모습은 아니다. 또한 그것은 구체적인 이런 저런 것에 대한 신념도 아니다. **신념이란 아직 증명되어 있지 않은 것을 믿는 것이며, 참된 가능성(real possibility)을 알게 되는**

27) 위의 책, p.146(진한 글씨는 필자의 강조내용임).
28) 위의 책, p.146.

것이며, 속에 배태(胚胎)되어 있는 것을 알아차리게 되는 것이다. 그것은 표면을 꿰뚫고 문제의 핵심까지를 투시하는 지식과 이해의 능력에 기인되고 있다. 신념이란, 희망과 마찬가지로, '미래'(future)를 예언하는 것이 아니라, 미래를 그 속에 안고 있는 '현재'(present)를 통찰하는 것이다.[29)]

레이건이 당시의 시대적 상황에서 확고한 반공주의노선에 입각하여 소련붕괴정책과 전략을 천명하고 있는 것은 그의 소련 붕괴에 대한 신념이 얼마만큼 강했던가? 를 여실히 알 수 있다. 그는 대소붕괴전략으로 무엇보다도 군사력 증강이 국제무대에서 미국의 위상을 회복하기 위한 열쇠가 된다고 느끼고 있었다. 1980년대 소련은 대략 해마다 300억 달러를 군사비로 쓰고 있었다고 추정된다. 이에 비해 레이건 행정부의 군사비 지출은 해마다 소련보다 8배 가량이 많은 2,500억 달러에 달했다. 놀랍게도 미국은 소련의 총 GDP보다 두 배가 많은 금액을 군사비에 쓰고 있었을 수도 있다는 말이다. 즉 문자 그대로 소련이 GDP를 전부 쏟아 부어도 레이건 정부의 국방비 지출 규모에 대적하기는커녕 근접할 수도 없었던 것이다.[30)] 그들에게 있어서 레이건의 군비확장은 초조감과 긴장감을 동시에 안겨주는 것이었다. 소련은 그들이 가진 모든

29) Erich Fromm, *The Revolution of Hope*, 李克燦(譯), 『希望의 革命』(서울: 現代思想社, 1977), pp.37-38(진한 글씨는 필자의 강조내용임). "Faith is the conviction about the not yet proven, the knowledge of the real possibility, the awareness of pregnancy. Faith is rational when it refers to the knowledge of the real yet unborn; it is based on the faculty of knowledge and comprehension, which penetrates the surface and see the kernel"

30) Paul Kengor, *The Crusader*, 최정우(역), 앞의 책, pp.417-418.

것을 쏟아 붓고 있었음에도 레이건 수준에 도달하는 것은 말할 것도 없고 그 경쟁에서 단 한 치도 더 나아가지 못하고 있었다.[31]

레이건 대통령의 대소붕괴전략의 가장 실질적인 심정은 1983년 3월 8일 '미국 복음주의자 협회'(National Association of Evangelicals)에서 행한 연설이다. 그 내용은 다음과 같다.

> 나는 여러분이 미국을 군사적으로 도덕적으로 더 열등한 위치로 끌어내리려는 사람들에게 큰 소리로 대항할 것을 촉구합니다. … 나는 여러분이 자기만족에 취해 우리는 그런 문제들과 상관없다고 선언하거나 둘 다 똑 같이 나쁘다고 폄하해 버리고자 하는 유혹을 경계하라고 촉구합니다. 역사를 통해 증명된 사실들과 **악의 제국**이 가진 공격적인 본능을 무시하고, 군비경쟁을 단순히 거대한 오해라고 부르면서 **정의와 불의 그리고 악과 선이 투쟁하는 이 싸움**으로부터 등을 돌리고자 하는 유혹을 경계하라고 촉구합니다.
>
> 우리는 이 세상을 살아간다는 것이, 철학자들이 악의 현상학이라 부를 법한 것, 또는 신학자들이 죄의 독트린(the doctrine of sin)이라고 부르는 것을 어떻게 처리해 나가는지를 의미한다는 것을 알고 있습니다. 이 세상에는 죄와 악이 있습니다. 그리고 성경의 말씀과 주 예수 그리스도는 **우리에게 온 힘을 다해 그에 맞서라고 명령하였습니다.**
>
> 저 전체주의적 어둠에서 살고 있는 모든 이들의 구원을 위해서 기도합시다. … 우리는 그들이 이 현대 세계에서 **악의 초점**임을 잊지 말아야 합니다.[32]

31) 위의 책, p.418.
32) 위의 책, pp.304-307.

이 연설이 유명한 '악의 제국' 연설이다. 그는 소련과의 싸움을 정의와 불의, 선과 악의 싸움을 단호히 규정하고 모든 힘을 다해 불의와 악을 퇴치하는데 역점을 두겠다고 언급하였다. 이러한 레이건의 발언은 우리 인류의 진보적인 역사발전에 있어 금자탑을 이루는 "위대한" 연설로 평가되어야 한다. 역사는 그냥 절로 미래로 향해 나아가지 않는다. 역사는 역사의식과 소명의식을 가진 지도자와 민중의 교합된 상호작용의 결과물이다. 이 점에 대해 독일이 낳은 저명한 실존주의철학가인 야스퍼스(K. Jaspers)는 다음과 같이 천명하고 있다.

> 역사와 미래에 눈을 돌린다는 것은 우리가 다만 우리의 지식을 만족시키려는 것도 아니며, 또 그저 인간의 위대함과 비천함에 대해서 인간이 만든 작품의 훌륭함에 대한 우리의 직관을 만족시키려는 것도 아니다. **중요한 것은 그것에 의해서 책임을 느낀다는 사실이다.** 있었던 일을 인식하는 일은 성실성을 요구한다. 그러나 역사는 또한 우리의 판단의 대상이기도 하다. 우리는 누구를 따르고 무엇을 비난하느냐에 대해서 스스로 결단을 내리지 않으면 안 된다. 우리 조상의 높은 요구를 우리는 자기들의 요구로 인정하고 있는데, 이 요구가 우리를 이끌어 줄 것이다. 우리 선인(先人)들의 죄책을 우리는 스스로 받아들이지 않으면 안 된다. 왜냐하면, 우리는 그들의 보증인이기 때문이다. 우리는 우리가 유래(由來)한 것으로부터 벗어날 수가 없다. **우리의 역사에 의해서 주어진 것에서 출발하여, 어떤 미래의 일에 공동 참여하는 곳으로 향하는 곳에만 우리의 자유가 있다.**[33)]

레이건의 언사와 행동은 인류의 자유를 향한 거대한 걸음이다.

33) Karl Jaspers, *Kleine Schule des Philosophschen Denkens*, 崔赫洵, 『哲學的 思考의 小學校』(서울: 文藝出版社, 1984), pp.38-39.

그는 자유에의 확고한 신념을 가지고 현실에서 용기의 행동들을 보였다. 이에 대해 소련의 통치자들은 초조감과 함께 두려움을 가지게 되었다. 프롬은 희망이나 신념이라는 단어는 용기와 결부되어 있다고 말하면서 용기를 한마디로 '불요불굴의 정신'(fortitude) 이라고 정의하였다. 그는 불요불굴의 정신을 "희망이나 신념을 공허한 낙관주의와 또는 비합리적인 신념에로 변형시킴으로써-그러한 지위를 위태롭게 하려는 유혹에 저항하는 능력"으로[34] 규정하고 있다. 또한 프롬은 두려움을 모르는(fearless) 태도 중 가장 바람직한 경우를 다음과 같이 언급하고 있다.

> 자기 자신에 대하여 자신을 가지고 있으며 또한 생명에 대해서 애착을 느끼고 있는 완전히 성장된 인간에서 찾아볼 수 있다. 욕망의 노예로 된 생활을 극복한 사람은 어떠한 우상에도 어떠한 물건에도 조금도 집착하지 않는다. 따라서 그에게는 무엇 하나 잃어버릴 것이 없다. 그는 아무것도 가지고 있지 않으므로 마음은 풍부하다. 스스로의 욕망의 노예로는 되지 않기 때문에 강하다. **그는 자기 자신의 안과 밖에 있는 현실을 잘 파악하고 있으므로**, 우상이나 비합리적인 욕망이나 환상 등을 헌 신짝 처럼 버릴 수가 있다. … **두려움을 모르는 태도를 향하여 새로운 한 발자국을 내디딜 때마다, 의심의 여지가 없이 명백한 자신의 힘과 즐거움의 감각이 눈 뜨게 된다는 사실을 알고 있다. 그는 마치 인생의 새로운 국면이 시작된 것처럼 생각한다.**[35]

오늘의 시점에서 과거의 역사를 회고해보면 레이건의 대소억제 전략은 용기의 전형적인 산물이다. 현상(現狀)을 그대로 유지한

34) Erich Fromm, *The Revolution of Hope*, 李克燦(譯), 앞의 책, p.40.

35) 위의 책, p.42(진한 글씨는 필자의 강조내용임).

채 내일로 나아갈 수는 없다. 사회는 결코 정태적(情態的)이 아니다. 사회는 만일 줄곧 계속해서 성장해 가지 않으면 쇠퇴해 버린다. 사회는 만일 '현상'을 타파하여 보다 더 좋은 방향으로 나아가게 하지 않는다면 그것은 보다 더 나쁜 방향으로 변해갈 것이다. 우리들은 개인으로서나 또는 사회를 구성하는 성원으로서나, 곧잘 현상을 줄곧 그대로 유지해 가면서 주어진 상황을 어느 방향으로도 변경시킴이 없이도 능히 생활해 갈 수 있다는 환상을 품기도 한다. 그러나 이것은 가장 위험한 환상의 하나이다. 우리들이 한 자리에 그대로 머물러 있게 되자 마자 곧 우리들은 쇠퇴해가기 시작하는 것이다.[36]

레이건의 현상타파를 통한 소련붕괴전략은 SDI(Strategic Defense Initiative, 전략방위구상)의 제기로 그 정점을 형성하였다. 1983년 3월 23일 그는 세계를 놀라게 한 전략방위구상를 "인류와 세계평화라는 대의(大義)"를[37] 위한다는 명분으로 발표했다. 흔히 '별들의 전쟁'으로 알려진 SDI는 상대방이 미국을 향해 미사일을 발사할 경우 대기 중에 강력한 레이저 광선을 발사하여 미사일을 격추한다는 것이다. 레이건이 SDI를 발표한 이유는 그의 안보사상에 기인한다, 그는 대통령에 취임한 후 미국의 사명은 민주주의의 수호라고 강조하면서 "세계의 희망은 미국에 달려있다."고 주장하였다. 그는 카터 정부가 이란 인질사건에서 나타난 패배주의를 배격하고, 국민들에게 '강한 미국의 상'을 표방하면서 국가적 각성과 우월의식을 촉구하고 국제사회에서 미국의 힘과 권위를 회복시키는 데 정력을 쏟았다.[38]

---

36) 위의 책, p.44.
37) Paul Kengor, *The Crusader*, 최정우(역), 앞의 책, p.308.
38) 박무성, 『격동의 서양 20세기사』(서울; 한울, 2002), p.485.

이란 인질사건

이란 인질사건은 1979년 1월 팔레비 왕이 호메이니의 혁명으로 멕시코로 망명하면서부터 그 기원을 찾을 수 있다. 팔레비의 망명으로 이란에는 이슬람 근본주의를 추종하는 호메이니 중심의 회교공화국이 수립되었다. 카터 정부는 팔레비의 미국에의 망명을 허용하고 11월 뉴욕의 병원에서 암치료를 받게 했다. 이에 격분한 이란의 무장한 민중들이 테헤란 주재 미대사관을 점거하고 외교관과 군사요원 63명을 인질로 잡고 갖은 폭언과 폭행을 자행하며 성조기를 불태우고 팔레비왕을 이란으로 보내달라고 절규하였다. 이에 카터 정부는 1980년 4월 인질을 구출하기 위해 미 특공대를 보냈으나 사막에서 구출용 미군용 헬리콥터들이 서로 충돌하고 특공대 8명이 사망하고 말았다. 인질들은 레이건 정부 출범 후 석방되었다.39)

레이건은 소련을 폭력주의를 선동하는 '악의 제국'이라 규정하고 확고한 반공주의적 노선을 견지하면서 유럽은 물론 제3세계에서 일어나는 모든 분쟁의 근원은 소련에 있다고 주장하면서 소련을 역사의 "잿더미에 던져버리겠다"는 등 반소·반공의 도전적 태도를 노골적으로 노출시켰다. 그는 소련의 침략을 막고 협상 테이블로 끌어내는 길은 전략무기를 현대화하고 방위체제를 완비하여 절대적 우위를 확보하는 것이라 생각하고 군비증강에 박차를 가했다.40)

---

39) 위의 책, pp.479-480.

40) 위의 책, pp.485-486. 군비증강에 카터 정부가 1조 1천억 달러를 투입한 데 비해 레이건 정부는 1조 5천억 달러를 투입하여 미군을 재무장하고자 하였다. 레이건은 미국의 합법적인 이익을 방어하기 위해 여러 차례 군사행동을 택한 바 있었다. 1985년 7월에는 이란·쿠바·니카라과·리비아·북한 5개국을 미국에 대한 명백한 전쟁 행위를 걸어오는 '테러리스트 연합국 멤버'로 규정하고 강력히 대처하였

레이건 정부는 출범과 동시에 소련체제의 근본적인 경제적·정치적 약점을 공략하기 위한 전략을 수립하기 시작하였다. 이러한 공세적 정책의 목표와 수단은 1982년과 1983년에 레이건 대통령에 의해 승인된 1급 비밀인 국가안보정책지시(National Security Decision Directives)에 잘 나타나 있다(국가안보정책지시는 주요 외교문제를 다루는 대통령의 고위 보좌관들과 관련 부처에 하달되는 대통령의 공식문서이며 통상 1급 비밀로 분류된다). 여러 가지 면에서 이 지시는 이전 정책의 틀을 근본적으로 깨뜨린 것이었다. 1982년 3월 대통령이 승인한 국가안보정책지시 32호는 동유럽에 대한 소련의 통제를 무력화시키며, 이 지역에서 반 소련 활동 조직을 지원하기 위한 비밀공작과 다른 조치들을 공식적으로 승인하였다. 1982년 11월 레이건 대통령은 국가안보정책지시 66호를 승인하였다. 이는 소련의 경제가 회생하는 데 열쇠가 될 것으로 생각되는 중요한 3가지 자원, 즉 전략적 3요소를 공격함으로써 소련의 경제를 무너뜨리려는 정책에 대한 것이었다. 마지막으로 1983년 1월 국가안보정책지시 75호를 통해 미국은 소련과 공존을 추구하는 대신 소련을 근본적으로 바꾸어버리겠다는 정책을 승인하였다. 이 명령은 소련의 세력을 무너뜨리고, 소련과 자원 및 경제전을 감행하겠다는 공세적인 것들이었다. 레이건 행정부가 소련의 위기를 만들어 낸 것은 아니지만 그 위기를 한층 악화시킨 것만은 분명하다.[41]

다. 위의 책, p.486.

41) Peter Schweizer, *Victory : The Reagan Administration's Secret Strategy that Hastended the Collapse of the Soviet Union* , 한용섭(옮김), 『레이건의 소련붕괴전략』(서울: 오름, 2006), p.24.

3 고르바초프의 등장과 개방개혁정책의 시행

냉전의 붕괴는 소련체제 내부의 모순이 심화됨으로써 그 조짐이 오래전부터 조성되고 있었지만 그 확실한 계기는 고르바초프 정권의 출범이었다. 모든 사건의 원인에는 직접적인 원인이 있다. 직접적인 원인이란 사건을 현재라는 시간에서 실질적으로 발발시킨 동시간대의, 동시대의 원인을 의미한다. 이런 점에서 소련체제 내부의 모순이나 레이건 미행정부의 대소붕괴전략은[42] 소련과 냉전붕괴의 직접적인 요인이라기보다는 일종의 원인(遠因)임 동시에 촉발요인이라고 할 수 있다. 레이건 대통령 집권 8년 동안에 미국의 케이시 중앙정보국(CIA) 국장이 소련제국을 포위하고 뒤집어 엎기 위한 공작을 쉴 새 없이 전개하였으며, 와인버거 국방장관이 소련의 핵무기 우세를 무력화하기 위해 전대미문의 별들의 전쟁〔star wars: 다른 말로 전략방위구상(SDI)〕에 착수하였다. 레이건 행정부는 미국의 강점을 최대한 활용하면서, 소련의 취약성을 철저히 공략하기 위한 3대 전쟁(경제전, 외교전 및 군사전)을 계획했다. 미소 간에 양극체제의 형성과 전개를 통해 근 반세기 동안 공고하게 유지되던 냉전체제가 붕괴된 직접적인 계기는 고르바초프(Mikhail S. Gorbachev, 1931-현재)가 1985년 3월 소련공산당 서기장으로 취임하면서부터 전개한 개혁·개방정책의 시행이라고 할 수 있다.

고르바초프가 당서기장으로 등장하던 때의 소련사회주의체제는 이미 한계점을 노정하고 있었다. 쇠퇴 또는 몰락의 위험성 마저 비

42) 한용섭, "역자 초판 서문," Peter Schweizer, *Victory : The Reagan Administration's Secret Strategy that Hastended the Collapse of the Soviet Union* , 한용섭(옮김), 『레이건의 소련붕괴전략』 (서울: 오름, 2006), pp.9-11.

칠 정도로 심각한 국면에 접어든 시점에서 소련은 또 한 차례의 권력 교체를 경험했다. 1984년 2월 13일에 소련공산당 서기장으로 선출되었던 만 73세의 체르넨코가 1985년 3월 10일에 병사함에 따라 고르바초프가 그 후임으로 선출됨으로써, 불과 13개월 만에 소련의 권력구조에서 제 1 인자가 바뀐 것이다.[43] 고르바초프의 등장은 기성의 냉전체제의 붕괴를 알리는 청신호였다. 고르바초프는 이미 대중들에게 젊고 유능한 당 간부라는 이미지를 부각시켜왔고 정열적인 인상을 갖고 있었기 때문에 그의 서기장 취임을 계기로 국민들은 정치적·경제적 개혁이 이루어져 사회주의 체제의 안정이 구축될 것을 기대하였다.[44]

새롭게 소련공산당 서기장으로 취임한 고르바초프의 생각의 일단은 공산당 서기장 취임연설과 기타연설에서 표명되었다. 1985년 3월 11일에 있었던 당서기장 취임연설에서 고르바초프는 소련외교정책을 '평화와 진보의 노선'으로 규정한 다음, 첫째, 사회주의 공동체 제국과 우호 둘째, 중국과의 관계의 발전적 개선 셋째, 식민지 해방투쟁 지원 넷째, 자본주의 제국과의 관계의 차례로 소신을 밝히고 있다. 또한 고르바초프는 이 자리에서 "오늘과 같이 놀라운 위협이 인류를 압박한 시점은 지금까지 한 번도 없었다."라는 인식하에서 "현상에서 벗어나는 유일한 이성적인 길은 지상에서 군비확충경쟁, 무엇보다 핵군비확충을 즉시 저지하고, 우주에 있어서 그것을 허용하지 않는 것에 대해 합의하는 것이다. 상대방을 게임에서 지게하고 자기의 조건을 내세우는 것과 같은 일은 없다. 성실하고 평등한 기반에 의거한 합의이다."라고 강조하고 있다.[45] 위의

43) 김학준, 『러시아사』(서울: 대한교과서주식회사, 2005), p.519
44) 박무성, 앞의 책, p.504.
45) 崔種起, 『소련외교정책론』(서울: 法文社, 1988), pp.285-287.

취임연설은 고르바초프 하의 소련체제가 변할 것이라는 강한 예감을 주는 것이었다.

고르바초프는 4월, 학자와 경제 지도자들 앞에서, 그리고 당 중앙위원회 총회에서 행한 연설을 통해 그가 펼칠 새로운 정책 중에서 가장 중요한 요점이 촉진을 언급하고 있다. 새로운 개혁의 진로를 열면서 주창하였던 '페레스트로이카'와 '글라스노스트'란 캐치프레이즈를 아직 이 연설 요지에 내걸지는 않았다. 여기의 지도개념은 '우스코로니에'와 '포보르트'로서 '가속화'와 '변화'란 뜻을 갖고 있었다. 고르바초프는 당 중앙위원들에게 다음과 같이 역설하였다.

> 금번 5개년계획에서 미리 추구했던 속도는 만족스럽지 못합니다. 우리는 이 속도를 높여야 합니다. 또 이 과업은 지체 없이 수행되어져야 합니다. 어떻게든 시기를 놓치면 안 됩니다. 국가의 사회경제적 발전과 방위력 증강은 물론, 소련 인민의 생활 향상은 바로 우리가 이 과업을 성공적으로 달성할 수 있느냐 없느냐에 달려 있습니다.[46]

고르바초프의 개방·개혁정책은 크게 페레스트로이카, 글라스노스트 및 신사고 등 세 가지로 나누어서 고찰할 수 있다. 고르바초프의 개방·개혁정책은 1986년 2월 25일에 있었던 소련공산당 제27차 대회에서 명확히 표출되었다. 본 대회 개막식에서 고르바초프 서기장이 행한 정치보고는 고르바초프가 추진해온 개혁노선을 더욱 구체화시키고 대내외적으로 고르바초프체제의 기반을 강

46) Gerd Ruge, *Michail Gorbatschow*, 정용길외(옮김), 『세계역사를 변혁시킨 사람 고르바초프』 (서울: 고려원, 1991), p.263. 당중앙위원회 연설에 대한 구체적인 분석은 崔種起, 앞의 책, pp.288-289 참조.

화하려는 의지를 담고 있다. 5시간 30분에 걸친 연설을 통하여 발표된 이 정치보고는 1. 현대세계 : 기본방향과 모순 2. 국가·사회경제 발전의 촉진은 우리의 전략 노선 3. 사회의 민주화 촉진, 인민의 사회주의적 자치제 심화 4. 당의 대외정치 전략의 기본 목적과 방향 5. 당 6. 당강령 신편(新編)과 당규약 개정에 대한 토의 결과 등으로 나뉘어져 있으며, 제27차 당대회에서 채택된 '소련공산당 신강령' '제12차 5개년계획 및 2천년까지의 장기계획' 등과 더불어 소련공산당사에 남을 중요한 문건 중의 하나이다.[47]

그는 이 자리에서 처음으로 '페레스트로이카'란 용어를 사용하였다. 그는 정치보고의 모두를 다음과 같이 언급하였다.

> 소련공산당 제27차 대회는 우리 나라와 세계 전반에 걸쳐 급변하는 전환기에 개최되었다. 우리는 당과 소련인민 앞에 우리의 책임을 깊이 인식하며 과업수행에 임하고 있다. **우리의 과업은 전면적으로 고려된 현실적인 행동강령을 강구하는 것**으로서, 현 시기를 폭넓게 레닌의 지침에 따라 파악하고 주어진 방대한 목표들을 현실화하며 당의 계획과 각 개인의 희망 및 염원들을 유기적으로 결합시킬 수 있도록 하는 것이다. 제27차 대회의 결정들은 앞으로 수년 간 또는 수십년 간 우리의 발전과정과 소비에트 사회주의 사회를 질적으로 새로운 상태로 만들기 위한 발전방향의 성격과 속도를 규정할 것이다. … 전환기의 상황은 비단 국내문제에만 국한되어 있는 것이 아니다. 이는 대외문제에서도 마찬가지이다. 현대 세계발전의 변화는 매우 급속하고 광범위하여 이러한 변화의 모든 요인들에 대한 종합적인 분석과 재평가가 요청된다. 핵대결의 현 상황은 다양한 사회체제, 국가 그리고 지역 간의 **새로운 접근방법과 새로운 형태의 관계수립을 요구**하고

47) 東亞日報社(編), 『사회주의대변혁 핵심문헌 50選』(新東亞 1991년 1월호 별책부록), p.29.

있다.48)

이렇게 서두를 꺼낸 고르바초프는 우선 사회의 민주화를 통해 사회주의의 공고화를 우선적으로 주장하고 있다.

> **민주주의는 사회주의 사회조직을 존속시키기 위한 필수적인 조건이다.** 우리 나라에서 사회주의의 막대한 잠재력이 여전히 완전하게 이용되지 못하고 있다고 말할 경우에는 이미, 사회발전의 촉진은 사회주의적 민주주의의 모든 측면과 현상을 더욱 발전시키지 않고서는 상상할 수 없으며 불가능하다는 사실을 전제하고 있다. … 소비에트 인민의 사회정치적 또는 개인적 권리와 자유의 신장으로 **모든 국민이 사회주의적 민주주의를 확대·발전시키는 데 기여하도록 해야한다.** 당과 국가는 이러한 권리와 자유를 신장하고 이를 보장해 주는 것을 첫째 과업으로 설정하였다.49)

두 번째 그는 전쟁을 반대하면서 평화공존을 주장하고 있다. 평화공존은 칼 맑스의 '전쟁불가피론'을 수정하는 중요한 사회주의 국제정치이론이다.50) 이에 대한 그의 언급은 다음과 같다.

> 사회주의는 **국가 간의 정치경제적 갈등과 사상적 분쟁의 해결수단으로서의 전쟁을 절대 거부한다.** 우리의 이상은 무기와 폭력이 없는 세계, 개인의 발전을 위하여 모든 인민이 자유롭게 자신의 생활양식을 선택하는 세계를 이룩하는 것이다. 이것이 공산주의 사상의 인도주의와 도덕적 가치의 표현이다. 그러므로 **우리는 핵위협과 군**

48) 위의 책, p.29(진한 글씨는 필자의 강조내용임).
49) 위의 책, pp.36-37(진한 글씨는 필자의 강조내용임).
50) 李基鐸, 『現代國際政治理論』(서울: 博英社, 1997), p.273.

비경쟁을 반대하고 전반적인 평화를 보존하며 이를 공고화하기 위한 투쟁을 미래의 세계 무대에서 당이 추구할 궁극적 목표로 설정하고 있다. … **평화공존이 우리의 정치노선이며 소련은 이 노선을 견지할 것이다.**[51]

그러나 이러한 그의 주장은 사회주의체제를 공고화하기 위한 것이었다. 그의 이런 생각은 다음과 같은 연설대목에 그대로 투영되고 있다.

> 소련공산당은 자신의 모든 활동을 통하여 마르크스·레닌주의의 이론에 충실하고 축적된 경험의 토대 위에서 그것을 창의적으로 발전시키는 것을 목표로 한다.[52]

이처럼 페레스트로이카를 세상에 내놓은 고르바초프는 자신의 개방·개혁정책을 구체화하는 작업을 사회의 전분야로 확대시켰다. 그는 우선 새로이 행정부의 당 간부층을 재조직하는 작업을 일관성 있게 추진하여 당·정 관료들의 신뢰를 회복하였고, 만연된 부패를 척결하고 국민들이 원하는 정책목표를 성공적으로 완성할 수 있도록 노력하였다. 1986년 전당대회에서 최고지도부를 대폭 교체시키도록 결의하였다. 획기적인 제도개편 계획을 세워 소련공산당·행정부·군부의 최고위 간부층에서 노령층과 무능하고 보수적인 관료들을 차례로 퇴진시키고 젊고 개혁적인 참신한 자기파의 인사들로 채워나갔다. 고르바초프는 모든 결정과정은 투명성이 보장되어야 하며 대중의 참여가 전제되어야 하며 개방성은 모든 민주주의의 기본조건이라고 주장하였다.[53] 소련체제의 근본적

51) 위의 책, p.37(진한 글씨는 필자의 강조내용임).
52) 위의 책, p.39.
53) 박무성, 앞의 책, pp.504-505.

인 변혁을 그는 추구하였다.

그러면 고르바초프가 행한 개방·개혁정책을 알아보도록 하자. 첫째, 페레스트로이카(Perestroika)이다. 여기서 '페레'는 다시 혹은 재(再)라는 뜻이고 '스트로이카'는 건설한다는 뜻이다. 그래서 페레스트로이카는 '재건' 혹은 '개혁'으로 해석된다. 페레스트로이카는 소련 역사상 추진되었던 위로부터의 혁명의 하나였다고 할 수 있다. 고르바초프 이래의 소련사회에서의 페레스트로이카는 총체적인 개혁이며 혁명적인 성격을 띤 것이다.[54] 페레스트로이카는 현실에서 정치개혁과 시장경제 도입의 구체화라는 면으로 나타났다.[55]

다음은 글라스노스트(Glasnost)이다. 글라스노스트란 러시아어로 공개라는 뜻으로 대외적인 개방과 정보공개를 의미하고 있다. 1980년대에 들어서면서 실제에 있어서 스탈린 체제의 제관행은 시대착오적인 것이 되기 시작하였다. 스탈린 시대에는 수백만의 농민이 아사 상태에 처해 있으면서도 공개적으로 버젓이 '콜호즈의 농민 생활이 윤택해졌다'고 발표해 왔기 때문이다. 정보의 공개라는 글라스노스트의 움직임이 두드러지게 나타나기 시작한 것은 1986년에 들어서였다. 제27차 당대회에서 채택된 당강령에서 TV를 포함하는 매스 미디어의 중요성을 강조하였다.[56] 글라스노스

54) 이기택, 『국제정치사』(서울: 일신사, 1997), p.547.

55) 이에 대한 구체적인 내용은 위의 책, pp.548-551 참조.

56) 이기택, 앞의 책, p.551. 특히 소련의 정보공개와 관련을 갖는 계기는 1986년 4월 말에 야기되었던 체르노빌 원자력 발전소 사고 사건이었다. 초기에 소련정부는 체르노빌 사건에 대하여 과거와 같이 침묵을 지켰다. 곧 글라스노스트에 따라 소련 정부가 이를 공개하기로 결정함으로써, 충격적인 원자력 발전소 사고 사건이 대대적으로 보도되었다. 위의 책, p.551.

트는 어떤 의미에서는 오래된 공산주의 전통인 자아비판이 더욱 강조된 형태였다. 차이점은 글라스노스트는 『프라우다, Pravda』 지나 유사한 출판물의 지면에 나타나는 일상적인 형태의 자아비판처럼 전적으로 의례적이지는 않았고, 여러 제한에 얽매여 구속받는 것이 덜했으며, 더욱 개방적이었다. 글라스노스트는 파괴하기보다는 정화하고 청결하게 만들기 위해 고안되었고, 체제 자체에 대한 공격 수단이라기보다는 고르바초프 개혁에 대한 대중적 지지를 얻기 위한 수단으로 작동하도록 고안되었다. 그러나 글라스노스트는 곧 자신을 위해 설정된 한계를 넘어섰다. 일단 신문, 라디오, 텔레비전, 영화산업에 대한 통제가 약화되자, 여론에 대한 통제는 고르바초프의 장악력에서 벗어나기 시작하였다.57)

세 번째의 개방·개혁정책이 '신사고'이다. 새로운 사고 혹은 신사고는 러시아어로 '노보에 미셀레니에'(noboe mishellenie)로 소련의 외교개혁운동의 핵심개념이라고58) 할 수 있다. 고르바초프는 1985년 11월 제네바 미·소 정상회담 직후 기자회견에서 국제관계에서 "영원한 친구도 영원한 적도 없으며 오직 영원한 이익만이 있을 뿐"이라는 파머스톤(H. T. Palmerson)의 말을 인용하면서 탈이데올로기적 국가이익의 추구를 목표로 하는 소련 외교정책을 선언한 바 있다. 고르바초프는 정치적·경제적 어떠한 목적이든 그 목적을 달성하기 위한 수단으로 핵전쟁을 이용해서는 안 된다고 강조하였다. 핵전쟁에는 승자도 패자도 있을 수 없으며, 세계의 운명을 파멸시키는 자살행위에 불과하다고 보았다.59)

57) John Baylis and Steve Smith, *The Globalization of World Politics* , 하영선(옮김), 앞의 책, p.122.
58) 박무성, 앞의 책, p.509.
59) 위의 책, p.509.

고르바초프의 신사고에 입각한 신외교론은 기성의 소련의 외교관을 전면적으로 변화시키는 것이었다. 그에게 있어서 군비경쟁은 그 자체가 평화의 적이며, 안보의 유일한 길은 정치적 해결과 군비축소 뿐이며, 핵우주 시대에 인류가 평화적으로 살아가기 위해서는 모든 상호갈등을 군사적 대결로써가 아니라 정치적 대화를 통해서 해결해야 한다는 것이 그의 '새로운 사고'의 핵심이었다.[60)]

고르바초프가 기존의 소련지도자와 달리 소련체제의 변화를 도모한 기본적인 목적과 의도는 소련을 해체하려는 것이 아니었음은 명백하다. 널리 읽힌 그의 정치적 신조, 『페레스트로이카, Perestroka』(1988)는 확고히 반스탈린주의적이었으나 반사회주의적인 것은 아니었다. 그는 "페레스트로이카와 글라스노스트를 통해 사회주의 이상들은 새로운 동력을 얻게 될 것이다." 그리고 이것은 "수백만 명의 사람들 가슴과 마음 속에 살아 있는" 레닌의 이상으로의 회귀를 통해 이루어질 것이라고 썼다.[61)] 즉 1980년대 중반 고르바초프가 페레스트로이카를 추진하기 시작했던 것은 기본적으로 소련의 비효율적 경제체제를 개혁하기 위해서였다. 그러나 소련이 자신의 체제를 개혁하고 대내적 개방성을 증대시키는 과정에서 소련과 동유럽의 공산주의체제는 자체 붕괴하고 말았다. 소련의 개혁과 개방, 그리고 동유럽에 대한 통제 약화는 오히려 공산주의체제의 취약성을 노출시켰던 것이다.[62)]

60) 기연수외, 『현대러시아연구』(서울: 집문당, 1993), pp.79-81.

61) John Baylis and Steve Smith, *The Globalization of World Politics* , 하영선(옮김), 앞의 책, p.121. 위의 고르바초프의 인용문은 M. Gorbachev, *Perestroika : New Thinking for Our Country and the World* (London: Fontana, 1988), p.131 참조.

62) 하영선·남궁곤(편저), 『변환의 세계정치』(서울: 을유문화사, 2008), p.95.

3. 고르바초프의 체제개혁과 탈냉전시대의 도래

공고해 보였던 한 체제의 붕괴는 단일한 요소에 의해 결정되지 않는다. 정치변화는 여러 형태로 나타나지만 대부분의 경우 점차적인 개혁을 통해 변화하는 것이 상례이다. 특히 민주주의체제 내에서는 선거라는 수단을 이용해서 정치지도자를 교체하거나, 낡은 정치체제를 새로운 제도로 대치시키게 된다. 이러한 변화, 즉 '정상적인 정치과정'의 테두리 속에서 추진해 가는 방법을 우리는 체제내적 변화(intra-systemic change)라 부를 수 있다. 다시 말하면, 정치권력의 제도화에는 별로 큰 변동을 가져오지 않고 기본 정치질서를 유지하면서 정권(regime)만이 변화하는 것이다. 이와 대조적으로 기존 정치체제를 무너뜨리고 그에 대치할 새로운 제도를 도입함으로써 생기는 보다 근본적인 변화가 있다. 이것을 정치혁명(political revolution)이라 부른다.[63]

1 고르바초프의 개혁·개방정책의 전개

고르바초프의 개혁·개방정책으로 인한 소련체제의 변화는 단순히 체제내적 변화로 귀속시킬 수 없을 정도로 그 파장과 영향이 소련체제를 넘어 적게는 유럽 크게는 세계의 질서를 근본적으로 바꾸는 정치혁명적 의미를[64] 제공하였다. 사회주의 국가들은 역사적으로 볼 때 보통 세 가지의 유형으로 변화하여 왔다. 첫째 유

63) 金河龍外(共著), 『政治學原論』(서울: 博英社, 1982), p.159.

64) 여기서 정치혁명이라고 하지 않고 "정치적 혁명"이라고 한 것은 소련체제의 변화를 정치혁명이라는 단일한 용어로 설명하기에는 많은 논쟁점이 있을 수 있기 때문이다. 그래서 유사성과 근접성의 의미를 지니고 있는 "적"이라는 말을 붙였다.

형은 중국과 베트남의 경우처럼 사회주의체제를 유지하면서 자본주의적 요소를 도입하고 자본주의 세계체제에 편입하는 사례가 있다. 둘째 유형으로서 소련과 동구 제국처럼 사회주의체제 내에서 개혁·개방을 추진하다가(change within the system) 사회주의체제를 완전히 또는 대폭 폐기하고 자본주의체제를 도입하는 사례가 있다. 셋째 유형으로서 체제전환은 물론 중국이나 베트남 정도의 개혁·개방도 경험하지 않은 경우로서 고전적 사회주의체제가 유지되는 경우인데 북한이 여기에 해당한다고 볼 수 있다.[65] 여기서 변화라는 개념은 개혁·개방과 체제전환을 모두 포함하여 일반적인 의미에서 고전적 사회주의체제로부터의 이탈 또는 수정(shifting from the classical socialism)을 의미한다.[66]

고르바초프의 체제개혁은 체제변혁의 전형을 보여준다고 할 정도로 그 개혁의 폭과 깊이는 대단했다. 고르바초프 집권 이래 소련사회도 엄청난 양적·질적 변화를 맞이하였다. 소유제도의 변혁을 포함한 물적 토대의 격변뿐만 아니라 정치체제개혁과 민주화가 매우 빠른 속도로 진전되는 등 국가와 사회 전체의 혁명이 일어난 것이다. 페레스트로이카(Perestroika)는 이런 점에서 단순한 개혁(reform)이라기보다는 사회혁명이며, 고르바초프의 표현처럼 "민주주의적인 방법에 의해, 인민에 의해, 인민을 위해 실현되는 전일적 혁명과정"이었다.[67]

고르바초프의 개방·개혁은 정치체제와 경제체제의 근본적인 변혁을 조성하였다. 고르바초프의 변혁정치는 단순히 소련 내부의 변혁만을 초래한 것이 아니라 소련을 중심으로 하는 소련사회주의

65) 民族統一研究院 北韓研究室(編), 앞의 책, pp.4-5.
66) 위의 책, p.5.
67) 위의 책, pp.109-110.

권의 일대 변혁을 조성하였다. 이러한 변혁의 실천은 소련 진영 국가들에 대한 '제한 주권'의 개념인[68] 브레즈네프 독트린(Brezhnev doctrine)의 파기와 고르바초프의 소위 '유럽 공동의 집'에 대한 구상과 비전의 결과라고 할 수 있다. 이러한 고르바초프의 변화를 위한 개혁적 조치들은 동유럽 전역에 걸친 자유방임의 정책방향으로 나타나게 되었다. 동유럽에 대한 자유방임정책에는 외교정책적 고려 또한 들어갔다. 많은 비용이 들고 점점 더 인기가 없어지고 무익했던 아프가니스탄 개입(1979)으로부터의 철수라는 형태로 나타난 축소는 새로운 모험이라기보다는 당시의 시대적 명령이었다.[69]

고르바초프가 동유럽에 대한 주권제한론인 브레즈네프 독트린을 포기하고 대신 "My Way"를 뜻하는 "시나트라 독트린"(Sinatra doctrine)의 외교정책을 추구하자 동유럽은 일대 혼란에 봉착하게 되었다. 동유럽의 공산정권들은 소련의 군대에 의존하지 않고서 자기들의 정권을 유지하여 정통성을 누릴 수는 없었다. 소련이 지원을 중단한다면 그들은 국민들의 지지에 의존하여 정권을 행사할 수 없었기 때문이다. 더구나 소련의 위협이 사라진 이상 각국은 강렬한 민족주의감정을 표시하여 반소친서방정책을 자유롭게 전개할 수 있었다.[70] 고르바초프의 개혁·개방정책의 본격적 시도로

68) John Baylis and Steve Smith, *The Globalization of World Politics* , 하영선(옮김), 앞의 책, p.133. '유럽공동의 집'(common European home)이란 유럽의 필수적인 통합, 그리고 "철의 장막의 낡은 성격과 진영 대결의 인위성과 임시성"을 극복할 필요에 대한(외교정책에서의 그의 신사고와 관련된) 고르바초프의 개념을 말한다. 위의 책, p.133.

69) 위의 책, 128.

70) 安秉俊, 『脫冷戰期의 國際政治와 韓半島統一』(서울: 法文社, 1993),

인한 동유럽의 동요는 헝가리사태로 촉발되게 되었다.

2 동독인들의 탈출사태

1989년 5월 2일 헝가리 정부는 오스트리아로 넘어가는 국경 통로의 차단 시설을 제거했다. 그러고 나서 한 달 여가 지난 6월 28일 줄라 호른 헝가리 외무장관은 알로이스 모크 오스트리아 외무장관과 함께 전 세계인들이 TV를 통해 지켜보는 가운데 상징적인 조처로 두 나라 국경에 설치된 철조망을 잘랐다.71) 이러한 헝가리의 상황은 이미 예견된 일이었다. 그것은 동구권의 수장국가인 소련의 고르바초프가 1988년 7월 소련 공산당 제19차 회의에서 선택의 자유의 원칙을 강조하고, "군대는 물론 어떤 수단으로든 외부로부터의 사회 제도, 생활 양식 혹은 정치의 강요"를 비난함으로써, 동유럽에 대한 소련의 과거의 관행을 분명하게 부정했다.72) 나아가 고르바초프는 1988년 12월 유엔연설에서 자기가 천명한 선택의 자유에 대한 공약을 극적으로 보강했다. 40년 동안 소련은 동중부 유럽에 50만 군대를 주둔시켜 왔다. 이제 소련은 인상적인 6개 전차 사단과 5천 대의 탱크, 5만 명의 특공 상륙부대 및 특수 부대를 일방적으로 철수시킬 것이라고 그는 발표한 것이다.73)

헝가리 사태는 7월에 이르러 본격적인 진전이 이루어지게 되었

---

p.41.

71) Helmut Kohl, *Ich Wollte Deutschlands Einheit*, 헬무트(저)·김주일(옮김), 『나는 조국의 통일을 원했다 : 헬무트 콜 총리 회고록』(서울: 해냄, 1998), p.60.

72) Elizabeth Pond, *Beyond the Wall*, 엘리자베스 폰드(지음)·오정환(옮김), 『장벽을 넘어서』(서울: 한국논단, 1994), p.130.

73) 위의 책, p.131.

다. 7월에 들어서면서 헝가리에 들어와 있던 동독인들의 대규모 탈출이 시작되었다. 8월이 되자 상황은 점점 더 걷잡을 수 없게 발전해 갔다. 동베를린 주재 서독 상주 대표부를 폐쇄한 지 10일 만에 이제 부다페스트 주재 대사관도 출입을 금지하지 않으면 안 되는 상황이 되었다. 180명이 넘는 동독인들이 서독으로 보내줄 것을 요구하면서 대사관을 점령, 더 이상 수용할 자리가 없었던 것이다. 헝가리에 들어와 있는 동독인은 모두 20만이 넘었는데 이들 대부분은 오스트리아 국경 가까운 곳에 천막을 치고 자유 세계로 탈출할 기회만을 엿보고 있었다. 동독정부의 압력에도 불구하고 헝가리 정부는 9월 10일 자정 마침내 국경을 열었다. 문을 열고 몇 시간 사이 자유를 찾아 국경을 넘은 동독인들은 8천 명이 넘었고, 그 뒤 이들 숫자는 10만에 이르렀다.[74] 이러한 헝가리 사태를 지켜본 동독인들의 탈출은 확산되어 갔다. 즉 동독인들의 탈출 드라마는 시간이 가면서 점점 더 대담한 형태를 띠어갔다. 프라하 주재 서독 대사관엔 여전히 수백 명의 동독인들이 진을 치고 있었고, 그것은 바르샤바 대사관도 마찬가지였다. 난민 숫자는 매일같이 늘어갔다. 9월 말에 이르면서 프라하 대사관의 난민 숫자는 3천 명을 넘어 섰고 바르샤바 대사관도 6백 명이 넘었다. 난민들이 너무 많이 수용되다 보니 이들 두 대사관의 위생 상태가 말이 아니었다.[75]

양 대사관에서의 모습이 TV를 통해 전 세계에 중계되고 있는 상황에 직면한 동독의 호네커 정권은 정권 수립 40주년 기념(10월 7일)을 눈앞에 두고 더 이상 위신을 잃고 싶지 않아야 한다는

74) Helmut Kohl, *Ich Wollte Deutschlands Einheit*, 헬무트(저)·김주일(옮김), 앞의 책, pp.60-75.

75) 위의 책, p.79.

강박감에서 결국 동독 상주 대표부 대표는 프라하 대사관 난민들을 서독으로 출국시키되 동독 땅을 경유해 나가도록 하겠다고 제의했다. 이 결정은 호네커가 직접 한 것이 틀림없었다. 호네커는 '헝가리 해법'은 싫고 자신이 이니셔티브를 쥐고 사태를 해결하려 한 것이었다. 그래서 난민들을 기차에 태워 동독 영토를 거쳐 내보내고자 한 것이다. 모두 6대의 특별수송열차가 호프를 향해 프라하를 떠나자 바로 또 다시 동독 난민들이 프라하 시내로 몰려들어 왔다. 프라하 대사관에는 6천 명의 동독인들이 있었고, 약 2천 명이 대사관 주변에 모여 있으며 이들 이외에 3천 내지 4천 명의 동독인들이 프라하를 향해 몰려오고 있는 상황이었다. 체코 정부는 10월 3일 오후 5시부터 국경을 폐쇄하고 그 시각까지 체코슬로바키아 영내에 머물러 있는 동독인들은 모두 그날 밤중으로 동독으로 경유해 서독으로 출국시키도록 동독 측과 합의했다고 밝혔다.76)

사실상 동구에서 혁명적 상황이 발발된 것이나 마찬가지였다. 그 어느 누구도 동독인의 자유에 대한 행렬을 막을 수 없었다. 헝가리 국경 개방과 프라하 및 바르샤바 사건은 동독 공산당 정권을 뿌리째 흔들어 놓았다. 초시대적인 안목으로써 시대적 폐단을 기탄없이 비판했던77) 천재적인 사상가인 니체(Friedrich Nietzsche)는 자신의 저서 『인간적인 너무나 인간적인』에서 자유에 대한 인간의 의지에 대해 다음과 같이 언급하고 있다.

> 우리는 '자유정신'의 유형이 언젠가 완전해질 때까지 성

76) 위의 책, pp.79-84.

77) 崔載喜, "니이체의 生涯와 思想," 姜斗植外(譯), 『니이체 全集 第3卷』(서울: 徽文出版社, 1969), p.459.

숙하고 단 맛을 낼 수 있도록 정신이 어떤 위대한 해방 속에서 결정적인 사건을 겪었으며 그 사건이 전에는 얼마나 속박된 정신이었고 귀퉁이와 기둥에 영원히 묶여 있었을 것처럼 보였는지 추측할 수 있다. … **위대한 해방은 이처럼 속박된 것에 마치 지진처럼 갑작스럽게 일어난다**.78)

또한 그는 자신의 자서전격인 『이 사람을 보라』에서 다음과 같이 시대의 대세에 대해 언급하고 있다.

광풍을 불러일으키는 것은 참으로 조용한 언어이다. 비둘기의 발이 날라둔 준 사상이야 말로 세상을 이끈다.79)

당시 독일의 수상이었던 콜이 증언하고 있는 것처럼 동독에서 일어난 사건들은 고르바초프의 페레스트로이카 정책이 아니었다면 불가능한 일이었다. 되돌아 생각해보건대, 아주 평범한 사람들이 용기를 내어 거리로 뛰쳐나가 동독의 불만스런 현실에 맞서 공개적으로 시위를 벌였던 것이다. 그들은 공산당 정권의 탄압을 더는 두려워하지 않았다. 그들은 또 동독의 현실이 결코 바꿀 수 없는 것은 아니라는 사실, 거기에도 개혁 가능성이 있다는 사실을 알게 되었다.80)

---

78) Friedrich Nietzsche, *Menschliches, Allzumenschliches*, 프리드리히 니체(저)·김미기(옮김), 『인간적인 너무나 인간적인 Ⅰ』(서울: 책세상, 2007), p.12(진한 글씨는 필자의 강조내용임).

79) Friedrich Nietzsche, *Ecce homo*, 프리드리히 니체(저)·정동호(옮김), 『비극의 탄생(이 사람을 보라)』(서울: 홍신문화사, 2006), p.184.

80) Helmut Kohl, *Ich Wollte Deutschlands Einheit*, 헬무트(저)·김주일(옮김), 앞의 책, p.84.

3 10월 9일 라이프치히 시위

1989년 10월 7일 동독 창설 40주년을 맞이하여 동독의 호네커 정권은 대대적인 행사를 진행하였다. 그러나 이 자리에 참석한 고르바초프는 "개혁에 뒤지는 자는 스스로 생명을 잃는 벌을 받게 될 것이다."라고 발언하여 호네커에게 일격을 가하였다.[81] 이제 동구에서의 변혁은 이제 돌이키기 힘든 상황에 직면하게 되었다. 여기서 동구란 개념은 제2차 세계대전 이후 유럽의 동부지역에 위치한 동독·폴란드·헝가리·체코슬로바키아·유고슬로비아·루마니아·불가리아·알바니아 등의 8개국이 소련의 영향력 하에 마르크스-레닌주의를 지도이념으로 삼는 사회주의 체제로 이행된 국가군들을 지칭하는 개념이다. 따라서 동구의 개념 속에 함축된 의미는 지리적인 것이라기보다는 주로 정치적 의미로서의 성격이 강하게 내포되어 있는 것으로 볼 수 있다.[82]

동독에서 10월 9일 역사적인 라이프치히 시위가 발발하기 전에 이미 여러 시위가 있었다. 9월 25일, 라이프치히 시내 니콜라이 성당에서 평화의 기도가 있은 후 5천 명이 넘는 사람들이 항의 시위를 위해 운집했다. 동독에서 있은 시위로서는 수십 년 이래 가장 큰 규모가 큰 것이었다. 10월 4일 드레스덴 기차역에서도 천여 명의 시민들이 모여 시위를 벌였다. 지나가는 특별 열차에 뛰어오르려는 사람들이 나타나는 등 극적인 상황들이 전개되었다. 한스 모드로가 총재로 있는 동독공산당 드레스덴 지구당 지도부는 저녁이 되자 무자비하게 시위를 진압하기 시작했다. 동독경찰은

81) 이영기, 『독일통일의 해부 : 현장에서 본 분단45년』(서울: 국제언론문화사, 1989), p.152.

82) 자유평론사편집부(편저), 『동구권 국가의 변혁과 갈등』(서울: 자유평론사, 1989), p.114.

물대포와 몽둥이를 사용, 많은 사람들을 체포했다. 그러나 병든 호네커를 중심으로 한 공산당 지도부는 점점 수세로 몰리는 모습이었다. 동독 공산정권 수립 40주년 기념일인 10월 7일[83] 저녁 동베를린에선 엄청난 규모의 시위가 벌여졌다. 수천 명이 거리로 뛰어나간 이 시위는 동베를린뿐만 아니라 드레스덴, 켐니츠, 할레, 에르푸르트, 포츠담, 라이프치히 등 동독 전역으로 번져갔다.[84] 마치 혁명 전야의 상황을 보는 것처럼 긴장감이 동독 전역을 휩쓸고 있었다. 당시의 상황에 대해 콜은 다음과 같이 회고하고 있다.

> 시위는 하루하루를 지나면서 계속 늘어갔다. 나는 시위에서 인상적으로 표출되고 있는 자유에 기뻐하면서도 다른 한편으론 동독 슈타지의 무력 개입과 그로 인해 어쩔 수 없이 나타나게 될 유혈 사태를 걱정하지 않을 수 없었다.[85]

동독정권은 10월 7일의 평화적인 시위에 대해 무자비하고 가혹하게 진압하였다. 이 사태에 대해 콜은 기민당 총재자격으로 다음과 같은 내용으로 된 성명서를 긴급 발표하였다.

공산당 지도부가 횃불 행진과 군사 퍼레이드를 펼치며

83) 동독 창건 40주년 기념행사가 진행되는 동안 일단의 시위대가 알렉산더 광장에서 "자유"와 "고르비"를 연호하기 시작했다. 이때 소련지도자 미하일 고르바초프가 기념 행사에 참가하고 있는 중이었다. Bernard Gwetzman & Michael T. Kaufman(ed.), *The Collapse of Communism* , B. 그베르츠만·M. T. 카우프만(엮음)·강호성(옮김), 『공산주의, 이렇게 무너지다』(서울: 을유문화사, 1990), p.208.

84) Helmut Kohl, *Ich Wollte Deutschlands Einheit*, 헬무트(저)·김주일(옮김), 앞의 책, pp.86-87.

85) 위의 책, p.87.

> 축제를 벌이고 있는 동안 전세계인들은 동독 경찰과 슈타지가 평화적인 시위를 얼마나 무자비하게 진압하고 있는가를 똑똑히 보고 있다. 감옥이란 감옥은 모두 초만원을 이루고, 수많은 부상자가 생기고, 난민사태는 끊일 줄을 모르고 있다. 이런 것들은 경직된 권위주의 체제의 상징인데, 이 같은 체제는 안으로는 억압을 통해서, 밖으로는 문을 걸어잠가 권력을 유지하려 하는 것이다. 이런 현상들은 동시에 동베를린 정권 당사자들이 심각한 불안에 빠져 있음을 나타내주는 것이기도 하다.[86]

이러한 10월 7일 시위에 대한 동독정권의 가혹한 진압은 불에 기름을 끼얹은 격이 되고 말았다. 이러한 사태진전에 대해 콜은 앞의 같은 성명서에서 동독정권에 다음과 같이 경고하고 있다.

> 내적인 평화와 안정은 폭력이나 국민을 어린아이 취급하는 것으로 결코 보장되지 않는다. 그리고 동독 정권이 동-서 양진영에서 다같이 일고 있는 국제적인 변화와 개혁을 외면하고 스스로 고립의 길로 가는 한, 대화와 협력을 통한 외적인 평화 및 선린관계도 결코 증진될 수 없다. 내외적으로 평화에 반하는 이 같은 정책은 오직 동독 정권에 그 책임이 있는 것이다.[87]

이러한 콜의 강력한 성명성에 이어 10월 9일 라이프치히에서 대대적인 시위가 벌어졌다. 그것은 1953년 6월 봉기 이후 최대 규모의 시위였으며, 무엇보다도 최초의 반정부 시위였다. 여기 모인 7만 명의 군중이 "우리는 민중이다"라고 외쳤다. 이 날은 동독 정권의 종말을 알리는 한 상징적인 날로서 기억됐다. 이 날 호네

---

86) 위의 책, p.88.
87) 위의 책, p.89.

커는 중국식 해결책을 강구하도록 지시했으나 밑에서 명령을 거부하였다. 이 날 시위는 비폭력 시위였다. 라이프치히의 인권위원회는 군중들에게 절대로 폭력을 사용하지 말 것, 경찰의 저지선을 뚫지 말고 일정한 간격을 둘 것을 지시했다. 그리고 인명이나 기물에 손대지 말 것을 아울러 당부했다. 라이프치히에서는 그 후 매주 월요일마다 정기적으로 시위가 벌어져 사람들은 그것을 '월요시위'라고 불렀다. 문필가인 크리스토프 하인(Christoph Hein)은 라이프치히를 동독의 '영웅도시'라고 칭했다. 라이프치히 시위에서는 10월 첫 월요일인 2일에 2만 명, 그 다음 월요일에는 7만 명, 셋째 월요일에는 20만 명, 넷째 월요일에는 36만 명, 그리고 마지막 월요일인 10월 30일에는 57만 명이 참가했다.[88]

이제 이 흐름은 그 어느 누구도 막을 수 없는 시대적 대세로 자리 잡게 되었다. 강력한 물리력을 가진 동독의 공산정권은 더 이상 존속자체가 불가능한 처지에 이르게 되었다. 그래서 이 동독의 평화혁명의 결과로 18년 간 집권했던 호네커는 10월 18일 모든 공직에서 물러나지 않을 수 없었다. 그의 후임으로 크렌츠(Krenz)가 들어왔으나 많은 사람들은 그의 정부를 과도기적 정부로밖에 생각하지 않았다. 동독 국민들은 여전히 프라하와 바르샤바에 있는 서독대사관을 통하여 서독으로 이주하고 있었다. 동독정권은 무엇인가 결단을 내리지 않으면 안 되었다.[89]

4 11월 4일 동베를린 시위

라이프치히의 시위는 마치 들불처럼 걷잡을 수 없이 동독 전역

88) 이영기, 앞의 책, p.152.
89) 위의 책, p.153.

으로 확산되었다. 결국 11월 4일에는 동독 역사상 가장 큰 시위가 동베를린의 알렉산더 광장에서 벌여졌다. 여기에는 100만의 인파가 모여들었다. 그들은 '자유로운 인간을 위한 자유언론', '자유선거' 그리고 '무제한의 민주주의'를 요구했다. 이 시위는 4시간이나 계속됐다. 이 날은 저항운동 승리의 날로 기록됐다. 이곳에서는 어떠한 폭력행위도 일어나지 않았다.90)

이날 시위는 사실상 동독 정권의 종언을 알리는 신호탄이 되었다. 더 이상 그 어떤 방법으로도 세찬 민중의 민주화시위를 막을 수는 없었다. 크렌츠는 11월 6일 누구든지 연30일 동안 여행할 수 있는 새로운 '여행법률안'을 고안했다. 같은 날 라이프치히 시위대는 '무제한의 여행 법률안'을 요구했다. 11월 7일 빌리 슈토프 수상이 이끌던 동독 정부는 물러났고, 동베를린에서는 수천 명이 사회주의통일당 중앙위 앞에서 시위를 벌였다. 그 다음 날인 11월 8일에 공산주의사회에서는 사상 처음으로 전인원의 정치국원이 물러났다. 중앙위는 새로운 정치국원을 선출했고 한스 모드로우를 신임 수상으로 추대했다. 전후 동독의 정계를 좌우하던 원로급 정치국원들은 모두 물러난 셈이다.91)

11월 4일의 시위는 동독의 제반 시위 중 일종의 피날레를 장식하는 결정적인 의미를 갖고 있는 시위였다. 이날 모임을 한 연사는 "아래로부터의 혁명"이라고 불렀다. 40년의 동독 역사상 일찍이 유례가 없었던 규모의 시위 인파로 길거리는 메워졌다. 또한 국가가 지난 10월 9일 처음으로 경찰의 개입을 막아 시위를 허용한 이후의 모든 데모가 그러했듯이, 4시간에 걸친 집회는 질서 있

90) 위의 책, p.152.
91) 위의 책, p.153.

게 진행되어 평온리에 끝났다. 지난 4주 동안 전국을 휩쓴 개방의 정신으로, 이날 시위는 동독 라디오 및 텔레비전을 통해 생방송되었다.[92]

5 11월 9일 베를린장벽의 붕괴

동독에서 전개된 대규모의 민주화시위는 동독이라는 국가의 존재성을 완전히 소멸시키는 방향으로 나아가게 했다. 동독은 사실상 무정부 상태에 직면하게 되었다. 그러나 어느 누구도 동서냉전의 상징인 베를린장벽이 급속히 붕괴되리라고 예측한 이는 없었다. 심지어 당시 서독 수상이었던 콜 수상은 베를린장벽이 무너지던 날인 11월 9일 폴란드 방문을 하고 있었다. 그는 회고록에서 그날을 다음과 같이 회고하고 있다.

> 1989년 11월 9일 목요일, 하늘은 잔뜩 흐리고 날씨는 쌀쌀했다. 이날 정오경 나는 쾰른-본 국제공항으로 가기 위해 총리 관저 마당에서 서독 국경 수비대 소속 헬리콥터에 올랐다. **그때까지만 해도 나는 이날이 역사에 한 획을 긋는 날이 되리라는 것을 짐작조차 하지 못했다.** 나의 머릿속은 앞으로 있을 폴란드 방문에 대한 생각으로 가득 차 있었다.[93]

베를린장벽이 무너진 11월 9일의 역사적 사변은 TV로 생중계된 동독의 정치국원 샤보프스키(베를린시 당의장)의 기자회견으로

92) Bernard Gwetzman & Michael T. Kaufman(ed.), *The Collapse of Communism* , B. 그베르츠만·M. T. 카우프만(엮음)·강호성(옮김), 앞의 책, pp.206-207.

93) Helmut Kohl, *Ich Wollte Deutschlands Einheit*, 헬무트(저)·김주일(옮김), 앞의 책, p.91.

촉발되었다. 그는 저녁 7시가 채 못 된 시간에 다음과 같은 중대 성명을 발표했다. "외국으로의 개인여행은 어떠한 조건 - 여행동기 및 친척관계의 증명 - 없이도 신청될 수 있다. 여행허가는 곧 시행될 것이다."[94] 즉 놀랍게도 새로운 법이 시행될 때까지 잠정적으로 통용되는 여행관련 임시규정을 공포한 것이다. 이 규정은 공포 즉시 효력을 발생하며 누구든 서독 여행을 신청하면 단시일 내에 허가를 해준다는 것이 그 내용이었다. 동독을 떠나고자 하는 사람들을 위한 비자도 마찬가지였다. 다시 말하면 이로써 베를린 장벽을 넘나드는 것이 모든 사람들에게 자유로워졌다는 것이다.[95] 이제 동구에서의 민주화시위의 끝을 보는 것 같은 느낌이 들었다. 예기치 않은 이 방송을 들은 동독인들은 거리로 거리로 나왔다. 수천 명의 동베를린 시민들이 그날 저녁에 서베를린으로 넘어가는 통과지점으로 모여들었다.[96] 인파는 걷잡을 수 없을 정도로 늘어났다. 수천 명이 순식간에 수만 명으로 늘어났다. 밤 10시쯤 수많은 군중의 힘에 못 이겨 드디어 장벽 통로들이 완전히 개방되었고 그러면서 많은 동베를린 시민들이 물밀 듯이 서베를린으로 넘어왔다. 필설로는 표현하기 힘든 광경이었다. 독일인은 40년을 분단 속에 살아왔지만 여전히 한민족으로 느끼고 있다는 사실을 보여주는 장면들이었다.[97] 동서냉전의 상징물이었던 베를린 장벽이 붕괴된 것이다. 이를 지켜본 콜은 다음과 같이 언급하였다.

---

94) 이영기, 앞의 책, p.153.

95) Helmut Kohl, *Ich Wollte Deutschlands Einheit*, 헬무트(저)·김주일(옮김), 앞의 책, p.92.

96) 이영기, 앞의 책, p.153.

97) Helmut Kohl, *Ich Wollte Deutschlands Einheit*, 헬무트(저)·김주일(옮김), 앞의 책, p.93.

이 시간 세계사가 새로이 씌여지고 있습니다. 나는 독일 통일이 언젠가는 현실로 이루어질 것이라는 점에 대해 한 번도 의심해 본적이 없습니다. 통일은 세월이 흘러 다음 세대, 아니면 다음다음 세대에나 가서야 이루어질 것이라는 것이 우리들의 오랜 생각이었습니다. 그러나 지금 우리들은 모든 것이 놀랄 만큼 극적으로 변하고 있는 시대에 살고 있습니다. 역사의 수레바퀴는 더 빨리 돌아가고 있습니다.[98)]

베를린장벽의 붕괴는 사실상 냉전의 종결을 의미하는 것이다. 동시에 독일통일의 결정적 도화선이 되었다고 할 수 있다. 뿐만 아니라 베를린장벽의 붕괴는 독일 즉 게르만민족의 자기정체성을 회복한 날로 평가되고 있다.[99)] 이후 우여곡절 끝에[100)] 이듬해인 1990년 10월 3일 독일은 드디어 통일되었다. 냉전체제의 수장국가인 미 · 소 양정상은 1989년 12월 3일 지중해상의 몰타에서 정상회담을 갖고 냉전의 종식을 전세계인들에게 공표하였다. 이제 이 지구상에 냉전시대가 가고 새로운 탈냉전시대에 돌입하게 된 것이다.

6 냉전시대의 붕괴가 주는 국제관계사적 의미

지금까지 '냉전체제의 붕괴와 탈냉전시대의 도래'란 주제로 긴 여정을 계속하였다. 이 주제를 통해서 느끼는 현대국제관계사적 의미를 설명하면, 첫째, 역사는 결코 퇴보하지 않고 자유와 민주주의의 방향을 지향한다는 사실이다. 역사에서 일시적인 퇴보는

98) 위의 책, p.94.
99) 정경환, 『민족분단과 통일문제』(부산: 신지서원, 2002), pp.105-106.
100) 독일 통일의 과정에 대해서는 위의 책, pp.106-110 ; Helmut Kohl, *Ich Wollte Deutschlands Einheit*, 헬무트(저)·김주일(옮김), 앞의 책, pp.94-327 참조.

있다고 손치더라도 결과론적인 측면에서 보면 역사는 늘 자유와 민주주의에로의 방향으로 나아가고 있음을 냉전체제의 붕괴과정을 통해서 분명히 확인할 수 있는 것이다. 둘째, 공산주의의 붕괴요인을 통해서 알 수 있는 것처럼 공산주의와 같은 전제적 독재체제에 대해서는 지나친 유화적이고 설득적인 대응방법보다는 자유민주주의를 수호한다는 강인한 원칙과 압박전략이 필요하다는 점을 알 수 있다. 레이건 정부는 소련을 '악의 제국'으로 규정하고 취임초 부터 압박전략을 구사하였다. 국제공산주의 혁명노선을 견지하고 있고 인민의 권리를 원천적으로 억압하고 있는 공산주의에 대한 대화일변도의 유화정책은 결코 공산주의와의 올바른 대응전략이 아님을 레이건의 대소붕괴전략을 통해서 확인할 수 있다.

셋째, 고르바초프의 개혁·개방정책이 냉전붕괴의 신호탄이 된 것처럼 체제변혁과 리더십 간에는 밀접한 함수관계를 가지고 있음을 알 수 있다. 등소평의 개방정책이 중국사회주의체제의 변화를 도모한 것처럼 공산주의와 같은 전제적 독재체제의 경우 내부의 개방적이고 개혁적인 리더십의 등장은 무혈체제변화의 촉진제가 될 수 있음을 증명하고 있다. 오늘날 여전히 각 국가들은 여전히 독재권력으로 인민들에 고통을 가하고 있다. 고르바초프의 개방·개혁정책으로 인한 소련과 동구권 나아가 세계질서의 변화라는 역사적 경험을 통해서 볼 때 큰 타산지석의 교훈을 얻게 된다고 할 수 있다.

넷째, 독재에 신음하고 있던 동독인들의 용기에 찬 행동에 대해 인류의 역사는 영원히 기억하게 될 것이라는 점이다. 동독인들은 시대의 질곡에 머물지 않고 조용한 혁명을 일으켰다. 그들은 죽음의 공포에서 벗어나 오직 자유에 대한 열망을 향해 자기가 태어난 조국땅을 떠나 유럽의 각국의 서독대사관에 진을 치고 서독행을 갈구하였다. 이러한 동독인들의 거대한 탈주극을 보면서 인간에게 있어서 자유는 그 어느 누구도 막을 수 없는 인간의 절대적 가치이자 최종적 궁극가치임을 확인할 수 있다. 당시 동독인들의 자유에 대한 열망과 죽음을 초월한 그 용기가 없었다면 동구의 혁명은 물론이고 냉전의 붕괴라는 역사적 사변은 일어나지 않았을 것이다. 이런 점에서 동독인들과 유럽인들의 자유에 대한 그 열망과 실천행동은 인류가 존재하는 한 영원히 인류의 가슴 속에 살아남아 있을 것으로 확신한다.

다섯째, 냉전체제의 붕괴를 통해서 이제 인류는 자유민주주라는 보편적 가치를 지향하게 되었다고 하겠다. 사회주의라는 이념은 아직 살아있지만 그것을 실천하려고 했던 현실사회주의는 종언을 보게 되었다. 냉전의 붕괴로 자유민주주의는 인류의 지도명제이자 이념이 되었다는 사실이다. 이제 우리 인류는 자유민주주의에 대한 거대한 발돋움을 계속해야 할 사명을 안게 되었다고 할 수 있다.

참고문헌

기연수외, 『현대러시아연구』, 서울: 집문당, 1993.
金景淑, "經濟發展 戰略," 趙政男 外(共著), 『社會主義 體制比較論』, 서울: 螢雪出版社, 1988.
金河龍外(共著), 『政治學原論』, 서울: 博英社, 1982.
김학준, 『러시아사』, 서울: 대한교과서주식회사, 2005.
東亞日報社(編), 『사회주의대변혁 핵심문헌 50選』, 新東亞 1991년 1월호 별책부록.
박무성, 『격동의 서양 20세기사』, 서울; 한울, 2002.
朴成壽, 『歷史學槪論』, 서울: 三英社, 1992.
白寅鶴, "政治文化와 政治社會化," 趙政男 外(共著), 『社會主義 體制比較論』, 서울: 螢雪出版社, 1988.
民族統一硏究院 北韓硏究室(編), 『社會主義體制 改革·開放 事例 比較硏究』, 서울: 民族統一硏究院, 1993.
신일철, "역사는 과학인가," 신일철, 『현대철학사상의 새흐름』, 서울: 집문당, 1991.
신일철, "역사에 있어서 '원인'이란," 신일철, 『현대철학사상의 새흐름』, 서울: 집문당, 1991.
安秉俊, 『脫冷戰期의 國際政治와 韓半島統一』, 서울: 法文社, 1993.
李克燦, 『第四全訂版 政治學』, 서울: 法文社, 1990
이기택, 『국제정치사』, 서울: 일신사, 1997.
李基鐸, 『現代國際政治理論』, 서울: 博英社, 1997.
이영기, 『독일통일의 해부 : 현장에서 본 분단45년』, 서울: 국제언론문화사, 1989.
자유평론사편집부(편저), 『동구권 국가의 변혁과 갈등』, 서울: 자유평론사, 1989.
정경환, 『민족분단과 통일문제』, 부산: 신지서원, 2002.
정경환, 『21세기 정치와 현대이데올로기 Ⅰ』, 부산: 신지서원, 2000.

조순구, 『국제관계와 한국』, 서울: 法文社, 2002.
崔載喜, "니이체의 生涯와 思想," 姜斗植外(譯), 『니이체 全集 第3卷』, 서울: 徽文出版社, 1969.
최종기, 『사회주의 체제의 허상』, 서울: 서울대학교출판부, 1996.
崔種起, 『소련외교정책론』, 서울: 法文社, 1988.
하영선·남궁곤(편저), 『변환의 세계정치』, 서울: 을유문화사, 2008.

Arendt, Hannah, *The Origins of Totalitarian Democracy,* New York: Paerger, 1952.
Baylis John, and Steve Smith, *The Globalization of World Politics*, 하영선(옮김), 『세계정치론』, 서울: 을유문화사, 2006.
Friedrich Carl J., and Zbigniew K. Brezezinski, *Totalitarian Dictatorship and Autocracy,* New York: Frederick A. Praeger, 1964.
Fromm, Erich, *The Revolution of Hope*, 李克燦(譯), 『希望의 革命』, 서울: 現代思想社, 1977.
Gorbachev, M., *Perestroika : New Thinking for Our Country and the World,* London: Fontana, 1988.
Gwetzman Bernard, & Michael T. Kaufman(ed.), *The Collapse of Communism* , B. 그베르츠만·M. T. 카우프만(엮음)·강호성(옮김), 『공산주의, 이렇게 무너지다』, 서울: 을유문화사, 1990.
Kengor, Paul, *The Crusader*, 최정우(역), 『레이건의 十字軍 : 그는 어떻게 공산帝國을 무너뜨렸나』, 서울: 조갑제닷컴, 2008.
Lebow R., and J. Stein, "Resgan and the Russians," *Atlantic Monthly* , Feb., 1994
McWilliams, Wayne C., Harry Piotrowski, *The World Since 1945* , 이재석·이명철(옮김), 『현대국제관계사 : 핵무기 시대의 정치, 전쟁 그리고 혁명』, 서울: 집문당, 1996.
Marrison, James F., *Politics and International System,* New York: Harper & Row, 1971.
Neumann, Sigmund, *Permanent Revolution : The Total State in a World at Wa* r, New York: Harper & Brothers, 1942.
Nogee(ed.), Josep L., *Man, State and Society in the Soviet Union,* New York: Prager Publishers, 1972.
Pond, Elizabeth, *Beyond the Wall*, 엘리자베스 폰드(지음)·오정환

(옮김), 『장벽을 넘어서』, 서울: 한국논단, 1994.
Ruge, Gerd, *Michail Gorbatschow*, 정용길외(옮김), 『세계역사를 변혁시킨 사람 고르바초프』, 서울: 고려원, 1991.
Schweizer, Peter, *Victory : The Reagan Administration's Secret Strategy that Hastended the Collapse of the Soviet Union* , 한용섭(옮김), 『레이건의 소련붕괴전략』, 서울: 오름, 2006.
Wilcźnki, Josef, *An Encyclopeic Dictionary of Marxism, Socialism and Communism,* New York: Gruter, 1981.

Jaspers, Karl, *Kleine Schule des Philosophschen Denkens*, 崔赫洵, 『哲學的 思考의 小學校』, 서울: 文藝出版社, 1984.
Kohl, Helmut, *Ich Wollte Deutschlands Einheit*, 헬무트(저)·김주일(옮김), 『나는 조국의 통일을 원했다 : 헬무트 콜 총리 회고록』, 서울: 해냄, 1998.
Nietzsche, Friedrich, *Ecce homo*, 프리드리히 니체(저)·정동호(옮김), 『비극의 탄생(이 사람을 보라)』, 서울: 홍신문화사, 2006.
Nietzsche, Friedrich, *Menschliches, Allzumenschliches*, 프리드리히 니체(저)·김미기(옮김), 『인간적인 너무나 인간적인 Ⅰ』, 서울: 책세상, 2007.

지은이 | 정경환

동의대학교 철학상담·심리학과 교수로 동아대학교 정치외교학과를 졸업하고 부산대학교 대학원에서 정치학석사와 정치학박사학위를 취득하였다. 현재 한국통일전략학회, 한국민족사상학회 및 한국정치철학학회 회장직을 수행하고 있다. 주요 저서로는 『백범김구연구전집』(전5권), 『백범김구의 정치사상』(2008년도 문화체육관광부 사회과학부분 우수학술도서), 『백범평전』, 『21세기 국제관계와 한국』, 『민족주의 연구』, 『한국현대정치사 연구』, 『사회현실의 인식』, 『김대중정권 대북정책의 평가』, 『민족분단과 통일문제』, 『21세기 정치와 현대이데올로기』, 『해방전후사 연구 1 : 정치지도노선』 등 다수가 있다.

이경신서 005

현대국제관계사 연구

초판 1쇄 발행 2010년 2월 25일
재판 1쇄 발행 2010년 9월 11일
재판 2쇄 발행 2012년 9월 11일
재판 3쇄 발행 2014년 3월 11일

지 은 이 정경환

펴 낸 이 이정화
책임편집 이경기획
기획편집 이경기획
북디자인 이경기획
교 정 이경기획

펴 낸 곳 도서출판 이 경
주 소 부산시 북구 금곡동 695
출판등록 제02-08-112호(2004. 8. 4)
전 화 (051)334-8881(代)
팩 스 (051)558-3501

ISBN 978-89-91390-49-2 94340
ISBN 978-89-91390-36-2 94300(세트)

값 23,000원
총 판 한국출판협동조합(Tel. 02-716-5616~9)